단돈 1,000원으로 시작할 수 있는

채권투자
처음공부

단돈 1,000원으로 시작할 수 있는
채권투자 처음공부

초판 1쇄 발행 2023년 5월 5일
      8쇄 발행 2024년 8월 16일

지은이   포프리라이프(석동민)

펴낸곳   ㈜이레미디어

전 화   031-908-8516(편집부), 031-919-8511(주문 및 관리)
팩 스   0303-0515-8907
주 소   경기도 파주시 문예로 21, 2층
홈페이지 www.iremedia.co.kr
이메일   mango@mangou.co.kr
등 록   제396-2004-35호

편집 김은혜, 이병철, 주혜란 | **디자인** 유어텍스트 | **마케팅** 김하경
재무총괄 이종미 | **경영지원** 김지선

ISBN 979-11-91328-86-8 (04320)

ISBN 979-11-91328-05-9(세트)

- 가격은 뒤표지에 있습니다.
- 잘못된 책은 구입하신 서점에서 교환해드립니다.
- 이 책은 투자 참고용이며, 투자 손실에 대해서는 법적 책임을 지지 않습니다.

채권투자 처음공부

포프리라이프
(석동민) 지음

단돈 1,000원으로 시작할 수 있는

이레미디어

★★★★★
채권투자 초보를 돕는 책! 정말 도움 많이 됨 - best********

★★★★★
채권투자 원하시는 분들에게 최고의 실전투자서 - soul****

★★★★★
채권을 처음 접하는 분께 최고의 지침서입니다. - 3tic****

★★★★★
10여 년 전부터 채권투자에 관심이 있어서 여러 책을 사서 보았지만 이 책처럼 간결하고 꼭 필요한 내용을 정리한 책은 보지 못했습니다. 좋은 책 써주셔서 정말 감사합니다. - marc*****

★★★★★
채권에 대한 개념정리뿐만 아니라 실전에 대입하여 채권을 사고파는 방법을 간결하고 직관적으로 알 수 있게 도움을 주는 콘텐츠라 굉장히 만족스럽습니다. 채권투자에 처음 도전하시는 분들이라면 포프리라이프 님의 전자책과 동영상 강의를 먼저 본 뒤에 다른 원론적인 채권 도서를 접한다면 채권 지식에 대한 깊이를 넓혀나가는 데 도움이 될 것 같습니다. 어렵기만 한 채권투자에 한 발짝 더 내디딜 수 있게 도움 주신 포프리라이프 님께 감사드립니다.
- vlfd****

★★★★★
입문자 시점으로 이해하기 쉽게 핵심만 정리해주셨고 앞으로 평생 활용 가능한 내용이라 생각됩니다. - thsw******

★★★★★
쉽고 자세하게 설명되어 있어서 입문 설명서로 아주 좋네요. - hosi*****

★★★★★
필요했던 부분만 쏙쏙 아주 쉽고 간단한 설명을 제공한 점이 좋았습니다. - echo****

★★★★★
채권에 대한 책이나 유튜브는 많지만, 이론이나 원론적인 이야기만 하는 경우가 많습니다. 실제로 채권을 매수할 때 무엇을 주의해야 하는지, HTS 프로그램에서 무슨 창을 띄워야 하는지, 현금흐름 계산기는 어떻게 사용하는지에 대해서 알려주는 책이나 유튜브는 없었습니다. 가려운 점을 긁어준다는 점에서 훌륭한 강의였습니다. - ni****

★★★★★
채권투자에 대해 전혀 모르는 일명 채린이들에게 큰 도움이 될 것 같습니다. 가장 기초적인 내용부터 친절하게 차근차근 알려주셔서 채권투자에 대해 이해하기 쉽습니다. - jjoj****

★★★★★
채권투자 왕초보인 저에게 정말 유용합니다. 채권을 다룬 다른 책들은 너무 어렵고 머릿속에도 잘 안 들어왔는데 이 책은 이해하기 쉬워 많은 도움이 되네요. - lj****

★★★★★
사자마자 순식간에 다 읽었습니다. 기초적인 수준에서 차근차근 설명해 주고 이해하기가 참 쉽습니다. 또한 심화과정을 통해 어렵고 복잡한 부분도 잘 짚어주십니다. 채권투자 전에 반드시 읽어야 할 책이라 생각합니다. 추천합니다. - alvi*****

★★★★★

주식에 관심을 가지게 되었는데 막상 투자를 하자니 너무 불안했습니다. 바로 적용할 수 있게 설명해 주신 점이 참 마음에 들었습니다. - dele******

★★★★★

채권의 기본을 이해할 수 있는 구성입니다. 자료의 양이 많지 않아 오히려 좋았습니다. - dele******

★★★★★

채권투자에 대한 확실한 방향성을 알 수 있어서 좋았습니다. - usi*******

★★★★★

채권을 공부해 보려고 구매했습니다. 채권에 대한 이론과 채권의 종류, 옵션뿐만 아니라 각각을 대할 때의 노하우나 놓치기 쉬운 부분들을 세세하게 적어주셨습니다. 만족합니다. - 0801*****

★★★★★

최근 채권에 관심을 갖고 공부하던 중 포프리라이프 님 유튜브를 접하고 많은 것을 알게 되었습니다. 특히, 전자책이 현실감 있게 설명해 주어 좋았고 내가 이 정도까지 알고 투자하려면 많은 시간과 시행착오가 있어야 되지 않았을까 하는 생각과 더불어 포프리라이프 님께 고마움을 느꼈습니다. 이 책을 읽고 공부하고 투자하시는 모든 분들도 성투하시길 바랍니다. - yh****

★★★★★

채권에 대한 기초적인 지식과 이해를 얻을 수 있었습니다. 여러 번 반복해서 읽을 예정입니다. 심화편 역시 반복해서 읽으면 도움이 많이 될 것 같습니다. 유용한 책 감사합니다. - welo******

★★★★★

주식투자 관련된 책들을 보면 항상 채권을 언급하던데, 채권에 대한 정보가 너무 없더라고요. 이해하기 쉬웠어요! 내용 너무 좋네요. 특히 완전히 초보자 입장에서 작성된 부분이 가장 마음에 듭니다. - 크리스***

유튜브 영상 댓글

어렵기만 한 채권을 너무 잘 이해하고 갑니다. 시간과 노력으로 습득하신 부분을 나누어 주셔서 감사합니다!
- DC ***

채권 지식을 차근차근 알려주시고, 소비를 줄여서 재테크에 좀 더 힘써야겠다는 동기부여까지 해주시네요! - 김*

감사합니다. 은행에서 금리 특판을 기대할 것이 아니라 채권투자로 월 생활비가 나오게 해야겠습니다. - 강찬*

따라 해보며 채권투자 시작했습니다!! 정말 알찬 내용이 너무너무 많습니다. 수강료 받으셔야 되는 거 아닙니까? 선생님 감사합니다! - 타*

머리에 쏙쏙 들어오는 명강의! 많이 배우고 갑니다. - 손애*

와~ 채권 관련 정보를 며칠째 찾았지만 제가 필요한 정보까지는 잘 안 나와서 고심하던 중에 원하던 최고의 설명을 만났네요. 정말 상세하게 설명해주셔서 감사합니다. - sha ***

은퇴를 앞두고 여윳돈을 어떻게 운용할까 고민하다가 영상을 접하게 되었습니다. 여유자금을 활용하여 생활비를 마련하는 안정적인 채권투자 방법, 많은 도움이 되었습니다. - 성옥*

높은 안정성과 효율적인 수익률을 얻어가고 싶다면

'건물주'라는 호칭에 로망을 품고 있는 분이 많습니다. 건물주라면 일을 하지 않아도 따박따박 월세가 들어올 것이고, 매일 아침 천근만근 무거운 몸을 일으켜 직장으로 향하지 않아도 여유롭게 생활할 수 있으니까요. 시간적으로도 자유로우니 하고 싶은 것만 하면서 살 수 있을 것 같죠. 그런데 실제로는 건물주가 아무것도 안 해도 되는, 마음 편한 처지인 것만은 아닙니다. 많은 현실적인 제약들이 존재하지요. 우리가 로망을 품는 것은 건물주라는 호칭 자체보다는 건물주가 상징하는 경제적인 여유와 시간적 자유 같은 것이 아닐까요? 몇억 원이 넘는 큰돈을 갖고도 그 이상의 대출을 더해서 부동산을 소유해야만 그런 시간적·경제적 자유를 얻을 수 있는 것은 아닙니다. 채권의 주인이 된다면 부동산보다 훨씬 적은 돈을 들이고 따로 관리하지 않더라도 '높은 이자'라는 효율적인 월세를 따박따박 받을 수 있습니다.

주식은 어떤가요? 지난 몇 년간 많이 투자하셨죠? 오를 때는 하늘을 날 듯 기분 좋았겠지만 지금은 어떤가요. 마이너스가 난 계좌를 열어보기도 싫어서 강제로 장기투자 중인 분도 많습니다. 이렇듯 주식은 우리가 열심히 모아 투자한 자금을 한순간에 물거품으로 만들어버릴 수 있는 치명적인 함정이 너무나도 많습니다. 저 역시 한때 가치투자를 지향했고 주식만을 투자 수단으로 활용했습니다. 그러다가 채권을 알게 되어 공부하기 시작했는데 알면 알수록 그 효율성에 매료되어 이제는 채권으로만 투자하고 있습니다. 채권 만으로도 충분한 수익을 얻다 보니 굳이 위험을 안고 주식에 투자할 이유가 없어졌거든요. 대중에게 널리 알려지지 않아서 그렇지, 채권의 수익률과 안전성은 놀라울 정도입니다.

과거 채권은 억 단위의 대규모 자금으로만 거래할 수 있었습니다. 그러나 지금은 제도와 시스템이 선진화되어 1,000원만 가지고도 누구나 쉽게 채권을 매매할 수 있고 꼬박꼬박 이자를 받을 수 있습니다.

"안전하게 투자하고 싶어요."
"높은 수익률을 얻고 싶어요."
모든 투자자의 희망사항일 것입니다. 그러나 투자나 재테크 분야에서는 대부분 안전과 수익을 모두 얻기는 어렵습니다. 하나를 얻기 위해서는 다른 하나를 포기해야 되는 상충 관계입니다. 그런데 채권은 이 두 가지를 모두 누릴 수 있는 자산입니다. 그것도 누구나 쉽게 할 수 있고, 적은 돈으로도 시작할 수 있는 아주 효율적인 자산이지요.

기본적으로 주식이나 부동산 같은 투자 수단은 투자 후 가격의 변동을 예측하기 힘들거나 아예 예측이 불가능합니다. 아주 큰 변수이지요. 언제 터질지 모르는 시한폭탄이나 마찬가지입니다. 투자자 옆에서 언제나 째깍째깍 소리를 내며 투자의 안전성을 크게 위협하고 있지만 그러한 위험에도 불구하고 많은 투자자들이 더 큰 수익을 올리기 위해 어쩔 수 없이 투자를 이어나가고 있습니다.

예·적금은 또 어떤가요? 내 돈을 잃을 위험 없이 안전하게 지킬 수 있고 일단 가입한 뒤엔 편안하게 만기가 될 때를 기다리면 됩니다. 다만 물가상승률과 비교하면 거의 무의미한 수준의 이자를 받게 되니 수익률 측면에서는 늘 아쉽습니다.

채권은 어떻게 다를까요? 채권은 투자할 때부터 확정수익률과 이자 금액이 정해져 있습니다. 이것만으로도 이미 예·적금을 능가하는 수익을 얻을 수 있습니다. 때에 따라서는 투자 시 확정된 수익률보다 더 큰 수익을 얻을 수도 있습니다. 이 경우 그동안 받았던 이자를 제외하고도 주식에 육박하는 수익을 얻을 수 있죠. 물론 채권 역시 예측할 수 없는 경제적 변수에 따라 문제가 발생하면 가격이 급락하거나 장내시장에서 매도가 어려운 상황도 생깁니다. 그렇다 해도 투자 시에 확정된 수익률에는 변함이 없습니다. 일시적인 가격 변동에 흔들리지 않고 만기까지 확정수익을 그대로 받으면 될 뿐입니다. 만기가 되면 원금을 고스란히 돌려받을 수 있습니다. 이렇게 좋은 재테크 수단을 본 적이 있습니까? 높은 안전성 속에서 상시 합리적이고도 효율적인 수익률을 얻어 갈 수 있는 것이 바로 채권투자, 채권재테크입니다.

정부, 공기업, 은행, 기업들은 그동안 채권을 통해 자금을 조달하거나 채권에 직접 투자하여 안전하게 수익을 누려왔습니다. 하지만 이제는 독자 여러분도 이 책을 통해 아주 매력적인 이 투자 수단을 배우고 누리게 될 것입니다. 많은 금액이 필요하지도 않습니다. 단돈 1,000원만 있으면 됩니다. 아니면 커피값을 아껴서 모은 돈이어도 됩니다. 그 정도로 소액으로도 시작할 수 있습니다.

　"시작이 반이다." 이제 우리가 할 일은 호기심과 약간의 인내심을 가지고 이 책의 다음 페이지를 넘기는 것뿐입니다.

포프리라이프(For Freedom Life)

석동민

차 례

CHAPTER

1

채권이란 무엇일까?

CHAPTER

2 손쉬운 채권투자 활용

CHAPTER

3　경제적 자유의 도구 채권투자

CHAPTER

4　본격적인 채권투자 활용

CHAPTER

5　MTS를 활용한 채권투자의 한계

CHAPTER

8　채권 같은 채권 아닌 채권투자

"투자란 철저한 분석을 통해 원금을 안전하게
지키면서도 만족스러운 수익을 확보하는 것이다."
-벤저민 그레이엄(Benjamin Graham)

CHAPTER

1

채권이란 무엇일까?

BOND INVESTMENT

① 미지의 투자 영역, 채권

현대 사회에서는 눈만 돌리면 화려하고 멋진 광고나 영상, SNS를 쉽게 접할 수 있다. 다양해진 SNS 채널을 통해 자신의 우월한 소비를 자랑하는 사람도 많다. 이런 사회 분위기 속에서 자신이 받는 월급에 만족하며 사는 사람은 많지 않을 것이다. 본업에 열중하느라 투자나 재테크 기회를 놓치는 바람에 자산 가격이 상승하는 동안 아무것도 하지 못해 상대적 박탈감을 느끼는 사람도 많다. 이 때문에 'FOMO'라든가 '벼락 거지'라는 신조어가 생겨났을 정도이다.

이러한 사회현상에 맞추어 주식이나 부동산, 가상화폐 투자, 예금 풍차 돌리기, 통장 쪼개기 등의 재테크는 이미 우리 생활 속에 자연스럽게 녹아들었다. 투자나 재테크는 보다 여유 있고 풍족한 삶을 누리기 위한 하나의 기회

이자 필수 조건이 되었으며 우리가 살아가는 현대 사회의 새로운 일상이자 현실이 되었다고 할 수 있다.

지난 몇 년의 자산 폭등기를 거치면서 예·적금은 물론 펀드, ETF, 주식, 부동산, 가상화폐에 이르기까지 각종 투자와 재테크 수단에 대한 지식이 대중에게 폭넓게 알려졌다. 그런 와중에도 아직 채권 분야는 널리 알려지지 못한 상태이고, 어떻게 활용할 수 있는지도 잘 모르는 미지의 영역으로 남아 있다. 자산이 적거나 투자 경험이 많지 않은 초보 투자자도 채권을 아주 손쉽게, 직접 활용할 수 있다는 사실을 아는 사람은 굉장히 드물다.

채권에 대해 잘 알지 못하기 때문에 놓치는 효율성과 편리함, 수익은 너무나도 크다. 채권에 대해 공부하고 나면 더 이상 위험 부담이 크거나 레버리지를 일으켜야 하는 자산에 투자하며 마음 졸일 필요가 없다. 앞으로 나는 이 책을 통해 채권이란 것이 도대체 무엇인지, 어떻게 하면 다양한 채권을 활용하여 안정적인 수익을 얻을 수 있는지에 대해 기초부터 하나씩 쉽고 명확하게 알려줄 것이다.

채권에 대한 궁금증과 호기심으로 이 책을 집어든 독자 여러분을 환영한다. 이 책을 한 장 한 장 넘기며 따라오다 보면 채권에 대해서는 아직 초보이기 때문에 지식을 배우며 성장하는 어린이와 같다는 '채린이'라는 명칭을 넘어 어느새 채권에서 얻을 수 있는 모든 이익을 자유롭게 활용하고 누리는 채권 전문가의 영역에 도달해 있는 자신을 발견할 수 있을 것이다.

② 채권투자 처음공부 전 알고 가기

투자란 기본적으로 불확실하지만 큰 수익을 기대하며 수행하는 것이다. 반면 재테크는 투자에 비해 기대수익은 상대적으로 낮지만 높은 안전성으로 확실한 수익을 쌓아 나갈 수 있는 수단이다. 이렇듯 투자의 영역과 재테크의 영역이 나뉜 금융시장에서 투자처럼 기대수익이 높으면서도 재테크처럼 효율적이고 안전한 특징을 모두 갖추고 있는 투자 수단은 채권밖에 없다.

이 책에서는 설명의 편의성과 입문자들의 좀 더 직관적인 이해를 돕기 위해 앞으로 채권투자, 채권재테크를 '채권투자'라는 하나의 단어로 통일하여 설명할 것이다. 더해서 이 책에서 설명하고 있는 채권투자에 대한 지식은 ETF나 펀드를 활용한 간접적인 투자 방식이 아닌 직접 채권을 매수(구매)하여 투자하는 *장내채권을 통한 투자 방법이다. 또한, 대부분 간접적으로만 투자할 수 있으므로 효율성이 낮을 뿐 아니라 투자 과정에 변수가 많은 해외 채권이 아닌 국내에서 발행한 채권만을 기준으로 그 내용을 설명할 것이다. 마지막으로, *사모채권과 달리 그 발행과정과 운영과정이 모두 투명하게 공개되고 있는 *공모채권을 기준으로 설명할 것이다.

장내채권
금융시장에 공개적으로 상장되어 거래하는 채권이다. 일반적인 주식을 매수하는 방법처럼 장내채권 시장에서 거래되고 있는 채권을 증권사를 통해 자유롭게 매수할 수 있으며, 어느 증권사를 이용하든 동일한 가격으로 채권을 거래할 수 있다.

사모채권
채권을 발행할 때 채권투자자를 공개적으로 모집하지 않고, 특정인에게 개별적으로 접촉하여 비공개적으로 발행하는 채권이다. 채권 발행 절차와 허가가 상대적으로 간단하게 진행된다.

공모채권
증권사 등을 통해 투자자를 공개 모집하여 발행하는 채권이다. 채권 발행 절차와 허가가 상대적으로 까다롭게 진행된다.

③ 너무나도 쉽고 효율적인 채권투자

채권 직접투자, 즉 채권을 스스로 선택하고 매매한다는 것에 겁먹거나 어려워할 필요는 전혀 없다. 채권이라는 단어 자체를 오늘 처음 들어봤다고 해도 괜찮다. 채권의 '채' 자를 모르는 사람도 채권투자의 A부터 Z까지, 채권을 직접 활용할 수 있게끔 아주 쉽게 알려줄 것이기 때문이다.

배운 뒤에 여러 현실적인 문제로 채권이라는 투자 수단을 직접 활용하지 못한다 하더라도 여러분이 손해 볼 것은 전혀 없다. 일단 채권에 대한 지식을 배워 둔다면 경제 전반에 대한 이해도가 높아져 단순히 채권투자뿐 아니라 활용하고 있는 모든 투자 수단에 대한 판단력과 이해를 폭넓게 키워나갈 수 있기 때문이다. 더불어서 채권에 대한 지식을 통해 경제적 자유에 다가가는 힌트 또한 얻을 수 있을 것이다.

나 역시 채권을 접하기 전까지는 채권이 무엇인지도 몰랐고, 채권이 어떤 가치를 가졌는지도 전혀 알지 못했다. 평범하고 자산이 많지 않은 개인도 재테크 수단으로 채권을 손쉽게 활용할 수 있다는 사실도 당연히 몰랐다. 막연하게 채권은 국가나 지자체 혹은 증권사나 연기금 같은 기관투자자, 어마어마한 자산을 지닌 부자들만이 투자하고 활용할 수 있는 수단이라고 생각했다. 그러던 중 친구와 함께 진행하던 스터디에서 우연히 채권을 주제로 한 대화가 오가게 되었고, 이때 채권투자에 대한 호기심이 발동했다. 알아보니 나 같은 개인도 채권투자를 쉽게 활용할 수 있으며, 적은 금액으로도 할 수 있었다. 그렇게 채권과 인연을 맺게 되었다.

채권투자의 장점은?

1. 은행에서 제공하는 금리보다 훨씬 높은 확정수익률을 얻을 수 있다. 또한, 자본차익에 따라 기존에 확정되었던 수익률보다 더 높은 수익을 얻을 수도 있다.

   은행의 예·적금은 일반적으로 만기 전에 중도해지하면 거의 수익을 얻지 못한다. 이에 반해 채권은 아무 때나 현금화해도 보유 기간 중에 받은 이자수익을 반환할 필요가 없다. 따라서 중도에 현금화를 해도 이자수익과 자본차익에 따른 수익을 얻게 될 확률이 크다. 게다가 채권 대부분은 은행보다 훨씬 높은 안전성을 가지고 있거나 최소한 은행과 비슷한 안전성을 가지고 있다.

2. 채권투자는 변수가 적어서 투자 중 추가로 관리할 필요성이 아주 적거나 없다. 은행에 예·적금을 했을 때 통장을 매일매일 확인할 필요가 없는 것과 비슷하다. 투자 시 투자 금액을 돌려받게 되는 상환일과 투자 중 발생하는 이자의 금액을 원 단위까지 정확하게 알 수 있으므로 마치 건물주가 되어 월세를 받는 것과 같은 경제적 안정감을 누릴 수 있다. 보통 3개월이라는 짧은 주기로 현금 흐름이 발생하기 때문에 그 현금을 필요한 곳에 사용하거나 아니면 재투자하여 복리로 투자수익률을 극대화할 수 있다.

3. 그렇다면 채권에 붙는 세금이나 수수료는 얼마나 될까? 채권투자 시 발생하는 세금은 예·적금과 동일한 수준이며 거래수수료는 주식투자에서 발생하는 수수료와 비슷한 합리적인 수준이다.

4. 금융시장에 예측할 수 없는 큰 사건이 발생한다고 해도 그와 상관없이 동일한 *현금 흐름이 발생하기 때문에 마음 편한 투자를 이어 나갈 수 있다.

5. 내가 매수(투자)한 채권은 증권사가 아닌 한국예탁결제원(예탁원)이라는 공공기관에 보관된다. 따라서 증권사에 문제가 발생하더라도 내가 보유한 채권에는 아무런 영향이 없어 안전하다.

6. 복잡하고 어려운 수학 공식 등을 알지 못해도 누구나 쉽게 채권투자를 직접 진행하고 활용할 수 있다.

현금 흐름

미래에 발생할 것으로 예측되는 현금과 같은 소득을 말한다. 현금과 같은 소득이란 일상생활에서 제약 없이 마음대로 사용할 수 있는 소득이다. 직장에서 주기적으로 받는 월급이나 은행의 예·적금 만기일에 상환받게 되는 금액을 예로 들 수 있다.

옆의 박스에 채권투자를 했을 때 가장 메리트 있게 여겨지는 장점들을 정리했다. 어떤가? 우리가 미처 몰랐던 채권투자의 효용성이 이렇게나 다양하고 많다. 낯설고 어려워 보인다는 이유만으로 채권투자를 꺼리거나 외면하고, 채권의 효율성을 누리지 못하며 살아가기에는 채권으로 얻을 수 있는 이익이 너무나도 크다.

④ 안전자산 채권

처공용어 뽀개기

안전자산

금, 달러, 채권과 같이 원금손실 위험이 적거나 없고, 상대적으로 예측 가능한 수익률을 제공하는 자산을 뜻한다. 반대로 주식처럼 높은 위험과 함께 높은 수익을 추구하는 자산은 위험자산으로 분류된다. 안전자산과 달리 위험자산은 시장 변동성이 크고 투자자에게 큰 손실을 초래할 수 있으며, 짧은 기간 내에 가격이 크게 변동할 수 있다는 특징을 가지고 있다.

효율적이고 변수가 적다는 특징 때문에 채권은 투자자들 사이에서 *안전자산으로 불리고 있다. 워런 버핏의 스승 벤저민 그레이엄도 투자할 때는 항상 주식뿐 아니라 채권에도 비중을 분배하라고 했을 정도로 오래전부터 안전자산인 채권의 필요성은 강조되어왔다. 국가나 은행, 대기업들은 과거부터 채권이라는 자산을 자체적으로 활용하여 안전하면서도 매력적인 수익을 얻고 있다.

채권은 과거, 억 단위의 대규모 자본으로만 거래할 수 있었을 뿐 아니라 투자 시스템이 폐쇄적이고 복잡했기 때문에 주로 기관이나 자본가들의 전유물이었다. 하지만 지금은 채권 제도와 시스템이 많이 발전하였기 때문에 우리 같은 개인도 단돈 1,000원만 있어도 채권에 직접 투자하고 활용할 수 있는 세상이 되었다.

⑤ 채권투자가 널리 알려지지 못한 이유

하지만 채권을 투자에 활용하고자 할 때 필수적으로 겪어야 하는 심각한 문제점이 있다. 그것은 바로 개인투자자 관점에서 채권투자 방법을 설명해 주는 자료가 시중에 거의 존재하지 않는다는 점이다. 누구나 안전하게 활용할 수 있으면서도 수익성을 갖춘 채권이라는 효율적인 투자 수단이 있는데 그 활용 방법에 대한 자료가 없어도 너무 없다.

채권투자에 관심이 생긴 뒤 나는 채권에 직접투자할 방법을 습득하기 위해 인터넷 검색뿐 아니라 도서관과 중고서점을 돌아다니며 채권을 주제로 출간된 책을 모조리 찾아 읽었다. 그러나 대부분 채권에 대한 원론적인 설명, 이론만 가득할 뿐 개인이 채권에 직접투자하는 방법을 속 시원하게 알려주는 책은 찾지 못했다. 정보의 바다인 인터넷에서조차 채권에 직접투자하는 방법을 찾지 못했다.

내 생각이지만, 수수료가 높은 다른 투자 자산들과 달리 개인에게 채권 직접투자를 홍보하거나 중개함으로써 얻을 수 있는 증권사의 이익이 적기 때문에 개인투자자를 위한 채권투자 시스템 개발이나 홍보가 미흡하였고, 이에 따라 개인투자자들에게 채권이라는 투자 수단 자체가 널리 알려지지 못하게 됨과 동시에 자연스럽게 채권 직접투자에 대한 자료도 거의 생산되지 못했다고 생각한다.

또한, 채권 전문가들이 대규모 거래에 사용하는 채권거래 시스템과 개인이 채권에 직접투자할 때 활용하는 채권거래 시스템은 완전히 다르다. 따라서 채권 전문가가 작성한 채권 설명 자료는 개인투자자가 이해하기 어렵거나 이해가 불가능한 경우가 대부분이다. 채권 지식을 알려주기 위해 출간된 책들 또한 기존의 채권 전문가들이 주로 집필했기 때문에 개인투자자 시각에서 채권 직접투자 방법을 상세히 알려주는 내용은 다뤄지지 못했던 것 같다.

⑥ 채권투자에 쏟은 나의 노력과 경험

결국, 나는 3~4년 이상의 시간과 노력을 쏟아붓고 수많은 시행착오를 겪은 후에야 안전하게 활용할 수 있으면서도 효율적인 채권 직접투자 지식을 온전히 내 것으로 만들 수 있었다.

막상 채권투자에 관한 지식을 습득하니 세상 이렇게 쉬운 것도 없었다. 길을 알려주는 내비게이션이 없었기 때문에 이쪽으로도 가보고 저쪽으로도 가보며 험한 길로 멀리 돌아왔을 뿐, 막상 도착해보니 채권 활용이라는 목적지는 평탄한 길 위에 너무나도 가깝게 자리 잡고 있었다.

여러분이 내가 겪은 시행착오를 똑같이 겪을 필요는 없다. 내가 내비게이션이 되어 목적지로 명쾌하게 안내해줄 것이기 때문이다. 굉장히 빠르고 안전한 길로 말이다.

나는 그동안의 시행착오를 통해 얻은 지식을 블로그와 유튜브에 공유하고, 전자책을 제작하기도 했다. 운영하는 채널들을 통해 몇백만 원을 운용하는 투자자부터 몇십억 단위의 금액을 투자하려는 고액 자산가까지 채권투자에 대한 수천 건의 질문을 받았다. 나는 그들의 궁금증을 해소해주는 과정에서 종이책의 필요성을 느꼈다. 이 책은 누구나 쉽게 채권투자를 활용하는 데

중점을 둔 나의 경험과 지식이 한데 모인 결과물이다.

⑦ 어려운 이론적 지식이 필요 없는 채권투자

나는 증권사에서 일한 적도 없고, 채권 전문 시스템을 다루는 전문가도 아니다. 하지만 그렇기 때문에 개인투자자의 시각에서 훨씬 쉽고 확실한 지식을 전달할 수 있다. 채권의 '채' 자도 몰랐던 나도 내가 공부하고 업그레이드시킨 채권 지식을 통해 경제적 자유를 달성했다. 물론 나의 경제적 자유가 채권투자만으로 이뤄진 것은 아니다. 나는 중견 반도체 회사에서 반도체 생산 설비를 담당하던 직원이었고, 직장에서 발생한 노동수익을 통해 기본적인 자본금을 모을 수 있었다. 그러나 분명한 것은 채권투자 지식이 자산을 불리는 데 많은 도움이 되었다는 것이다. 채권투자를 배우고 활용하면서 습득한 폭넓은 경제적 지식과 통찰력 덕분에 다른 다양한 투자 수단에서도 좋은 성과를 거둘 수 있었다.

그동안 채권투자를 하며 얻은 경험과 노하우는 물론이고 막 채권에 발을 들인 투자자들이 궁금해할 수많은 궁금증이 이 책에 녹아 있다. 인터넷에 채권이라는 단어를 검색하면 나오는 듀레이션, 컨백시티 같은 낯선 용어나 복잡한 공식과 이론을 두려워할 필요가 전혀 없다.

우리는 자동차 엔진의 구조나 휘발유의 제조 원리 같은 것들을 몰라도 운전을 충분히 잘 해내곤 한다. 채권도 마찬가지다. 핵심 내용만 안다면 우리도 채권투자를 완벽하게 활용할 수 있다. 그러니 걱정하지 말고 채권투자라는 금광을 발견할 거라는 기대감을 갖고 계속해서 페이지를 넘겨보자.

2 채권이란 무엇일까?

BOND INVESTMENT

① 돈을 빌려주고 이자를 받을 수 있는 권리

채권은 쉽게 말해서 내가 누군가에게 돈을 빌려주었을 때 그 돈을 빌려주었다는 증거이자 그 돈을 빌려줌으로써 언제 얼마큼의 이자를 받고, 빌려주었던 돈을 언제 돌려받을 수 있는지에 대한 권리이다. 한자로는 빚 채(債), 문서 권(券)을 쓴다. 한자 뜻 그대로 빌려준 금품에 대한 권리 문서인 것이다.

이렇게 권리나 문서가 명확하게 존재해야 우리가 누군가에게 돈을 빌려주었을 때 돈을 빌려준 기간 동안 약속된 이자를 확실히 받을 수 있고, 약속된 일자가 되면 빌려준 돈을 좀 더 안전하고 확실하게 돌려받을 수 있다.

정리하면, 채권은 우리가 돈을 필요로 하는 대상에게 일정 기간 돈을 빌려주고 그 대가로 돈을 빌려준 기간 동안 정해진 이자를 받는 권리이며, 약속했던 일자가 되면 빌려줬던 투자금을 돌려받게 되는 투자 수단이다.

② 채권과 사채의 차이점

우리가 채권이라는 단어에 대해서 조금 무섭게 생각하거나 부정적으로 여기게 된 이유는 흔히 사채라고 알려진 채권 때문인 것 같다. 사채(私債)의 사전적인 의미는 개인과 개인 간에 돈을 빌리고 돌려받는 채무 관계를 말한다. 하지만 사채는 폭력배나 고리대금업자 같은 사람들에게 돈을 빌리는 행위로 흔히 알려져 있다. 정말 급하게 돈이 필요해서 금방 갚으면 되겠지라는 마음으로 1,000만 원을 빌렸는데 몇 달 만에 갚아야 할 원금이 몇천만 원, 1억 원으로 불어나 있고, 당장 돈을 갚지 않으면 내 장기를 가져가겠다며 무시무시한 사채업자들이 협박하는 상황은 누군가의 경험담으로 전해지거나 영화나 드라마의 단골 소재로 사용되곤 한다.

대부분의 사람은 자신이 받을 수 있는 법적인 권리를 잘 모른다. 사채업자는 그 권리나 규제의 사각지대를 노리고 불합리한 조건들로 계약을 진행한다. 그러고는 엄청나게 불어난 이자와 원금을 갚으라며 돈을 빌린 사람들의 피를 말리는데 이것이 사채에 대한 사람들의 인식이다. 사채로 인한 협박과 폭력은 단지 드라마 속 장면이 아니라 어디선가 실제로도 일어나고 있는 현실일 것이다.

하지만 채권의 기본적인 구조인 돈을 빌리고 빌려주는 행위 자체가 나쁜 것이 아니다. 사채의 경우는 나쁘게 활용하는 일부 집단들의 문제일 뿐이다. 칼은 음식을 만드는 데 사용하는 필수적이고 효율적인 요리 도구이지만 잘못 사용하면 깊은 상처를 입히는 흉기가 될 수 있는 것과 같다고 할 수 있다.

뿐만 아니라 이 책을 통해 우리가 배우고 활용하려는 채권은 앞서 설명한 무섭게 느껴지는 사채와는 다르다. 내가 돈을 빌리는 것이 아니다. 오히려 나의 돈을 돈이 필요한 대상에게 빌려주고 원금과 이자를 받는 수단이다. 나의 돈을 특정 개인에게 빌려주는 것도 아니다. 공신력 있는 대상, 즉 국가나 금융기관 또는 큰 회사에 빌려주고 원금과 이자를 받는 과정이 바로 앞으로 배우고 활용할 채권투자인 것이다.

③ 자금을 운용하는 효율적인 수단

국가나 금융기관 또는 큰 회사들은 언제 이자를 지급하고 원금을 돌려줄지가 적힌 채권을 발행한다. 해당 채권을 매수한다는 것은 약속대로 이자를 받고, 투자 원금을 상환받을 수 있다는 뜻이나 다름없다. 채권을 발행하는 쪽에서는 여러 가지 운영에 필요한 돈을 비교적 저렴하게 확보할 수 있어 좋고, 채권에 투자하는 쪽은 안전하면서도 상대적으로 높은 이자를 받을 수 있어 좋다.

채권은 여러 종류가 있다. 대한민국과 같은 국가에서 발행한 것은 '국채'이고, 서울이나 경기도, 부산, 춘천 등에서 채권을 발행하면 '지방채'다. 만약 한국철도공사, 한국전력, 한국도로공사 같은 공공기관에서 채권을 발행하면 '국공채'가 되고, 삼성전자나 LG, SK 같은 공신력 있는 주식회사에서 채권을 발행하면 '회사채'가 된다.

이처럼 채권은 개인 단위의 소규모 발행이 아니다. 공신력 있는 단체가 하는 약속인 셈이다. 따라서 채권의 발행부터 상환까지 채권거래 전반을 보호하는 국가 차원의 법적인 안전장치가 마련되어 있으며 철저히 적용되고 있다. 그렇기 때문에 우리는 법의 테두리 안에서 안심하고 채권을 활용할 수

[그림 1-1] 채권투자의 원리

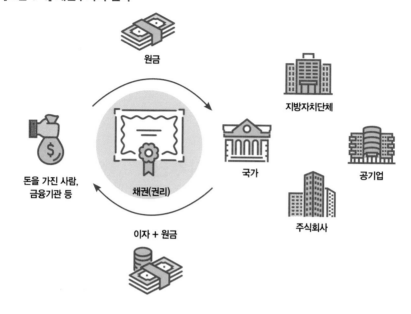

있다.

　채권은 이미 오랫동안 국가나 금융기관 또는 큰 회사에서 효율적으로 활용해 온 수단이다. 국가나 금융기관 또는 큰 회사들은 예전부터 채권을 발행하여 자금을 마련했을 뿐 아니라 이렇게 발행된 채권에 투자하여 안전하게 수익을 얻고 있었다는 뜻이다.

④ 은행과 채권투자

　누구나 알고 있고 한 번쯤 사용해 봤을 은행의 예·적금은 우리가 은행에 돈을 빌려주고(예금하고) 만기가 되면 정해진 이자와 원금을 돌려받는 수단이다. 그렇다면 은행은 우리가 빌려준 돈을 가지고 무엇을 하길래 우리에게 이자라는 돈을 줄 수 있는 것일까?

은행은 우리가 돈을 맡기면 대출을 통해 개인이나 기업들에 그 돈을 빌려 주고 높은 이자를 받는다. 대출만 하는 것이 아니라 안전한 등급의 채권에도 투자하여 상대적으로 더 높은 이자를 받아낸다. 은행에서는 우리의 돈을 가지고 창출해내는 수익의 아주 일부만을 우리에게 이자로 지급하고, 나머지 수익 대부분을 은행의 순이익으로 가져간다. 개인투자자들에게는 굉장히 비합리적이고 비효율적인 구조인 것이다.

이러한 구조로 인해 은행들은 엄청나게 많은 순이익을 벌어들이고 있다. 은행이라는 회사의 순이익이 많이 발생한다는 것은 그만큼 우리가 받게 되는 이익이 적어진다는 뜻이며, 우리가 지금껏 예·적금을 통해 매우 낮은 이

[그림 1-2] 은행의 예금, 적금에서 발생하는 이자의 원리

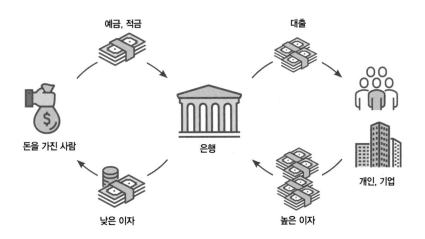

[그림 1-3] 어떤 대형 은행의 재무제표

Financial Summary 주재무제표 ⌄ 검색 IFRS ⑦ 산식 ⑦						* 단위 : 억원 %, 배, 주	
전체		연간	분기				
주요재무정보	연간			➕	분기		
	2018/12 (IFRS연결)	2019/12 (IFRS연결)	2020/12 (IFRS연결)	2021/12 (IFRS연결)	2021/12 (IFRS연결)	2022/03 (IFRS연결)	2022/06 (IFRS연결)
매출액	420,271	471,697	556,802	589,176	126,183	206,624	257,208
영업이익	42,675	44,906	46,343	60,976	8,895	19,018	16,002
영업이익(발표기준)	42,675	44,906	46,343	60,976	8,895	19,018	16,002
세전계속사업이익	43,015	45,340	47,800	60,816	8,452	19,094	17,920
당기순이익	30,619	33,132	35,156	43,844	5,861	14,641	13,080
당기순이익(지배)	30,612	33,118	34,684	44,095	6,371	14,531	13,035

출처: 네이버금융

자를 받아왔던 이유이기도 하다.

그렇다고 우리가 은행처럼 직접 대출상품을 판매하는 것은 현실적으로 어렵거나 위험할 것이다. 그렇기에 우리는 이 문제에 대한 해답으로 은행에서도 활용하고 있는 채권이라는 수단에 직접투자함으로써 거기에서 발생하는 높은 이익을 전부 가져가고자 한다.

⑤ 금액과 기간 선택의 폭이 넓은 채권투자

채권시장은 주식시장만큼이나 역사가 오래되었고 주식시장보다 훨씬 더 큰 규모의 자금이 오가는 곳이다. 큰돈이 오갈 수밖에 없는 규모와 구조 때문에 과거 채권은 몇십억, 몇백억, 몇천억 단위의 자금을 가진 기관 단위의 투자자 또는 큰 부를 가지고 있는 자본가들만 투자할 수 있었으나 지금은 제도와 시스템의 발전에 따라 개인들도 단돈 1,000원만 있으면 손쉽게 채권에 투자할 수 있게 되었다.

혼히 은행의 예금에는 목돈을, 적금에는 소액을 활용하는 것에 비해 채권은 1,000원이라는 적은 금액부터 몇천만 원, 몇억 원까지도 폭넓게 활용이 가능하다. 투자 기간도 며칠부터 몇 년까지 자유롭게 선택할 수 있다.

채권투자의 좋은 점은 더 있다. 예·적금처럼 1년 단위로 이자가 지급되는 것이 아니라 평균적으로 3개월마다 이자가 지급된다는 것이다. 더불어 이자는 즉각 사용이 가능하다. 생활비로 사용할 수도 있고, 다시 채권에 투자하여 더 높은 복리 수익을 얻을 수도 있다.

금리 인상기에는 시장 자체의 금리가 올라 은행의 예·적금 금리도 따라 오르기 마련이다. 이때 시장금리만큼 새롭게 채권에 투자하여 얻을 수 있는 확정금리도 올라간다. 따라서 금리 인상기에도 채권투자를 통해 은행의 예·적금보다 더 높은 확정수익률을 가져갈 수 있다.

여유자금이 생기거나 목돈을 만들고 싶을 때 우리는 흔히 은행 예금, 적금부터 생각한다. 이때 차라리 은행이 발행하는 채권에 투자한다면 예·적금만큼 안전하면서도 훨씬 더 높은 수익을 얻을 수 있다. 대부분의 은행은 이미 발행된 채권에 투자를 진행함과 동시에 은행 자체에서도 채권을 발행하여 은행에 필요한 자금을 조달하고 있기 때문이다.

⑥ 은행 상품의 함정

은행 적금 상품을 통해 우리가 실제로 받는 적금수익률은 은행에서 홍보할 때 표시한 적금 금리의 약 50% 수준이다. 적금은 매달 약정한 납입액을 내지만 첫 달부터 만기일까지 이자가 적용되는 기간이 달라지기 때문이다. 첫 달 내는 금액에 만기일까지 쌓이는 이자와 마지막 달에 내는 금액에 만기일까지 쌓이는 이자 적용 기간에 차이가 있기 때문에 발생하는 특징이다.

특판 금리라고 하여 평균보다 더 높은 금리를 제공한다는 적금 상품도 많지만, 특판 금리를 모두 적용받기 위해서는 여러 가지 부가 조건들을 충족해야 한다. 카드를 매달 일정 금액 이상 사용해야 한다거나 보험이나 펀드 같은 금융상품에 가입해야 한다거나 선착순 가입이라는 조건들이다. 심지어 치열한 경쟁을 뚫고 특판 금리 적금 가입에 성공했다고 해도 은행에서는 손해를 보지 않게 치밀하게 구조를 짜놓는다. 1회 또는 최대 납입할 수 있는 금액에 제한을 두거나(예를 들면 월 30만 원까지 가능), 짧은 만기 기간(1년이 아니라 6개월이나 3개월만 적용) 등의 조건이 가입설명서 하단에 깨알같이 작은 글씨로 적혀 있다. 높은 표면 금리에 혹해 일부러 예금이 아닌 적금으로 자금을 운용했던 사람들은 만기 시 기대했던 것보다 낮은 이자에 한숨을 내쉴 수도 있다. 이렇듯 높은 금리를 내세운 은행의 특판 상품은 꼼꼼하게 살펴야만 알 수 있는 함정을 파놓곤 한다. 반면 채권은 원하는 금액만큼 자유롭게 투자하면서도 예금과 같은 수익을 얻어낼 수 있기 때문에 표면 금리보다 낮은 수익을 얻게 되는 적금 또는 낮은 금리를 주는 예금보다 항상 훨씬 매력적인 수익률을 얻어갈 수 있다.

은행을 맹신하지 말자

저축은행 부실 사태 때와 현황(2019년 기준)

	2011년 6월	2018년 9월
저축은행 수	97	79
총자산	76조 8374억 원	66조 2570억 원
자기자본	−1185억 원	7조 5091억 원
연체율	25.1%	4.6%
BIS 자기자본 비율	1.1%	14.5%

※ 연체율은 낮을수록, BIS 자기자본 비율은 높을수록 건전함   출처: 저축은행중앙회

현대 사회에서 은행의 안전성을 의심하는 사람은 거의 없을 것이다. 하지만 그리 오래전이 아닌 2011년에도 심각한 부실 위험 때문에 여러 저축은행들이 영업정지를 받았고, 원금이라도 건지려는 예·적금 고객들이 각 은행 앞에서 며칠씩 밤을 새며 줄을 서곤 했다.

그런 경험으로 인해 각종 규제와 법이 강화되고 적용됨에 따라 은행의 안전성은 어느 때보다 높아졌다. 하지만 은행 자체의 안전성과 고객 측면에서의 은행에 대한 신뢰는 분명 다른 영역이라고 할 수 있다. 은행은 기본적으로 공공의 이익을 목적으로 한 공기업이 아닌 수익을 위해서 운영되는 독립적인 민간기업이기 때문이다.

민간기업이란 민간이 소유하는 기업으로서 기본적으로 최대한 많은 수익을 내기 위한 방식으로 회사의 사업 방향성이 결정되고 운영된다. 따라서 은행 직원들은 할당된 실적을 달성하기 위해 고객들을 각종 상품에 가입시키려 한다. 직원들 역시 은행 업무에 대한 지식을 교육받았을 뿐 고객의 재무 상황에 대해 깊이 알고 있거나 노하우가 있지는 않다. 따라서 은행 직원이 가입을 추천하는 각종 재테크 상품은 고객의 이익을 위한다기보다는 은행 자체의 수익을 올리기 위해 고안된 것들일 뿐이다.

은행에서는 예·적금 상품과 각종 카드 개설 권유뿐 아니라 더 높은 수익을 원하는 고객들에게 자세한 설명도 없이 ELS 상품을 권유하기도 한다. ELS(Equity-Linked Securities)는 주가연계증권을 말하는데, 기본적으로 증권사에서 만들고 판매하는 상품을 은행에서도 위탁판매하는 방식이다. ELS는 은행의 예·적금 금리보다 훨씬 더 높은 금리를 제공한다는 점에서 채권투자와 비슷하다고 생각할 수 있지만 상품의 구조를 들여다보면 채권투자와는 명확히 다른 속성과 특징을 가지고 있다.

1. ELS는 기본적으로 도박과 비슷한 구조를 가지고 있다. ELS는 대부분 S&P(미국 주가지수), HSCEI(홍콩 주가지수), EURO(유럽연합 주가지수) 등의 주가지수를 대상으로 만들어진다. 해당 주가지수가 사전에 정해둔 퍼센트 이하로 내려가지 않으면 고정된 이자를 지급받으나 그 이하로 내려갈 경우 원금의 50% 이상까지 잃을 수 있는 상품이다.

그 손실의 기준이 되는 주가지수의 일정 퍼센트는 대개 지수의 현재 가격에서 50% 하락 등 발생 가능성이 굉장히 낮은 기준이라서 흔히 안전하다고 판단할 수도 있지만, 주가라는 것은 예측 불가능한 자산이기 때문에 실질적인 위험성은 감히 측정할 수 없다.

실제로도 일시적인 증시 폭락으로 인해, 기준이 되는 주가지수가 50% 이상 하락하여 ELS 상품 가입자들이 원금을 돌려받지 못하게 된 사례를 흔히 찾아볼 수 있다. 이렇게 원금을 돌려받지 못하게 되는 것을 ELS에 '낙인(knock-in)이 발생했다'고 표현한다.

2. ELS에서 원금을 돌려받지 못하는 상황이 발생하지 않았더라도, 지속적으로 ELS 상품을 이용하기에는 제약이 있다. 바로 수수료 때문이다. ELS는 보통 6개월마다 만료(조기 상환)되고, 다시 새롭게 ELS에 가입하는 구조를 가지고 있다.

ELS 상품 가입자들은 표면적으로 높게 제시된 금리에 혹하여 ELS가 만료될 때마다 다시 계약을 진행하곤 한다. 이렇게 계약을 자주 반복할수록 은행이나 증권사에서 가져가는 수수료가 극대화된다.

ELS의 종류마다 다르겠지만, 대부분의 ELS는 6개월 주기의 갱신 때마다 가입 원금에서 약 1%의 수수료를 먼저 가져가고, 남은 잔액에 이자가 적용된다. 원금에서 수수료를 먼저 가져가기 때문에 상대적으로 높다고 제시하는 ELS의 수익률에서도 수수료를 제한 1년 기준의 실질 이율로 따져보면 받을 수 있는 수익이 광고한 것보다 훨씬 낮다. 따라서 ELS 상품은 가입자에게 모든 위험을 전가할 수 있으면서도 높은 수수료를 받아낼 수 있는, 은행이나 증권사의 효자상품이다.

이렇게 큰 위험이 발생할 수도 있는 저효율 상품을 안전하고 효율적인 재테크 상품이라고 홍보하며 판매하고 있는 은행의 행태를 생각한다면, 그리고 수익 창출을 목적으로 운영되는 은행의 근본적인 구조를 생각해 본다면 은행 그 자체와 은행에서 추천하는 상품들을 무조건 맹신하면 안 될 것이다.

⑦ 채권의 안전성

안전성에 있어서도 채권이 은행의 예·적금보다 훨씬 뛰어나다. 은행의 예금, 적금에 투자할 경우 은행당 5,000만 원까지 예금자 보호가 된다. 따라서 고액을 예치하는 경우 여러 은행에 분산해서 상품에 가입해야 하는 번거로움이 있다. 채권은 어떨까? 국가에서 발행하는 국채, 지방자치단체에서 발행하는 지방채에 투자한다면 투자금 전액을 공식적으로 국가에서 보장해 준다. 즉, 국채와 지방채는 은행보다 확실하게 안전한 투자 수단이다. 현재 은행의 예금자 보호 금액 한도를 높이는 제도가 논의 중이기 때문에 5,000만 원이라는 금액 제한은 추후 변경될 여지가 있다. 하지만 상향된다고 하더라도 국채나 지방채 등의 채권이 은행보다 훨씬 더 높은 안전성을 가졌다는 본질은 변하지 않는다. 은행의 예금자 보호 자체도 결국 국가에서 제공하는 것이기 때문이다.

반면 국가가 아닌 기업이 발행하는 채권인 회사채에 투자한다면 예금자 보호와 같은 개념은 없다. 그러나 채권의 신용등급과 같은 공신력 있는 평가를 통해 투자하려는 채권의 안전성을 사전에 파악할 수 있다. 이 때문에 우리 같은 개인도 채권의 매력적인 수익을 충분히 안전하게 얻어낼 수 있다.

3 채권의 종류와 특징

BOND INVESTMENT

채권투자를 활용하기 위해 알아두어야 할 대표적인 채권의 특징을 살펴보자. 채권을 처음 접하는 입문자를 기준으로 잡고 기본 중의 기본을 간단하게 설명하였다. 하나하나 차근차근 읽다 보면 큰 어려움 없이 채권에 대한 지식을 쌓을 수 있을 것이다.

① 채권의 종류

우리가 활용하려는 채권은 발행한 주체에 따라서 종류가 나뉜다. 채권의 대표적인 종류 네 가지를 알아보자.

(1) 국채

국가 단위에서 공공목적에 필요한 자금을 조달하기 위해 국가가 발행하고 보증하는 채권이다. 국가가 파산하지 않는 이상 이자와 투자금이 100% 보장되기 때문에 공식적으로 무위험 채권으로 분류된다.

(2) 지방채

서울, 인천, 경기 등 지방자치단체에서 지역을 개발하거나 철도와 같은 시설물을 설치하는 데 필요한 자금을 조달하기 위해 발행하는 채권이다. 지방채 또한 공식적으로 무위험 채권으로 분류된다.

(3) 특수채

한국전력공사, 한국가스공사 같은 공기업에서 투자자금이나 운영자금 등을 조달하기 위해 발행하는 채권이다.

공기업은 회사로 분류되기 때문에 완전한 의미의 무위험 채권은 아니지만, 해당 공기업이 채권을 갚지 못할 정도로 회사의 상황이 나빠질 경우 국가 자체의 위기로까지 이어질 수 있기 때문에 국가의 지원을 거의 확정적으로 기대할 수 있다. 따라서 무위험 수준의 매우 높은 안전성을 가지고 있는 채권이다.

(4) 회사채

삼성, LG, SK 등과 같은 주식회사가 발행하는 채권으로 해당 회사에 사용될 투자자금, 운영자금 등을 조달하기 위해 발행하는 채권이다.

회사의 부도나 파산, 또는 그에 준하는 엄청나게 치명적인 재정적 위기 상황이 발생했을 때 해당 채권투자자는 회사의 남은 자산 여력에 따라 일정 부분 원금손실의 위험이 발생할 수 있다. 반면 그러한 위기상황이 발생하지 않는다면 회사 사정과 관계없이 정해진 이자와 정해진 상환금액을 무조건 전액 지급받을 수 있다. 이러한 채권자의 권리는 해당 회사와의 비밀스러운 계약이 아닌 국가 차원에서 법적으로 보호되는 권리이다.

회사채에는 해당 채권을 발행한 회사에 그러한 치명적인 상황이 발생할지 안 할지를 투자자가 손쉽게 판단할 수 있도록 AAA부터 D까지의 신용등급이 평가되어 발행된다. 회사채는 채권 발행일로부터 투자한 돈을 돌려받게 되는 상환일까지의 기간을 주로 3년 이내로 정한다. 채권 직접투자자가 주로 활용하는 채권도 바로 이 회사채이다.

② 채권의 이자 지급 방식

채권에서 이자를 지급하는 방식은 여러 가지가 있다. 대표적인 세 가지의 이자 지급 방식을 알아보자.

(1) 이표채

채권 발행 시에 정해진 이자 지급 주기마다 이자를 받는 채권이다. 개인투자자가 주로 활용하는 채권은 대부분 이표채의 방식을 가지고 있으며 이 책에서 다루는 채권 지식과 노하우 또한 이표채의 지급방식을 가진 채권을 기준으로 설명하고 있다.

(2) 복리채

복리채 또한 이표채의 방식과 동일하게 정해진 이자 지급 주기를 가지고 있다. 하지만 이자 지급 주기마다 발생하는 이자가 투자자에게 지급되지 않고 자동으로 재투자된다. 이자와 원금을 포함한 복리 금액을 채권의 만기일에 일시에 받게 되는 채권이다.

(3) 할인채

이자가 직접 지급되지 않는 채권이다. 채권 발행 시 만기일까지 지급 예정된 이자율만큼 채권 가격 자체가 할인되어 발행된다. 실제 만기일에는 할인되었던 가격이 아닌 원래 채권 가격만큼의 금액을 상환받기 때문에 만기 상환 시에 이자를 받는 것과 같은 효과를 가진다.

③ 채권의 평균수익률

우리가 채권에 투자함으로써 얻을 수 있는 기대수익률은 어느 정도일까?

다음 페이지의 [그림 1-4]는 채권투자 시의 평균 수익률을 판단해 볼 수 있는 '등급별 금리 스프레드'라는 통계 자료이다. 해당 표에 표시된 숫자는 ①로 구분된 채권을 ②에 표시된 기간 동안 투자했을 때 기대할 수 있는 채권의 수익률(=금리)이라고 해석할 수 있다. ①의 맨 위에 표시된 국고채는 국채를 나타내며, ①에서 여러 가지 알파벳으로 표시된 것이 회사채의 신용등급이다. 회사채에는 이런 신용등급이 필수적으로 붙어 있다.

①의 위쪽에 있는 AAA등급이 회사채에서는 가장 안전한 신용등급이며,

[그림 1-4] 채권의 등급별 금리 스프레드

[단위:%]

구분 ❷		3월	6월	9월	1년	1년6월	2년	3년	5년
❶	국고채	2.65	3.05	3.17	3.17	3.55	3.85	3.85	3.90
	AAA	3.22	3.60	3.96	4.16	4.42	4.65	4.70	4.74
	AA+	3.30	3.69	4.03	4.21	4.46	4.69	4.75	4.79
	AA	3.35	3.73	4.08	4.25	4.49	4.74	4.80	4.85
	AA-	3.37	3.75	4.10	4.28	4.53	4.79	4.85	4.96
	A+	3.56	3.92	4.26	4.42	4.66	4.90	4.99	5.35
	A	3.70	4.07	4.42	4.60	4.84	5.11	5.31	5.80
	A-	3.91	4.30	4.66	4.85	5.13	5.47	5.76	6.41
	BBB+	4.56	5.24	5.91	6.29	6.91	7.69	8.31	8.47
	BBB	4.94	5.74	6.49	6.96	7.72	8.63	9.36	9.52
	BBB-	5.61	6.54	7.43	7.95	8.83	9.78	10.72	10.94

출처: 한국신용평가(https://www.kisrating.com)

①의 맨 아래 BBB- 라는 등급까지가 공식적으로 투자하기 적당한(안전한) 신용등급이다.

위의 자료를 통해 알 수 있듯이, 채권은 기본적으로 그 안전성에 따라 분류하며 신용등급이 낮은 채권일수록 상대적으로 더 높은 금리를 제공하고 있다. 일반 투자자가 공식적으로 안심하고 투자할 수 있는 채권의 신용등급은 BBB-까지이기 때문에 우리는 채권투자를 통해 평균적으로 표시된 값만큼의 확정적인 수익률을 안전하게 기대할 수 있다.

물론 해당하는 채권의 수익률은 기준금리가 반영된 *시장금리를 기준으로 한 이론적인 기대수익률일 뿐이기 때문에 특정한 시기나 시장 거래 상황에 따라 개별 채권마다 실제 얻을 수 있는 확정수익률과 해당하는 등급별 금리 스프레드에 표시된 평균적인 수익률과의 차

처음용어 뽀개기

시장금리

한국은행에서 공식적으로 정하고 발표하는 기준금리에 여러 가지 가산금리가 더해진 금리이다. 금융시장에서는 기준금리를 기준으로 하여 시장 상황에 따라 금리를 더 붙이거나 덜거나 하는 식으로 시장금리가 형성된다. 한국은행의 발표로만 변동하는 기준금리와 달리 시장금리는 시장 상황에 따라 매번 변동된다.

이가 벌어질 수도 있다. 하지만 그러한 차이가 발생한다고 하더라도 채권은 은행의 예금, 적금보다 언제나 훨씬 더 매력적이고 만족스러운 수익률을 얻게 해줄 가능성이 크다.

더불어서 시장금리에 따라 이러한 채권 등급별 금리 스프레드에 표시된 수익률값 자체도 매번 바뀌기 때문에 현재 시점을 기준으로 금리 스프레드의 값을 자주 확인해 본다면, 시장에서 얻을 수 있는 채권의 평균적인 수익률을 판단하는 데에 어느 정도 도움이 될 것이다.

'한국신용평가' 홈페이지(https://www.kisrating.com) → '신용등급' → '등급통계' → '등급별 금리 스프레드' 메뉴를 통해 채권의 등급별 금리 스프레드를 확인해 볼 수 있다.

단기적으로는 주식투자에서 얻을 수 있는 기대수익률이 더 클 것이다. 하지만 주식투자의 예측할 수 없는 변동성과 달리 채권투자에서 얻는 수익률은 확정수익률일 뿐만 아니라 채권투자의 특성상 때에 따라 정해진 확정수익률보다 더 높은 수익의 발생도 기대할 수 있다. 따라서 안전한 채권투자가 주는 높은 수익률의 가치는 우리가 생각하는 것 이상으로 굉장히 안정적이고 효율적이라고 할 수 있다.

더해서 금리 인상 시기에 기준금리가 오른다면 은행에서도 지금보다 더 높은 금리를 제공하겠지만 금리 상승은 채권에도 반영되기 때문에 새롭게 채권에 투자함으로써 얻을 수 있는 채권의 확정수익률 또한 상승하게 된다.

④ 채권의 신용등급

앞서 채권의 평균 수익률을 설명하면서 채권의 신용등급에 관해 살짝 언급했다. 채권의 신용등급은 채권투자에서 가장 핵심적인 요소라고 말할 수 있을 정도로 굉장히 중요하다.

주식회사가 발행하는 채권인 회사채에 신용등급이라는 알파벳을 붙이는 신용평가제도는, 전문지식이 상대적으로 부족한 채권투자자들의 정보 비대칭성을 완화하고 채권을 활용하려는 투자자들의 투자위험을 최소화하기 위해 만들어진 공신력 있는 제도이다. 따라서 누구나 무료로 이용 가능하며 우리 같은 개인투자자들도 손쉽게 등급평가 자료를 열람해 볼 수 있다.

채권을 발행하려는 회사는 필수적으로 신용평가를 받아야 한다. 신용평가회사(기관)는 채권을 발행하려는 회사가 해당 채권의 발행 조건에 맞게 문제없이 이자를 지급할 수 있는지에 대한 판단과 더불어, 채권에 투자한 금액을 돌려주는 만기 상환일에 안전하게 투자 금액을 상환할 수 있는지에 대해 다각도로 평가한다.

이러한 신용평가에는 채권을 발행하려고 하는 회사의 재무안전성부터 시작하여, 규모와 시장 지위, 사업 안정성, 영업 효율성, 경영진의 경영능력, 계열기업에 대한 자금지원 가능성, 업종 특성, 산업 특성, 기타 산업 내 현존하거나 잠재적인 특성 및 위험요소 등 평범한 개인이 일반적으로 조사하거나 분석하기 어려운 요소까지 종합적으로 판단하여 등급을 평가하고 결정하기 때문에 채권의 신용등급이 가지는 신뢰성과 활용성은 채권투자자에게 있어서 굉장히 강력하고 효율적이다.

신용등급의 활용은 단순히 개인투자자들뿐 아니라 채권에 투자하려고 하는 모든 투자자, 즉 국가, 공공기관, 기업, 자본가들 또한 최우선으로 활용하고 있는 요소이다.

[그림 1-5] 회사채의 신용등급

	신용등급	정의
투자 등급	AAA	원리금 지급 능력이 최고 수준임
	AA+	원리금 지급 능력이 매우 우수하지만, AAA 등급보다는 다소 낮음
	AA	
	AA–	
	A+	원리금 지급 능력이 우수하지만, 상위 등급보다는 앞으로의 환경 변화에 따라 영향을 받기 쉬움
	A	
	A–	
	BBB+	원리금 지급 능력이 양호하지만, 앞으로의 환경 변화에 따라 낮아질 가능성이 있음
	BBB	
	BBB–	
투기 등급	BB+	원리금 지급 능력에 당장 문제는 없으나, 앞으로 안정성 면에서는 투기적인 요소가 내포되어 있음
	BB	
	BB–	
	B+	원리금 지급 능력이 부족해 투기적임
	B	
	B–	
	CCC	원리금 지급 능력에 불안요소가 있으며 채무불이행 가능성이 있음
	CC	원리금 지급 능력에 불안요소가 있으며 채무불이행 가능성이 높음
	C	원리금 지급 능력에 불안요소가 있으며 채무불이행 가능성이 매우 있음
–	D	현재 원리금 상환 불능 상태임

회사채의 신용등급은 채권의 안전성에 따라 AAA부터 D까지의 등급으로 나누어져 있다. 이 나뉜 등급에서도 투자등급과 투기등급으로 나눌 수 있다.

채권의 '투자등급'은 공식적으로 투자자들이 안심하고 채권에 투자할 수 있는 등급의 채권이라는 뜻이다. 투자등급에는 AAA, AA+, AA, AA-, A+, A, A-, A, BBB+, BBB, BBB-가 있다.

채권의 '투기등급'은 해당 채권을 발행한 회사가 이자를 지급하지 못하거나 투자 원금을 상환하지 못하는 상태가 될 수 있는 위험도가 높은 등급이다. 따라서 투기등급의 채권은 채권 발행회사의 재무 악화에 따른 투자 원금 손실 가능성이 크기 때문에 투자를 피해야 한다.

신용평가회사의 특징

한국에는 한국기업평가, 한국신용평가, NICE신용평가, SCR서울신용평가, 이렇게 4개의 신용평가 회사가 있다. 채권시장에서는 한국기업평가, 한국신용평가, NICE신용평가 3사가 99% 이상의 점유율을 보이고 있다.

채권을 발행하기 위해서는 무조건 2개 이상의 신용평가회사에서 평가를 받아야 하기 때문에, A 회사의 홈페이지에서 특정 채권에 대한 정보를 확인하지 못했다면 B 회사의 홈페이지에서는 확인할 수 있다.

신용평가회사의 홈페이지에는 채권에 대한 자료가 공개되어 있다. 신용등급 평가뿐만 아니라 업종별 전망, 시장 상황 등에 대한 리서치 자료를 열람할 수 있다. 이러한 자료들의 활용은 채권에 대한 이해도와 채권투자 자체에 대한 안정성을 높여 주며, 무엇보다 경제 전반에 대한 판단력과 통찰력을 길러 준다.

단 하나 검색되지 않는 것이 있는데 바로 국채와 지방채다. 완전한 무위험의 채권이기 때문에 신용등급이 적용되지 않는다.

⑤ 채권의 시장 거래 특징

앞서 채권투자는 그 특성상 확정수익률과 더불어 자본차익으로 인하여 때에 따라 확정수익률보다 더 높은 수익도 기대할 수 있다고 언급했다. 이러한 수익은 채권의 시장 거래(유통시장 거래)라는 요소 때문에 발생하는 특징이다.

채권투자는 단순히 주기적으로 이자를 받고 상환일(만기일)이 되면 투자금을 돌려받는 것과 더불어, 해당 채권을 장내채권 시장이라는 곳에서 주식처럼 거래할 수 있다는 특징이 있다. 이러한 장내채권 시장은 우리가 흔히 주식을 거래할 때 활용하는 증권사의 계좌를 통해 누구나 활용할 수 있다.

장내채권 시장에서는 채권을 보유한 사람들(개인, 기관, 자본가 등)과 채권에 투자하고 싶은 사람들이 수많은 거래를 하며 채권 가격의 변동을 발생시킨다. 기본적으로 채권투자는 이자를 받다가 채권의 상환일이 되면 투자금을 돌려받는 것으로 끝을 맺는다. 만약 보유한 채권의 가격이 장내채권 시장에서 하락하였더라도 상환일까지 해당 채권을 보유하기만 하면, 기존의 확정수익률을 기준으로 한 동일한 이자를 주기적으로 받고 상환일에 투자금을 돌려받는다. 즉 장내채권 시장의 채권 가격이 하락한다고 해도 투자금에는 직접적인 손실이 발생하지 않는다.

하지만 반대로 만약 보유한 채권의 가격이 장내채권 시장에서 상승하였다면 중도에 매도하여 예정된 확정수익률보다 높은 수익을 가져갈 수 있다. 이

것이 바로 채권투자에서 확정수익률 이외의 추가 수익이 발생되는 원리다.

이러한 채권투자의 특징은 채권의 상환일 이전이라도 중도 매도하여 언제든 투자한 금액을 현금화시킬 수 있다는 장점으로도 이어진다.

채권투자자가 보유하고 있던 채권을 시장에 중도 매도하더라도 그동안 받은 이자는 반납할 필요가 없을 뿐 아니라 거기에 더해 채권의 시장가격까지 오른 상태라면 채권투자자는 상환일 이전이라도 매력적인 수익률을 얻어내게 된다. 만기까지 보유해야 약정된 이자를 받을 수 있는 은행의 예금, 적금과 구별되는 채권투자만의 큰 장점이다.

이 책에서 소개하는 채권 직접투자 방법이 바로 이러한 장내채권 시장을 이용하는 것이다. 장내채권 시장이 있기 때문에 우리 같은 개인투자자가 해당 시장에서 손쉽게 채권을 매수하고 매도하면서 자유롭게 투자금을 운용할 수 있는 것이다.

(1) 장내채권 시장에서 1/10로 나누어져 거래되는 채권

장내채권 시장에서 거래되는 채권에는 중요한 특징이 하나 있다. 바로 시장에서 거래되는 채권이 1/10로 나누어져 거래된다는 점이다. 예를 들어 장내채권 시장에 10,100원의 가격으로 거래가 올라와 있는 채권의 잔량이 100개 있다고 가정했을 때 이 채권 잔량 1개를 매수하기 위해 필요한 금액은 10,100원이 아닌 1,010원이다. 1/10로 나뉜 1,010원의 가격으로 채권 1개의 매수 거래가 이루어지는 것이다.

이는 증권사와 무관하게 장내채권 시장에서 거래되는 모든 채권에 자동으로 적용된다. 개인투자자로 하여금 채권에 대한 접근성을 높이고자 마련한 금융시장의 배려라고 볼 수 있다.

바로 뒤에서 배울 내용이지만, 채권은 기본적으로 10,000원이라는 본질적인 가치를 내포하고 있다는 '액면가'라는 개념을 가지고 있다. 이러한 액면가의 요소에 1/10로 나누어져 거래되는 채권의 특징이 합쳐지기 때문에, 채권에 투자하는 개인투자자가 약 1,000원이라는 적은 금액으로도 채권에 투자할 수 있다고 표현하는 것이다.

(2) 장내채권 시장과 한국예탁결제원

장내채권 시장에서 채권을 거래할 때의 특징이 한 가지 더 있다. 장내채권 시장에서 거래되고 있는 채권의 경우 주식과 마찬가지로 한국예탁결제원이라는 공공기관에 상장(등록)되어 거래된다.

이로 인하여 장내채권 시장에서 거래되는 모든 채권은 어느 증권사를 이용하는지와 상관없이 동일한 채권 종목과 동일한 채권 잔량 그리고 동일한 채권 가격이 표시되며, 거래하고 있던 증권사가 망한다고 하여도 내가 보유하고 있는 채권에는 어떠한 문제도 생기지 않는다.

⑥ 채권의 속성

채권이 가지고 있는 속성은 우리가 채권투자를 진행하기 위해 필수적으로 알아야 하고 신경 써야 하는 요소이다. 채권의 대표적인 속성을 간단히 알아보자.

(1) 액면가(액면 금액)

채권은 기본적으로 10,000원이라는 본질적인 가치를 가지고 있다. 즉 10,000원이라는 액면가를 가지고 있다. 채권은 기본적으로 액면가인 10,000원이라는 가격을 기준으로 채권시장에 발행되고, 이후 장내채권 시장에 거래되면서 가격이 변동된다. 하지만 아무리 채권 가격이 변동된다고 하여도 본질적인 가치인 액면가는 계속해서 10,000원이라는 가치를 유지하게 된다.

예를 들어 장내채권 시장에서 10,100원의 가격에 거래되고 있는 채권이든 10,300원의 가격에 거래되는 채권이든 상관없이 그 채권의 본질적인 가치인 액면가는 10,000원이라는 뜻이다.

이와 같은 액면가의 개념에 1/10로 나누어지는 채권의 시장 거래 특징이 적용되는 경우 10,100원의 채권이 1개에 1,010원에 거래되든, 또는 10,300원의 채권이 1개에 1,030원에 거래되든 해당 채권 1개의 본질적인 가치는 액면가인 1,000원이라는 뜻이다. 하지만 이러한 시장 거래의 특징을 제외한 이론(원론)적인 채권의 액면가는 10,000원이기 때문에 이 10,000원을 기준으로 채권의 속성에 대한 설명을 계속 이어갈 것이다.

(2) 상환일(만기일)

채권에 투자한 투자 금액(=액면가)을 상환받는 날이다.

채권은 발행될 때 채권에 투자한 금액을 돌려받는 상환일이 정확히 정해진다. 따라서 해당 채권에 투자한다면 언제 투자 금액을 상환받을 수 있는지에 대해 정확히 파악할 수 있다.

하지만 이렇게 상환일에 돌려받는 금액은 앞서 설명한 채권의 액면가 속성이 적용되어 내가 실제로 채권에 투자한 금액보다 더 많은 금액을 상환받게 될 수도 있고, 또는 더 적은 금액을 상환받게 될 수도 있다. 물론 채권에서는 지속적으로 이자가 발생하기 때문에 상환일에 더 적은 금액을 상환받게 되어도 최종 수익률에 손실이 발생되는 것은 아니다.

(3) 표면이자율(표면금리)

채권의 액면가를 기준으로 지급되는 '1년 단위'의 채권 이자금리가 표시된다.

채권의 표면이자율은 액면가를 기준으로 적용되기 때문에, 우리가 채권에 투자했을 때 단순히 해당 채권의 표면이자율에 표시된 금리만큼 채권의 확정수익률이 발생하는 것은 아니다.

만약 장내채권 거래시장에서 채권의 액면가인 10,000원보다 더 낮은 가격으로 채권을 매수했다고 하더라도, 채권에 적용되는 표면이자는 채권의 액면가인 10,000원을 기준으로 발생하기 때문에 실제 채권에 표시된 표면이자율보다 더 많은 이자가 발생한다. 반대로 장내채권 거래시장에서 채권의 액면가인 10,000원보다 더 높은 가격으로 채권을 매수했더라도 채권에 적용되는 표면이자는 채권의 액면가인 10,000원을 기준으로 발생하기 때문에 실제 채권에 표시된 표면이자율보다 더 적은 이자가 발생하게 된다.

이러한 변수는 2장에서 배울 채권 수익률 계산기를 활용해 여러 요소가 자동으로 반영된 확정수익률은 물론이고, 이자지급일에 지급되는 이자가 언제 얼마나 들어오는지 원 단위까지 간단하게 확인할 수 있다.

(4) 이자 지급 주기

채권의 이자가 실질적으로 입금되는 주기를 말한다. 표면이자율과 액면가를 기준으로 한 1년 단위의 이자 금액이 이자 지급 주기에 따라 나누어져 지급된다.

채권의 이자 지급 주기는 3개월, 6개월, 12개월 등으로 다양하지만 채권 직접투자에서 우리가 주로 활용하는 채권은 대부분 3개월이다.

이자 지급 주기가 12개월이면 1년(12개월)을 기준으로 이자가 한 번 지급되고, 이자 지급 주기가 6개월이면 1년(12개월)을 기준으로 이자가 두 번, 이자 지급 주기가 3개월이면 1년(12개월)을 기준으로 이자가 네 번 나뉘어 지급된다.

지급된 이자는 현금이기 때문에 바로 이체하여 사용할 수 있을 뿐만 아니라 예정보다 빨리 해당 채권을 매도한다고 하여도 이미 받은 이자 금액을 반납할 필요가 없다. 또한 발생한 이자를 사용하지 않고 다시 채권에 재투자한다면 이자수익을 복리로 불릴 수 있다.

⑦ 채권의 옵션

채권에는 옵션이라는 요소가 붙어 있는 경우가 많다. 채권의 옵션 요소는 채권투자자라면 반드시 알아야 한다. 잘 활용한다면 좀 더 효율적으로 채권의 장점을 누릴 수 있기 때문이다. 반대로 옵션 요소를 모른 채 채권에 투자했다가는 아무리 안전자산이라 해도 원금 손실을 볼 수 있다.

증권사의 스마트폰 앱(Application)을 이용해 채권투자를 할 경우 이러한 채권의 옵션 요소에 대한 정보가 자세하게 표시되지 않을 뿐 아니라, 채권의 옵션 요소를 계산할 수 있는 기능이 구현되어 있지 않을 수도 있다. 따라서 스마트폰 앱에서 채권을 투자할 때에는 이 부분을 굉장히 조심해야 한다.

채권에 붙어 있는 대표적인 두 개의 옵션 요소를 간단히 알아보자.

(1) 콜옵션(CALL)

'채권발행자'가 채권의 만기일 이전에 채권의 액면가를 투자자로부터 상환할 수 있는 옵션이다.

채권발행자는 콜옵션 행사를 통해 발행된 채권으로 인하여 지속적으로 지출하게 되는 이자 비용을 줄일 수 있다.

채권발행자가 콜옵션을 언제 행사할 수 있는지 등에 대한 조건은 채권 발행 시에 정해진다.

(2) 풋옵션(PUT)

'채권투자자'가 채권의 만기일 이전에 보유한 채권의 액면가를 상환해 달라고 채권 발행자에게 요구할 수 있는 옵션이다.

채권투자자는 풋옵션을 행사하여 채권에 투자한 금액을 빠르게 회수할 수 있다. 이러한 풋옵션을 가진 채권은 대부분 만기일에 액면가보다 더 높은 금액을 상환받게 되는 '보장수익률'이라는 옵션이 포함되어 있다. 이 때문에 풋옵션을 행사하여 만기일 이전에 액면가만큼의 투자금을 상환받게 될 때, 옵션까지 함께 적용되어 액면가 이상의 금액을 풋옵션 행사일(상환일)에 상환받는다.

채권투자자가 풋옵션을 언제 행사할 수 있는지, 얼마의 금액으로 행사되는지에 대한 조건은 채권 발행 시에 정해진다.

앞서 채권투자의 핵심적인 특징과 속성을 살펴보았다. 낯선 용어가 많아 어렵게 느껴졌을지도 모른다. 그러나 안심해도 된다. 채권에 대한 이론적인 지식을 배우는 과정과 비교하면 채권에 실제로 투자하는 과정은 훨씬 더 쉽고 간단하니 말이다. 그렇다고 이론적 지식이 전혀 없는 상태에서 투자를 진행할 수는 없다. 기본적인 용어나 구조도 모르면서 투자한다는 것은 매우 위험한 일이기 때문이다. 소중한 우리의 돈을 그저 수익이 괜찮다는 말만 믿고 투자한다면 단기적으로는 수익을 볼 수 있을지도 모르겠지만, 장기적으로는 우리의 자산을 큰 위험에 빠뜨리는 행동이 될 것이다.

더해서 투자라는 것은 항상 최악의 경우를 가정하고 대비해야 오랫동안 시장에서 살아남을 수 있다. 따라서 위험에 대비하려면 내가 투자하고 있는 것이 정확히 무엇인지, 어떤 원리로 작동하고 있는지, 어떠한 위험이 숨겨져 있는지에 대한 충분한 지식을 스스로 갖추고 있어야 한다. 이렇게 갖춘 지식과 혹시 모를 위험요소를 사전에 파악하여 대비하는 투자 습관은 나를 경제적 자유로 이끌어 준 중요한 요소이며, 지금도 그러한 경제적 자유가 유지되게 만들어 주고 있는 큰 원동력이 되어주고 있다.

채권투자에 어떠한 잠재적 위험이 도사리고 있는지에 대해 알아보고 대비해보자.

① 채권을 발행한 회사의 부도, 법정관리, 파산 위험

앞서 은행의 예금, 적금은 일정 금액만큼만 예금자 보호가 적용된다고 설명했고, 채권의 한 종류인 국채나 지방채는 투자금 전액이 보장되는 무위험 채권이라고 언급한 바 있다. 하지만 우리가 주로 활용하게 될 회사채는 최악의 상황이 발생했을 때 원금 보장에 대한 기능이 없다.

회사채에서 발생하는 최악의 상황이란, 해당 채권을 발행한 회사의 자금 상황이 악화되어 이자를 지급하지 못하거나 상환일에 상환금액을 지급하지 못하게 되는 경우를 말한다. 채권을 발행한 회사가 채권에 대한 이자나 상환 금액을 단 1회라도 지급하지 못했을 경우 회사에 부도가 발생했다고 표현하며 그렇게 부도가 발생하면 해당 채권에 투자한 투자자는 원금 일부에 손실이 발생할 수도 있다.

물론 채권투자에서는 신용등급 판단을 통해 이러한 상황이 발생할지 여부를 투자 전에 어느 정도 예측할 수 있다. 만약 예측할 수 없는 갑작스러운 사건이 발생해 위험에 노출될 경우에도 해당 회사의 남은 자산에 따라 어느 정도 투자 금액을 돌려받을 수 있다.

회사채를 발행한 회사에 부도가 발생하거나 파산에까지 이르렀다고 하더라도 회사에 부동산이나 매출 대금 같은 처분 가능한 돈이 남아 있으면 채권투자자는 그만큼 돌려받게 되는 돈이 많아지거나 혹은 전액을 돌려받을 수도 있다는 뜻이다.

물론 회사에 부도가 발생하거나 파산까지 이른다면 처분 가능한 돈이 적거나 없을 확률이 높을 것이다. 그럼에도 불구하고 이렇게 남게 되는 자산인 '청산가치'를 전문적으로 분석하여 높은 수익을 노리고 일부러 부도가 발생하였거나 애초에 신용등급이 낮은 위험한 채권에 전문적으로 투자하는 방식도 존재한다. 이를 하이일드 채권이라 하며 7장에서 설명할 것이다.

회사에 큰 문제가 발생하면 상장폐지가 되어 아무런 가치 없는 휴지조각이 되는 주식과 달리, 채권은 상장폐지가 된다고 하더라도 해당 채권에 대한 이자와 상환금액에 대한 상환 권리를 계속해서 행사할 수 있다. 더해서 최악의 경우에도 회사의 남은 자산에 따라서 분배도 받을 수 있기 때문에 투자원금을 보장해주지 않는 회사채의 단점을 어느 정도 합리적으로 보완한다고 할 수 있다.

또한, 채권을 발행한 회사는 회사가 어려워졌다고 무조건 부도나 파산을 진행하는 것이 아니다. 채권 발행사는 부도가 발생하기 전 미리 *워크아웃을 통해 회사의 정상화를 진행하며, 이미 부도가 발생했을 경우에는 법정관리를 통해 회사의 정상화를 위해 노력한다. 이러한 과정을 거쳤음에도 회사의 정상화가 불가능하다고 판단될 경우여야 회사가 해체되는 파산이 선고된다.

워크아웃(workout)
부도로 쓰러질 위기에 처해 있는 기업 중에서 회생시킬 가치가 있는 기업을 살려내는 작업이다.

워크아웃이 잘 진행된다면 채권투자자의 채권에는 어떠한 영향도 가해지지 않는다.

*법정관리 진행 시 해당 회사를 정상화하는 과정에서 채권투자자에게까지 일정 부분의 희생이 강제적으로 요구될 수 있다. 강제적인 희생이란 보유 채권의 만기연장, 이자감면, *출자전환 등이다. 물론 해당 회사의 주식투자자에게는 훨씬 더 큰 희생이 강제적으로 요구된다.

채권을 발행한 회사에 파산이 선고되면 회사의 남은 자산이 지급 우선순위에 따라 순서대로 분배되는데, 분배 과정에서 발행사의 자산이 부족할 경우 투자자가 투자한 원금 일부에 손실이 발생할 수 있다.

차공용어 뽀개기

법정관리

부도를 내고 파산 위기에 처한 기업이 회생 가능성이 보이는 경우 법원의 결정에 따라 법원에서 지정한 제삼자가 자금을 비롯한 기업활동 전반을 대신 관리하여 혹독한 구조조정을 통해 기업을 살려내는 작업이다.

출자전환

기업의 정상화를 돕기 위해 채권 등을 통해 빌린 돈을 회사의 주식으로 바꾸어 상환할 수 있게 해주는 방식이다. 채권은 무조건 갚아야 하는 회사의 빚이지만, 주식은 따로 갚을 필요가 없는 회사의 자산이기 때문에 채권을 주식으로 바꾸면 해당 회사의 재무상태가 개선된다.

반면 보유한 채권의 만기일까지 발행회사에 부도가 발생하지 않는다면 회사 사정과 관계없이 모든 이자와 상환금액을 받을 수 있다. 따라서 채권투자 전 반드시 신용등급을 확인하고 해당 신용등급을 평가한 근거 자료 등을 확인하여 내가 투자할 채권이 만기일까지 정상적으로 상환될 수 있는지 또는 어떠한 잠재 위험성을 가졌는지 충분히 판단해 본 뒤 투자를 진행해야 할 것이다.

이렇듯 회사채 투자는 채권을 발행한 회사의 부도나 법정관리 또는 파산이라는 위험에 노출되어 있지만 해당하는 상황에서도 어느 정도 안전성이 확보된 자산이라고 할 수 있다.

② 신용등급의 한계

우리가 채권투자를 진행하면서 종목을 선별할 때 가장 먼저 살펴봐야 하는 것이 신용등급이다. 신용등급은 정보 조사에 한계가 있는 개인투자자뿐만 아니라 기관투자자들도 필수적으로 활용하는 효율적인 지표이지만, 신용등급 그 자체가 가지는 한계와 위험성도 분명 존재한다.

(1) 신용등급의 변동 가능성

신용등급은 회사의 내부 또는 업황 자체의 상황에 따라 달라질 수 있다. 즉 채권에 평가된 신용등급 자체가 시간이 지나면서 변동될 수도 있다는 의미다.

그러한 변동 가능성 요인까지도 예측하고 반영한 것이 신용등급이긴 하지만, 시시각각으로 변하거나 예측을 뛰어넘는 급격한 변화 요소들은 신용등급에 실시간으로 반영되지 못한다는 한계를 가지고 있다.

신용평가회사는 채권 발행 시의 '본 평가', 6개월의 반기 재무제표를 바탕으로 한 '수시평가', 1년의 결산 재무제표를 바탕으로 한 '정기평가'를 기본적으로 진행한다. 이와 더불어 신용등급에 영향을 끼칠 만한 사건이 발생한 경우 자체적으로 해당 채권을 주의 종목으로 분류하여 신속히 신용등급의 적정성을 재검토함으로써 시장이나 발행회사의 변화를 신용등급에 최대한 즉각적으로 반영시키고자 노력하고 있다. 하지만 그에 따라 신용등급이 하락할 경우 이미 채권을 보유하고 있는 투자자들에게는 보유 채권의 가격 하락이라는 위험으로 이어질 수 있다.

보유 채권의 신용등급이 하락한다면?

신용등급 하락에 따라 내가 보유한 채권의 가격이 하락한다고 하여도, 채권투자자에게는 계속해서 동일한 이자가 지급되며 채권의 상환일에는 동일한 상환금액을 돌려받게 된다. 하지만 만약 채권의 상환일 이전에 급하게 돈이 필요하여 해당 채권을 중도에 현금화해야 할 경우, 이러한 채권 가격의 하락은 채권투자자에게 일정 부분 원금손실의 위험으로 이어질 수 있다.

반대로 신용등급의 변동을 통해 오히려 신용등급이 상승한다면, 해당 채권의 안전성이 더욱 높아졌다고 평가된 것이기 때문에 채권의 가격은 올라가게 된다.

이러한 신용등급 변동에 대한 예측 정보 또한 신용평가회사 홈페이지에서 제공하고 있으며, 무료로 손쉽게 확인할 수 있다. 그러한 정보를 확인하는 자세한 방법은 뒤의 장에서 다루고 있다.

(2) 신용등급의 심각한 변동 가능성

이러한 채권의 신용등급 변동이라는 한계성은, 단순한 신용등급 변동을 넘어 희박하지만 부도나 법정관리 또는 파산까지 이어질 수 있다. 물론 신용등급이 높은 회사는 대주주의 지원 가능성, 풍부한 사내 유보금, 위험이 적은 사업구조 등의 안전성을 바탕으로 높은 신용등급이 적용된 것이기 때문에 그러한 사건이 발생할 확률은 훨씬 더 낮다.

다음 페이지의 [그림 1-6]을 보자. 회사채의 평균 누적부도율 통계를 살펴보면 BBB 등급 채권에 투자하여 1년을 보유했을 경우 0.34%의 부도율, 2년을 보유했을 경우 1.03%의 부도율을 가지고 있는 것으로 나타난다.

[그림 1-6] 회사채의 신용등급별 평균 누적부도율

구분	1년	2년	3년	4년	5년	6년	7년	8년	9년	10년
AAA	0.00	0.00	0.00	0.00	0.00	0.00	0.00	0.00	0.00	0.00
AA	0.00	0.00	0.00	0.00	0.00	0.00	0.00	0.00	0.00	0.00
A	0.05	0.15	0.31	0.49	0.73	0.93	1.15	1.23	1.32	1.41
BBB	0.34	1.03	1.73	2.26	2.72	2.99	3.28	3.57	3.87	4.29
BB	4.55	7.65	9.56	10.58	11.17	11.78	12.40	13.38	13.71	13.88
B이하	7.97	10.78	12.39	12.79	13.21	13.63	13.85	13.85	14.09	14.34

(대상기간: 1998~2021) [단위:%]

출처: 한국신용평가(https://www.kisrating.com)

회사채로 발행되고 있는 채권은 대부분 만기가 3년 이내이기 때문에, 투자등급의 채권은 최대 1.73%까지 통계적인 부도율을 갖고 있다고 평가할 수 있다.

채권을 발행한 회사에 부도가 발생한다고 하여도 내가 투자한 모든 자금을 잃게 되는 것은 아니지만, 부도가 발생하면 내 소중한 자금이 위험에 노출된다는 것은 변하지 않기 때문에 이런 통계적인 부도율을 확인하여 내가 매수하고자 하는 채권의 위험성을 평가해 보는 과정이 필요하다.

1.73%라는 부도율은 실질적으로 발생 확률이 매우 낮기는 하지만 무시하기에는 충분히 불안할 수 있는 숫자이다. 하지만 다행히도 우리는 채권의 평균 누적부도율에 표시된 평균적인 부도율보다 더 낮은 위험률로 채권의 위험성을 판단할 수 있다.

평균 누적부도율의 해석

평균 누적부도율은 개별적인 채권이 아닌 회사 자체의 부도율을 데이터로 사용하였기 때문에, 한 회사에서 발행하는 수많은 채권 중 아무 문제 없이 상환된 채권에 대해서는 그 데이터가 반영되지 않는다는 특징을 가지고 있다. 즉 회사 단위가 아닌 개별 채권으로 본다면 [그림 1-6]에 표시된 부도율보다 훨씬 더 낮은 부도율로 판단할 수 있다.

평균 누적부도율은 1998년이라는 과거부터의 부도 사례가 누적 적용된 부도율이다. 신용등급 평가의 특성상 부도 또는 예측치 이상의 변동성 문제가 발생할 경우 그에 관한 사례가 축적되고 보완된다. 따라서 신용평가는 신용등급별로 신용등급 평가 예측치 이상의 문제가 발생할 때마다 그 이후 진행되는 평가가 더욱 정교해지는 구조를 가지고 있다.

뿐만 아니라 채권의 신용평가제도는 2016년부터 제도적 선진화가 적극적으로 도입되어, 신용평가회사에 대한 시장규율 및 정부의 감독이 강화되었다. 따라서 BBB 이상 등급을 받은 채권의 신뢰성은 과거보다 높다고 할 수 있다.

2011년경 무려 31개의 부실한 저축은행에 파산선고에 필적하는 영업정지 처분이 내려졌다. 하지만 그러한 진통을 겪었기 때문에 은행에 대한 각종 제도가 개선되고 법적인 관리가 진행되었고, 그 이후 우리가 믿고 거래하는 지금의 은행으로 거듭나게 되었다.

따라서 신용등급의 사례가 충분히 쌓이지 못한 채권시장 초창기나 제도 개선 이전의 데이터까지 포함한 평균 누적부도율의 경우, 특히 BBB 이상의 투자등급을 가진 채권은 평균 누적부도율보다 퍼센트가 더 낮다고 판단해도 무방하다.

BBB 이상의 투자등급을 가진 채권에 투자해야 하는 이유

더해서 채권투자자가 BBB 이상의 투자등급을 가진 채권에만 투자해야 하는 이유는 채권을 발행한 회사에 치명적인 상황이 발생했을 때의 정부 지원, 또는 기관 단위의 거대자금 지원이나 투자가 동반되는 한계치가 BBB 등급을 가진 채권까지이기 때문이다. 이러한 이유 때문에 BBB 이상의 투자등급 채권과 BBB 미만의 투기등급 채권은 안정성 면에서 단순히 한 단계 차이로 끝나지 않는다. 앞의 [그림 1-6]에서 BBB와 BB의 평균 누적부도율만 확인해도 채권의 실질적인 안전성의 차이를 쉽사리 판단할 수 있다.

물론 앞서 제시한 평균 누적부도율 데이터도 시장 변동에 따른 급변하는 신용등급을 즉각 반영하지 못한다는 한계점을 가지고 있다. 따라서 우리는 채권을 투자할 때 신용등급을 기본으로 채권 종목을 선별하되 신용평가회사 홈페이지에서 해당 채권의 신용등급이 언제 평가되었는지, 신용등급 평가일 이후 해당 채권 발행회사의 업황에 큰 변동사항은 없는지를 충분히 검토해야 한다. 또한 증권사에서 제공하는 신용등급 변동 예측 정보를 통해서 변동의 정도도 투자 전에 가늠해 봐야 한다.

내가 투자하고자 하는 채권이 만기일까지 어떠한 안전성과 위험성을 가졌는지 충분히 인지하고 투자한다면 이러한 신용등급의 한계점들을 어느 정도 피하거나 보완할 수 있을 것이다.

(3) 신용평가회사의 한계

채권에 대한 신용평가는, 채권 발행자와 투자자의 이해관계로부터 독립된 제삼자인 신용평가회사가 채권의 안전성에 대해 평가하고 신용평가 정보가 원활하게 교류될 수 있도록 돕는 제도이다. 하지만 해당 제도 자체가 가지는 한계점도 분명 존재한다.

신용평가회사는 독립적이어야 한다는 특수성 때문에 공적인 정부 기관이 아닌 독립적인 민간기업의 형태를 취하고 있다. 채권을 발행하고자 하는 회사는 최소 두 곳 이상의 신용평가회사에서 신용평가등급을 받아야 하는데 신용평가는 한국기업평가, 한국신용평가, NICE신용평가 3사가 99% 이상의 점유율을 차지하고 있기 때문에 해당하는 신용평가회사들이 서로 경쟁하며 해당 평가를 수주한다. 그리고 채권을 발행하기 위해 신용평가를 요청하는 회사로부터 평가 비용을 받게 된다. 이러한 평가와 영업 구조는 제삼자의 압박 없이 공정해야 할 신용등급 평가에 구조적인 의심이 생기게 만드는 요소이다.

과거에는 실제 채권 발행회사의 상태보다 높은 신용등급을 준 신용평가회사의 관계자들이 징계를 받기도 했으나 지금은 여러 규제 도입과 개선을 통해 법적으로 보완된 상태이다. 하지만 신용평가회사가 가지고 있는 구조적인 한계점은 여전히 남아 있기 때문에 신용등급을 맹신하여 표시된 등급만으로 투자 결정을 내리기보다는 등급 산정 근거와 같은 자료뿐 아니라 연관된 다른 자료들을 들여다본 다음에 투자에 대한 판단을 내려야 할 것이다. 이와 같은 방법으로 투자한다면 예상치 못한 사건이 발생했을 때도 실질적으로나 심리적으로나 안정감을 느낄 수 있다.

③ 채권시장 거래에서의 한계

장내채권 시장에서 우리가 손쉽게 채권을 매수할 수 있듯이 마찬가지로 보유한 채권도 매도할 수 있다.

장내채권 시장을 활용한다면 투자한 채권의 상환일이 많이 남아 있다고 하더라도 채권을 중도 매도하여 투자 원금을 빠르게 확보할 수 있다.

채권의 중도 매도는 해지 수수료가 없을 뿐 아니라 채권 보유 기간 동안 발생했던 이자도 반납할 필요가 없기 때문에 채권투자를 더욱 매력적으로 만드는 장점이라고 할 수 있다.

하지만 이런 거래에서도 한계점과 위험요소가 존재하고 있다. 장내채권 시장은 결국 수요와 공급으로 이루어지는 시장 거래이기 때문에 내가 가진 채권을 사고 싶다는 수요가 부족할 경우 내가 가진 채권을 중도에 매도하기가 힘들어진다.

보유하고 있는 채권을 상환일까지 가져간다면 이런 시장 상황에 상관없이 계속 이자를 받으면서 상환일에는 상환금액을 돌려받으면 될 것이다. 그러나 만약 급하게 돈이 필요한 상황이 발생하여 보유하고 있는 채권을 시장에 중도 매도해야 한다고 가정했을 때, 그 시점에 채권을 매수하려고 하는 수요가 없다거나 누군가가 너무 저렴한 가격으로만 채권을 매수하려고 한다면 채권 보유자는 울며 겨자 먹기로 매수한 가격보다 더 저렴하게 시장에 매도할 수밖에 없고, 그렇게 되면 투자 원금에 손실이 발생할 수도 있다. 예금, 적금은 중도에 해지한다면 보유 기간의 이자만 받지 않을 뿐 원금은 보존되지만 채권에서는 안전한 신용등급의 채권이라 하더라도 이러한 특별한 상황에 노출되었을 경우 원금손실이 발생할 수도 있다.

채권투자를 진행하다 보면 장내채권 시장에서의 거래량 부족으로 *유동성이 부족한 경우가 많다. 따라서 중간 매도를 목적으로 채권을 매수하는 것이 아닌 채권의 상환일까지 보유하겠다는 목적으로만 채권에 투자해야 한다. 그렇게 하는 것이 채권투자의 한계점을 극복하고 채권을 더욱 안전하게 활용할 수 있는 방법이다.

처음용어 뽀개기

유동성

가지고 있는 자산을 현금으로 바꿀 수 있는 정도를 나타낸다. 유동성이 높다는 것은 현금화하기 쉽다는 것을 의미한다. 기업에서 유동성이 부족하면 아무리 자산이 많아도 당장 쓸 수 있는 현금이 없어 부도 위기에 몰릴 수도 있다. 시장에 현금성 자산이 많이 풀려 있을 때 현금 유동성이 풍부하다고 표현하기도 한다.

④ 금리 위험

채권에 대해 어느 정도 지식이 있는 사람들은 채권과 금리 간 연관성을 궁금해하는 경우가 많다. 채권은 이론적으로 기준금리에 영향을 받는 자산이기 때문이다.

채권이 기준금리에 영향을 받는 이론적인 원리를 알아보자. 채권은 기본적으로 고정적인 금리를 가지고 있다. 따라서 기준금리가 상승할 경우 채권에서 고정적으로 지급되고 있는 금리에 대한 매력이 상대적으로 줄어든다. 이는 수요 감소로 이어져 채권시장에서의 가격이 이론적으로 하락하게 된다.

반대로 시장의 금리가 하락하면 채권에서 고정적으로 지급되고 있는 금리에 대한 매력이 상대적으로 올라간다고 판단되기 때문에 그 수요가 많아져 채권시장에서의 가격이 상승하게 된다.

이와 같은 특징으로 인하여 금리 상승기에는 채권의 가격이 내려가서 손해가 발생하는 것이 아니냐고 걱정하는 채권투자자도 있다. 하지만 실제로 채권의 가격이 내려간다고 하더라도 상환일까지 채권을 가져간다면 투자수익률에는 아무런 영향이 발생하지 않는다. 물론 채권의 중도 매도 가능성과 추가 수익의 가능성은 줄어들기 때문에 어떻게 보면 일종의 손해이자 위험이라고도 볼 수 있다.

더해서 이론과 현실은 조금 다르다. 금리 변동에 따른 채권 가격의 변동은 모든 채권에 공통적으로 적용되는 것이 아니다. 금리 변동에 따른 채권 가격의 변동은 잔여 상환일이 많이 남은 채권일수록 민감하며, 잔여 상환일이 3년 이하로 남은 채권은 가격 변동의 영향이 덜하다.

채권의 잔여 상환일이 3년 이하로 적게 남아 있으면 금리 변동에 따른 가격 변동에 상관없이 동일하게 이자를 받다가 상환일이 되면 액면가를 상환받고 그 돈으로 채권을 다시 매수하면 되기 때문이다.

그리고 채권을 다시 매수할 때에는 시장의 금리 변동에 따라 그 표면이자율이 변동된 새롭게 발행된 채권을 매수하거나, 아니면 시장금리 변동의 영향으로 실제 가격이 내려간 채권을 저렴하게 매수하면 되기 때문에 그러한 금리 변동에 따른 채권 가격 변동의 영향이 적게 발생하거나 아예 발생하지 않게 되는 것이다.

우리가 투자하는 회사채의 만기는 대부분 1~3년이기 때문에 금리 변동에 대한 영향을 적게 받거나 아예 받지 않는다는 것이 채권 가격 변동의 또 다른 이론적 진실이다.

금리를 활용한 채권투자

이러한 이론적 요소를 실제 투자에 활용한다면 어떻게 될까? 인플레이션이 심화되어 금리 인상 기조가 예상된다면 상환일이 짧게 남은 채권 위주로 투자하거나 현금의 보유 비중을 늘리는 방향으로 대응할 수 있고, 경제 불황이 심화되어 금리 인하 기조가 예상된다면 상환일이 길게 남은 채권 위주로 투자하는 방식으로 대응할 수 있을 것이다.

하지만 수많은 변수가 적용되는 금융시장의 특성상 예측과 대응이 정확하게 들어맞기는 힘들다는 것이 오랜 금융시장의 역사로 증명되어왔다. 단순히 시장 상황에 따라 채권의 가격 변동을 예측하여 채권의 가격이 쌀 때 채권을 매수하고 비쌀 때 채권을 매도하는 것은 투자수익률에는 당연히 좋겠지만 그런 것을 예측하고 정확하게 들어맞을 정도의 지식이나 운이라면 채권투자보다는 주식에 투자하는 것이 훨씬 매력적일 것이다.

채권투자는 주식처럼 예측하고 대응하는 수단이 아니다. 채권의 시장 가격 변동을 고려하는 것이 아닌 채권의 상환일까지 묵묵하게 보유하는 것을 목적으로 투자해야 한다.

투자 시점의 채권 가격으로 계산한 상환일까지의 확정수익률이 마음에 들면 투자하고, 상환일까지의 확정수익률이 마음에 들지 않으면 해당 채권에 투자하지 않거나 아예 다른 투자 수단을 찾길 바란다. 이것이 내가 생각하는 실질적으로든 심리적으로든 가장 안전하면서도 효율적인 투자 방법이다.

채권투자의 위험성 파악을 마무리하며

우리는 통계적으로 0%대의 위험을 가진 국채나 지방채 또는 AA 등급 이상의 채권투자로, 절대적으로 높은 안전성과 상대적으로 높은 이자를 받아낼 수 있다. 또는 0%대보다는 위험하겠지만 충분히 안전하다고 판단되는 투자등급 이상의 채권투자로도 상대적으로 충분히 높은 안전성과 절대적으로 높은 이자를 받아낼 수 있다. 각자의 성향과 상황에 맞게 합리적인 선택을 해나가야 할 것이다.

금리 변동이 채권투자에 미치는 영향

금리에 따른 채권 가격 변동의 예측은 주식투자에서 미래의 주가를 예측하는 것과 같은 영역이라고 할 수 있다. 채권의 가격은 금융시장을 활용하는 수많은 시장 참여자들의 심리와 시장 전체에서 발생하는 여러 변수들이 복합적으로 작용하여 결정되기 때문이다. 이에 따라서 금리 변동 자체도 예측하기 어렵지만, 실제 금리 변동에 따른 채권 가격을 예측하는 것은 현실적으로 더더욱 불가능하거나 어렵다.

2022년과 같은 급격한 금리 인상은 금융시장에서 극히 드물게 일어나는 일이다. 이를 예측한 사람도, 대비한 사람도 거의 없었으며 어떻게 대비해야 하는지에 대한 이론도 정확하게 확립되어 있지 않았다. 과거 경험에 따른 이론이 있다 하더라도 그것이 현재 시점에도 동일하게 적용될 수 있을지는 불확실하다. 이것이 금융시장 분석 과정에서의 큰 어려움이다.

금리가 변동하지 않고 장기간 멈춰 있는 상태라면 단순히 현재 채권의 수익률을 기준점으로 하여 투자 여부를 결정할 수 있다. 하지만 금리가 급변하는 시기에는 채권투자에 대한 판단 방법이 조금 달라진다. 채권은 이론적으로 금리와 연동하는 자산이기 때문이다.

1. 단순히 이론적으로 보자면, 금리 인하기에는 안전한 장기채권에 투자하는 것이 좋다. 안전한 채권이란 국채 또는 신용등급이 AA 이상으로 높은 채권을 뜻하며, 장기채권이란 평균 5년 이상의 투자 기간이 남은 채권을 말한다.

시장에서의 금리는 한번 내려가기 시작하면 빠르게 내려간다는 특징을 가지고 있다. 따라서 투자하는 순간 금리가 확정되는 채권의 특성상 채권의 고정된 금리에 대한 상대적인 매력이 증가하므로 채권의 가치가 올라가게 된다. 만약 금리 인하에 대한 예측이 틀려서 실제 채권의 금리가 내려가지 않더라도 안전한 채권이라면 투자 시점에 확정된 수익률을 장기간 그대로 받을 수 있기 때문에 금리 인하 시기의 효율적인 투자전략으로 많이 거론된다.

2. 금리 상승기에 채권에 투자한다면 안전한 단기 채권을 선택하는 것이 좋다. 단기 채권이란 평균 3년 이하의 투자 기간이 남은 채권을 말한다. 시장에서의 금리는 한번 올라가기 시작하면 느린 속도로 조금씩 오른다는 특징을 가지고 있다. 따라서 상대적으로 금리 인상에 영향이 적은 단기 채권으로 만족스러운 수익률을 누리다가 해당 단기 채권이 만기가 되면, 올라간 금리에 연동되어 더 높은 수익률을 가지게 된 채권에 다시 투자하면 된다.

금리 상승기에는 투자가 아닌 현금 그 자체를 가지고 있는 것도 추천하지만 만약 금리 상승에 대한 예측이 틀려서 실제 채권 금리가 올라가지 않는다면 현금 보유는 수익률 면에서 상대적으로 손실이다. 따라서 금리 상승에 대한 예측이 틀리더라도 확정수익률을 얻을 수 있는 단기 채권에 투자하는 것이 금리 인상 시기의 효율적인 투자전략으로 많이 거론된다.

하지만 2022년의 사례를 보면 위의 일반적인 특징이 무조건 일치하지는 않는다는 것을 확인할 수 있다. 몇 년간 저금리 기조가 이어지다가 2022년 들어 굉장히 빠르고 큰 폭으로 금리가 인상되었을 뿐만 아니라 올라간 금리가 내려가지 않고 유지되는 양상을 보였다. 이렇게 불안정하고 예측이 어려운 상황에서는 채권을 포함한 모든 금융자산이 작은 변수만 생겨도 크게 출렁일 수 있다.

수많은 경제적 지식과 이론들, 과거 사례들을 살펴보며 앞으로의 경제 방향을 추측해 볼 수는 있겠으나 실제 어떤 결과로 이어지게 될지는 매우 알기 어렵다. 하지만 채권투자는 확정수익률을 기준으로 하는 투자이기 때문에 출렁임 속에서도 나름의 안정감을 가지고 활용할 수 있다. 경제가 예상한 대로 흘러간다면 추가 수익을 얻을 수 있을 것이고 예상에서 빗나간다면 처음 확정된 수익률을 받으면 된다.

따라서 채권투자자는 기본적으로 어떤 시기에도 확정수익률이 마음에 들 경우에만 투자를 진행하면 된다. 확정수익률이 마음에 안 드는데도 미래를 예측하여 미래의 가격을 기대하고 투자하는 것은, 일반적인 수준의 경험과 지식만을 갖춘 투자자들에게는 굉장히 위험한 투자 방식이다.

"투자하는 것이 당신에게 즐거움을 준다면
당신은 아마 돈을 벌지 못할 것이다. 좋은 투자는 지루하다."

-조지 소로스(George Soros)

CHAPTER

2

손쉬운 채권투자 활용

1 채권투자 무작정 따라 하기 – 입문

BOND INVESTMENT

이제 본격적으로 채권에 직접투자할 수 있는 방법에 대해 배워보자. 앞에서 배운 이론들에 비하면 채권 직접투자 방법 자체는 너무나도 쉽고 간단하다. 하지만 안전한 채권을 더욱 안전하게 활용하기 위해서는 채권투자 과정에서 여러 가지 주의사항을 적용해야 한다. 하나하나 따라 하면서 채권투자에 대한 모든 방법과 노하우를 내 것으로 만들어 보자.

[Step 1] 증권사 방문 또는 증권사 앱을 통해 증권계좌 만들기

증권사는 주식만을 거래하는 곳이라고 생각할 수 있지만, 채권 또한 증권사를 통해 거래(유통)된다. 우리는 증권사 계좌를 통해 장내채권 시장에 접속하여 직접 채권을 찾아보고 투자할 수 있다.

주식투자를 해봤거나 하고 있는 투자자라면 이미 증권사에 가입되어 있을 것이다. 증권사 계좌는 채권투자에서도 그대로 사용할 수 있다. 증권사의 계좌가 없을 경우에는 계좌를 개설해야 채권투자를 할 수 있다.

직접 지점을 방문하여 개설할 경우 원하는 증권사나 증권사와 연계된 은행의 창구에서 증권계좌를 개설하러 왔다고 말하면 되고, 온라인으로 개설할 경우 원하는 증권사의 앱이나 온라인 홈페이지를 통해서 비대면으로 손쉽게 계좌를 만들 수 있다. 증권사 계좌를 만들 때에는 기본적으로 '국내주식' 거래가 가능한 계좌를 개설하면 책에서 설명하는 모든 채권 거래를 진행할 수 있다. 개설하려는 계좌에 '해외주식'이나 'CMA', '개인연금' 같은 추가적인 업무 기능을 포함시키는 것은 필수가 아니므로 각자의 필요에 따라 선택한다.

증권사를 선택할 때는 수수료가 낮은 증권사나 주거래 은행과 연동되어 있는 증권사에 가입하는 것을 추천한다. 더불어 한 가지 더 살펴봐야 할 것은 증권사에 따라 채권 거래 기능이 다소 제한적이고 불편한 경우가 있기 때문에 채권을 거래하기에 적합한 HTS인지를 고려해야 한다는 점이다.

필자의 경우 주거래 은행은 카카오뱅크이고, 카카오뱅크는 한국투자증권과 연동되어 있기 때문에 계좌이체 시 비용이 발생하지 않는다. 뿐만 아니라 한국투자증권의 HTS는 채권을 매매하기에 어려움이 없는 만족스러운 기능을 가지고 있기 때문에 해당 증권사를 이용하고 있다. 아직 증권사 계좌를 개설하지 않은 예비 투자자라면 한국투자증권에 계좌를 개설하는 것을 추천하고, 이미 다른 증권사를 활용하고 있더라도 앞으로 채권투자를 본격적으로 활용하고자 한다면 한국투자증권에 새롭게 계좌를 개설하는 것을 추천한다.

채권의 잔존기간이란 현재일을 기준으로 채권의 만기일까지 남은 기간을

[그림 2-1] 증권사별 채권 거래 수수료

플랫폼	잔존 기간 1년 미만	잔존 기간 1년 이상	잔존 기간 2년 이상
중간치	0.100%	0.200%	0.300%
한국투자	0.015%	0.025%	0.035%
하나	0.030%	0.080%	0.100%
SK	0.030%	0.650%	0.110%
유안타	0.050%	0.150%	0.150%
대신	0.050%	0.100%	0.150%
KTB	0.100%	0.200%	0.300%
미래	0.100%	0.200%	0.300%
나무	0.100%	0.200%	0.300%
키움	0.100%	0.200%	0.300%
NH	0.100%	0.200%	0.300%
한화	0.100%	0.200%	0.300%
삼성	0.100%	0.200%	0.300%
IBK	0.100%	0.200%	0.300%
교보	0.105%	0.205%	0.305%
신한	0.300%	0.300%	0.300%

출처: https://www.valuechampion.co.kr

말한다. 채권은 잔존기간에 따라 거래수수료가 차등 적용되는 특징을 가지고 있다. [그림 2-1]의 증권사별 수수료 표를 확인하면 1년 미만과 1년 이상, 2년 이상에 따라 모든 증권사의 거래수수료가 다른 것을 확인할 수 있다. 그리고 한국투자증권의 채권 거래수수료가 타 증권사에 비해 저렴한 것도 확인할 수 있다.

따라서 증권사의 추천은 광고가 아닌 개인적인 채권투자 경험을 기반으로 한 종합적인 판단이다. 앞으로 채권 직접투자를 따라 할 수 있게 한 단계 한 단계 알려주는 과정 역시 모두 한국투자증권의 HTS시스템을 기준으로 설명을 진행할 것이다.

물론 아무리 채권투자에 대한 HTS의 기능이 부족하다고 하여도 투자에 필요한 필수적인 기능은 모든 증권사의 HTS에 구현되어 있을 뿐만 아니라 채권투자 자체의 원리는 모두 동일하기 때문에 다른 증권사를 사용하고 있는 투자자들도 채권투자 방법에 대한 근본적인 원리는 충분히 배워갈 수 있을 것이다.

[Step 2] 컴퓨터에 HTS 설치하기

집에서도 주식투자 또는 채권투자를 손쉽게 할 수 있게 만들어주는 시스템이 바로 HTS다. 보통 PC에 설치하여 사용하지만 스마트폰 앱에 MTS(Mobile Trading System)라는 명칭으로 구현되어 있다. 하지만 스마트폰 앱의 경우 주식투자는 편리하지만 채권을 활용하기에는 시스템이 굉장히 미흡하다.

이와 관련해서 추측해보면 채권투자를 활용하는 세대는 주로 PC를 이용했고 그래서 상대적으로 모바일 시스템이 미흡한 것일 수도 있다. 어쩌면 낮은 수수료와 외상거래가 불가능한 채권투자의 특성상 증권사의 이익이 적기에 모바일 서비스에 투자를 덜 했는지도 모른다.

어쨌든 좀 더 안전하고 효율적으로 채권을 선별하고 투자하기 위해서는 PC에 HTS 시스템을 설치하여 활용하는 것이 현재까지는 필수적이라고 할 수 있다.

증권사에 계좌를 만들고 HTS를 설치하는 방법은 유튜브나 인터넷을 검색하거나 해당 증권사의 홈페이지를 통해서도 손쉽게 찾아볼 수 있기 때문에 이 책에서는 별도로 다루지 않았다.

[Step 3] 채권투자 입문 과정 : 로그인부터 종목 선택까지

채권 직접투자에서는 내가 매수할 채권의 정확한 확정수익률을 산출할 줄 아는 것이 굉장히 중요하다. 채권에는 옵션이 붙어 있는 경우가 많은데 이 옵션에 따라 채권의 확정수익률을 산출하는 방법과 수익률의 값이 달라지기 때문이다.

따라서 입문 과정에서는 쉬운 이해와 접근을 위해 옵션이 없는 채권을 찾는 방법과 그러한 옵션이 없는 채권의 확정수익률을 채권 수익률 계산기를 통해 구하는 방법을 배워볼 것이다.

(1)단계
HTS에 로그인하여 HTS를 실행한다.

[그림 2-2] HTS 로그인

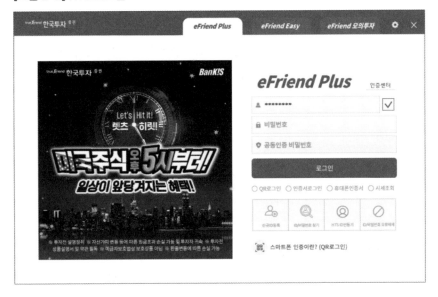

(2)단계

[그림 2-3] 채권 기본 창 활성화

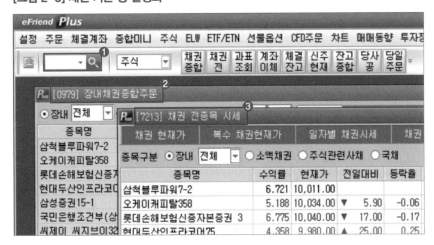

① 검색창에 실행하고자 하는 창의 이름을 입력한다.

② '장내채권종합주문' 창을 활성화한다.

③ '채권 전종목 시세' 창을 활성화한다.

이때 검색창에 띄어쓰기까지 포함한 단어를 입력해야 제대로 검색된다.

(3)단계

[그림 2-4] 채권 종목 판단

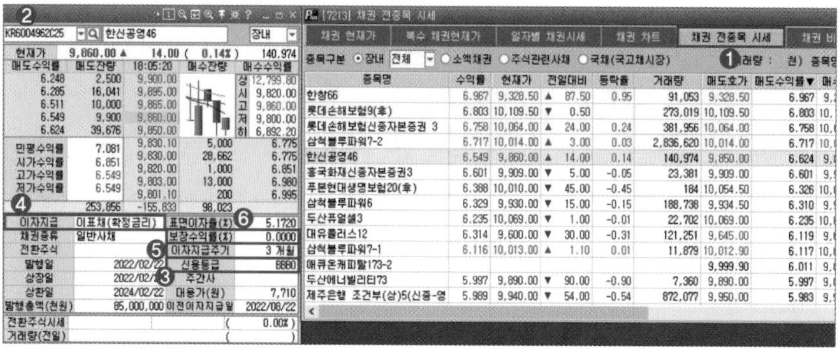

① '채권 전종목 시세' 창에서 원하는 채권 종목을 클릭하여 해당 채권이 투자에 적정한지 판단한다. ①에서 종목을 클릭하고

② '장내채권종합주문' 창의 ③ '신용등급' 표시 내용에서 신용등급이 투자 등급인지를 확인한다.

(투자등급 = AAA, AA+, AA, AA-, A+, A, A-, A, BBB+, BBB, BBB-)

④ '이자지급' 표시 내용에서 '이표채(확정금리)'가 맞는지 확인한다.

⑤ '이자지급 주기' 표시 내용에서 '3개월'이 맞는지 확인한다.

⑥ '보장수익률(%)' 표시 내용에서 '0'이 맞는지 확인한다.

(4)단계

[그림 2-5] 장내채권종합주문에서 정보 찾기

'장내채권종합주문' 창에서 ① '발행'을 눌러 '채권 발행정보' 창을 활성화한다.

[그림 2-6] 채권 발행정보 확인

채권명	한신공영46	영문명	HANSHIN CONSTRUCT	상장구분	상장
투자유의	N	공모/사모	공모	발행일	2022/02/22
만기연장	N	발행기관	한신공영(주)	상장일	2022/02/22
채권분류명	일반사채	할인율(%)	0.0000	만기일	2024/02/22
말일구분	일자기준	표면이자율(%)	5.1720	상환일	2024/02/22
매출구분	비매출	선후급 구분	후급	대용가	7,710
발행총액	85,000,000,000	물가지수채권여부	N	액면가	10,000
상장잔액	85,000,000,000	KAP단가	9,791.39	권리구분	
이자지급월수	3개월	KIS단가	9,787.58	전환사채만기상환율	0.0000 (%)
이자지급방법	이표채.확정금리	NIC단가	9,789.42	전환만기보장수익률	0.0000 (%)
분할상환횟수	0	FNP단가	9,790.86	사채권리가격	0
원금거치기간	0	평균단가	9,789.81	사채권리주식	
선/후순위	선순위	자산유동화		사채권리청구시작일	
보증구분	무보증	옵션부사채		사채권리청구마감일	

② '채권 발행정보' 창의

③ '자산유동화', '옵션부사채' 표시 내용에 아무것도 표시되어 있지 않은지 확인한다. 단, ABS(채권형)로 표시된 것은 괜찮다.

- (3), (4)단계의 조건들이 모두 충족될 경우 옵션이 없는 일반적인 채권이므로 다음 단계를 진행하면 된다.

- (3), (4) 단계의 조건들이 모두 충족이 안 된다면 심화지식이 필요한 옵션이 붙어 있는 채권일 확률이 높기 때문에 다른 일반적인 채권을 찾아보자.

- 채권 입문 투자자를 대상으로 Q&A를 진행하는 과정에서 (3)단계의 '보장수익률(%)', '0'이라는 단어의 의미를 궁금해하는 투자자가 많았다. 해당 부분은 주로 채권의 풋옵션과 관련된 영역이다. 글자 그대로 보장을 해주는 수익률이 0이라는 뜻이 아닌, 원금에 더해 '추가로' 지급되는 수익률이 0이라고 해석하면 된다. 채권의 안전성과 연관지어 걱정할 필요는 없다.

(5)-1단계

[그림 2-7] 호가창

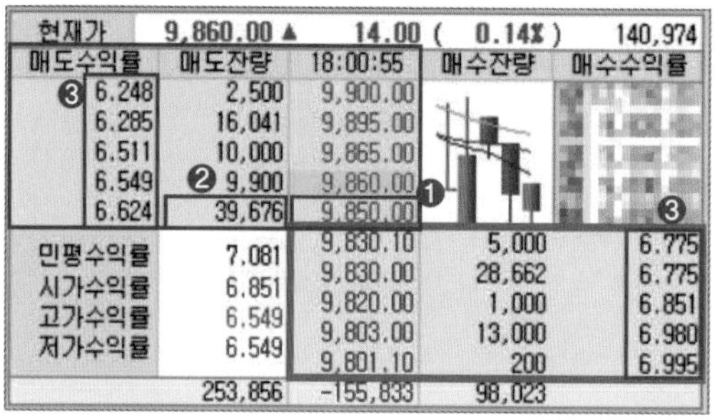

위의 이미지는 '장내채권종합주문' 창에서 볼 수 있는 호가창이다.

호가란 '사거나 팔려는 물건의 값을 부름'이라는 사전적 정의를 가지고 있으며, '장내채권종합주문' 창의 호가창을 통해 채권을 사거나 팔려고 하는 거래 가격과 채권 잔량의 내용을 한눈에 파악할 수 있다.

위쪽의 파란색 네모칸 부분이 누군가 보유한 채권을 해당 가격으로 매도

한다고 올려놓은 매도 호가창이고, 아래쪽의 빨간색 네모칸 부분이 누군가 채권을 해당 가격으로 매수하고 싶다고 올려놓은 매수 호가창이다.

파란색 부분에서는 누군가 해당 채권을 ① 부분의 가격으로 ② 부분에 해당하는 잔량만큼 매도하고자 하는(팔고자 하는) 호가를 파악할 수 있으며, 채권투자자는 매수 신청을 통해 매도호가에 거래가 올라온 채권을 즉각 보유할 수 있다.

당연히 매수자 입장에서는 최대한 낮은 가격으로 채권을 매수하는 것이 이익이기 때문에 파란색 창 맨 아래의 가장 낮은 ①의 매도 가격의 채권부터 매수된다.

채권의 이러한 장내채권 거래에서는 특별한 특징이 적용되고 있다는 점에 유의하여야 한다. 액면가인 10,000원을 기준점으로 하여 ①과 같은 시장 가격이 자유롭게 형성되어 있지만, ②의 잔량 1개가 곧 ①의 가격은 아니다. 채권의 시장 거래에서는 채권의 가격이 1/10로 나뉘어 거래된다는 채권의 특징이 자동으로 적용되기 때문이다.

따라서 해당하는 ②의 잔량 1개의 가격은 ①에서 10을 나눈 값인 985원이며, 985원만 있으면 해당 채권 1개를 실제로 매수하여 채권을 보유할 수 있다(채권 거래 수수료 제외).

호가창에 표시되고 있는 ③과 같은 수익률은 증권사마다 자체적으로 계산된 수익률일 뿐 아니라, 채권의 옵션이 반영되어 있지 않은 수익률이기 때문에 해당 채권에 투자했을 때 실제 얻게 되는 수익률과 차이가 발생한다.

따라서 우리는 해당 호가창에 표시된 수익률을 믿고 채권을 매수하는 것이 아니라 채권 수익률 계산기를 통해 확정수익률(실제 수익률)을 필수적으로 확인하고 채권을 매수해야 한다.

(5)–2단계

[그림 2-8] 투자분석

① '채권 발행정보' 창에서 ② '투자분석'을 눌러, '채권 예상 현금흐름표' 창을 활성화한다.

[그림 2-9] 채권 예상 현금흐름표(채권 수익률 계산기)

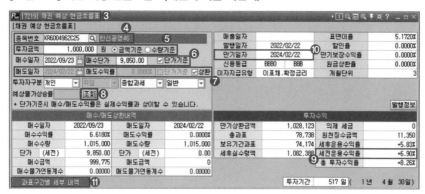

③ 채권 예상 현금흐름표 창(=채권 수익률 계산기)의

④에서 내가 선택한 채권이 맞는지, 채권의 명칭을 확인한다.

⑤에서 '금액기준'을 체크하고 '투자금액'에 내가 투자하고자 하는 금액을 입력한다.

→ 1/10 단위가 아닌 투자하려고 하는 실제 금액 전체를 원 단위로 입력하면 된다.

⑥에서 '단가기준'을 체크하고 '매수단가'에 매수하고자 하는 채권의 가격

을 입력한다.

→ 채권 가격의 경우 '장내채권종합주문' 창의 호가창에서 파란색 네모칸의 '매도' 부분에서의 가장 낮은 가격을 입력하면 된다((5)-1단계에서 설명한 호가창의 ①에 위치한 값을 입력하면 된다).

⑦에서 '상환'이 체크되어 있는지 확인하고

⑧ '조회' 버튼을 눌러 ⑨의 '세전운용수익률'을 확인한다.

⑨ '세전운용수익률'은 은행에서 활용하는 예금 금리와 동일한 영역이다. 해당 채권을 해당하는 가격으로 매수했을 때 상환일까지 받을 수 있는 수익률이 '1년 단위'로 계산되어 표시된다.

⑪의 '과표구간별 세부 내역'을 통해 언제, 얼마큼의 현금 흐름(실수령액)이 발생하는지 구체적으로 확인할 수 있다

위의 과정을 통해 선별한 종목에서 은행의 예금금리와 동일한 영역인 ⑨ '세전운용수익률'의 수익률이 마음에 든다면, 그리고 해당 채권을 투자했을 때 투자한 투자금액(액면금액)이 상환되는 ⑩ '만기일자'의 일자가 괜찮다면, 이제 해당 채권에 대한 매수를 진행해 보자.

[Step 4] 채권 매수하여 이자 받기

'장내채권종합주문' 창의 채권 주문 창에서 채권 매수를 진행하면 된다.

채권 매수 시에는 앞의 (5)-1단계에서 설명했던 내용대로,

①의 가격에서 1/10으로 나눠져서 거래되는 ② '매도잔량'의 특징을 고려해서 매수해야 한다.

[그림 2-10] 채권 매수

③ 매수 창에서 ④ 매수하고자 하는 채권의 종목명이 맞는지 확인한 뒤

⑤ 매수하고자 하는 수량과 가격(단가)을 입력한다.

→ 가격을 입력할 때에는 ①의 채권 가격을 클릭하면 클릭한 가격이 ⑤에 자동으로 입력된다.

⑥ '채권매수'를 누르면 나타나는 창에서 '주문전송'을 누르면 매수가 완료된다.

→ 기본적으로 ⑦에 해당하는 칸에 계좌의 비밀번호를 입력하고 엔터를 눌러야 거래를 진행할 수 있다.

→ 매수와 매도 구분을 실수하지는 않았는지, 수량이나 가격 입력에 실수는 없었는지, 내가 매수하고자 하는 채권 가격의 잔량이 내가 실제 매수하려는 금액만큼 충분히 쌓여 있는지 확실히 확인하고 매수를 진행해야 한다.

채권 직접투자 실행하기

이렇게 매수가 완료되었으면, 사전에 산출했던 '세전운용수익률'은 해당 종목에 부도가 나지 않는 이상 채권 가격의 하락과 상승에 관계없이 확정적으로 받을 수 있는 확정수익률이다.

매수한 채권은 만기일 이전이라도 해당하는 장내채권 시장을 통해 다시 매도할 수도 있다. 하지만 만약 급하게 돈이 필요한 날이 있다고 가정하고, 하필 그날 내가 보유한 채권의 거래량이 없거나 낮은 가격에서의 매도물량밖에 없다면, 손해를 감내하고 매도해야 할 수도 있다. 따라서 채권은 상환일까지 투자 금액을 예치할 것으로 계획하고 투자하는 것이 가장 기본적이고 안전한 채권투자 방법이다.

지금까지 설명한 과정을 차근차근 밟다 보면 보다 안전한 투자등급의 옵션이 없는 회사채를 매수할 수 있을 것이다. 채권에 처음 투자하는 사람이라면 경험 삼아 적은 금액으로 매매를 연습해보길 권한다. 그렇게 충분히 HTS 기능들과 채권거래에 익숙해졌다는 판단이 들 때 본격적으로 장내채권 시장을 활용하면 된다.

HTS에서는 채권 거래시간이 아니더라도 매수·매도를 제외한 대부분의 채권 활용 기능은 정상적으로 작동한다. 따라서 채권 선별이나 확정수익률 산출 같은 요소는 시간에 상관없이 언제든지 연습해 볼 수 있다.

채권 직접투자의 원리

각 증권사의 HTS에서 지원하는 상세한 채권투자 기능이나 명칭이 조금씩 다르더라도 채권을 거래하는 원리와 단계는 동일하다.

1단계: 장내채권 시장에서 채권 선별하기(신용등급, 옵션 여부 등의 확인)

2단계: 채권의 실제 수익률 산출하기

3단계: 원하는 채권 가격(수익률 산출에 이용했던 가격)에서의 잔량 확인 후 매수 진행하기

2 채권투자 HTS 활용하기

BOND INVESTMENT

① HTS 기본 기능 활용하기

(1) HTS 즐겨찾기 기능

[그림 2-11] 즐겨찾기 활용

　　HTS의 ①에서 마우스 오른쪽 클릭을 하면 표시되는 '추가' 메뉴를 통해 현재 HTS에서 실행 중인 창을 ①에 즐겨찾기로 등록할 수 있다.

(2) HTS 계좌이체 기능

[그림 2-12] 계좌이체 활용

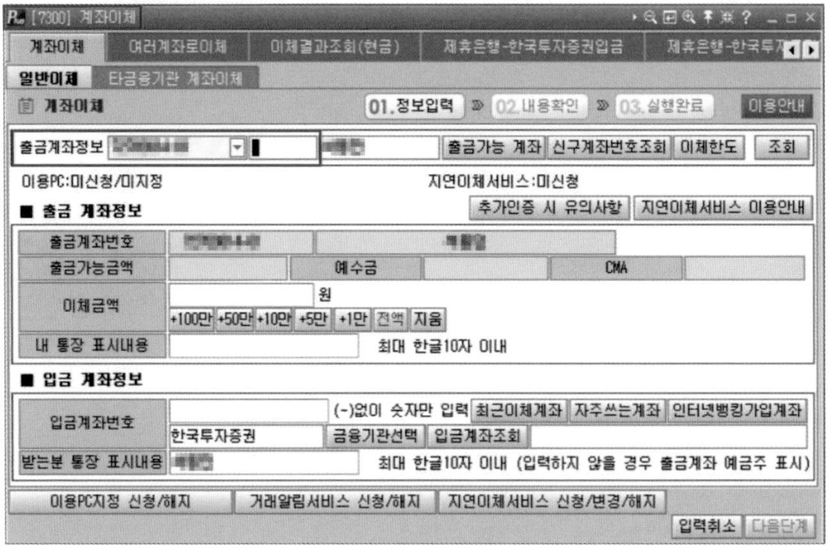

HTS의 '계좌이체' 창에서 내 계좌에 있는 현금 또는 내가 지급받은 채권의 이자금액이나 상환금액을 이체할 수 있다.

기본적으로 '출금계좌정보' 부분에 계좌의 비밀번호를 입력하고 엔터를 눌러야 이체를 진행할 수 있다.

(3) 채권잔고 확인 기능

HTS의 '계좌 잔고 종합(결제기준)' 창에서 내가 보유 중인 채권을 확인할 수 있다.

계좌의 비밀번호를 ①에 입력하고 엔터를 눌러야 내가 보유 중인 채권을 확인할 수 있으며 ② '평가손익금액'이나 ③ '현재가'에 표시된 금액은 내 채권의 실제 수익 금액이 아닌 단순히 민평가로 평가된 금액이다.

[그림 2-13] 계좌 잔고 종합 활용

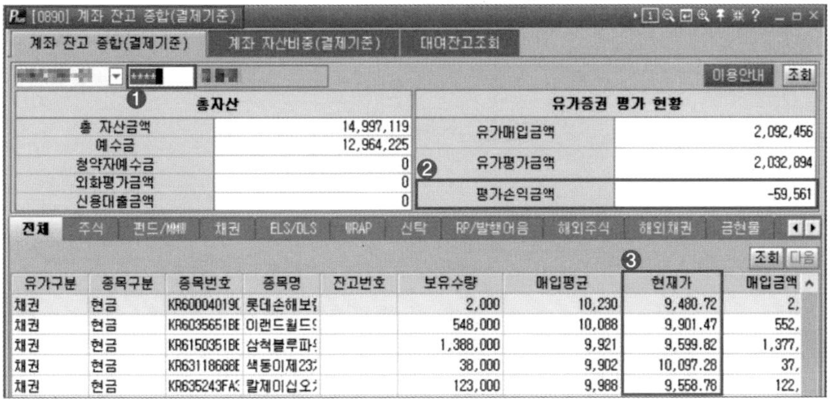

총자산	
총 자산금액	14,997,119
예수금	12,964,225
청약자예수금	0
외화평가금액	0
신용대출금액	0

유가증권 평가 현황	
유가매입금액	2,092,456
유가평가금액	2,032,894
평가손익금액	-59,561

유가구분	종목구분	종목번호	종목명	잔고번호	보유수량	매입평균	현재가	매입금액
채권	현금	KR600040190	롯데손해보		2,000	10,230	9,480.72	2,
채권	현금	KR6035651BE	이랜드월드		548,000	10,088	9,901.47	552,
채권	현금	KR6150351BE	삼척블루파		1,388,000	9,921	9,599.82	1,377,
채권	현금	KR6311866BE	색동이제23		38,000	9,902	10,097.28	37,
채권	현금	KR635243FA	칼제이십오		123,000	9,988	9,558.78	122,

민평가는 *민간 채권평가사가 평가하는 해당 채권의 평균가격을 말하는데 기관과의 100억대 이상의 대규모 채권거래 혹은 법인의 담보대출 시에 이용되는 가격이다. 즉 민평가는 해당 채권의 도매 가격이라고 볼 수 있다.

> 처음용어 뽀개기
>
> **민간 채권평가사**
>
> 채권 유통시장의 활성화를 위하여 채권의 가치를 현재의 시장가격으로 매일 평가하여 공개해 주는 회사이다. 신용등급을 평가해 주는 신용평가사와 동일하게 공공기관이 아닌 독립적인 민간기업으로 운영된다. 민간 채권평가사로는 한국자산평가, 나이스피앤아이, KIS채권평가, 에프앤자산평가 등이 있다.

이 때문에 민평가는 채권 가치에 대한 참고자료로는 활용이 가능하지만, 내가 보유한 채권의 실제 금액으로 판단하기에는 적절한 정보가 아니다. 따라서 채권 잔고창에 표시되고 있는 채권의 손익금액이나 수익률은 무시해도 되는 내용이다. 내가 보유한 채권의 실제 현재 수익률을 판단하기 위해서는 장내채권 시장에서의 실시간 채권 거래 가격을 채권 수익률 계산기에 직접 입력하여 산출해봐야 알 수 있다.

이제는 알겠지만 채권투자는 투자 전에 계산한 확정수익률을 기준으로 상환일까지 보유하는 투자 수단이기 때문에, 직접 산출한 보유한 채권의 중도(현재) 수익률 또한 신경 쓸 필요는 없거나 적다.

[그림 2-13]에서 사용된 계좌는 내가 채권 공부를 목적으로 운용하는 것이다. 즉 해당 계좌에 표시된 채권 종목들은 예시를 들기 위해 임의로 선정된 것이지 효율성이나 안전성을 보장하고 있지 않다. 앞의 계좌뿐 아니라 이 책에서 예시로 설명한 모든 채권 종목은 채권 종목에 대한 추천이 아니라 단지 예시일 뿐임을 기억하길 바란다.

② '장내채권종합주문' 창 활용하기

[그림 2-14] 장내채권종합주문 창 활용

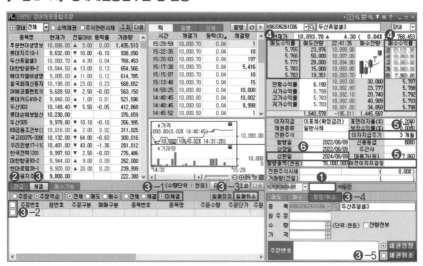

① 해당 채권을 보유하고 있는 계좌의 비밀번호를 입력하고 엔터를 누르면 '장내채권종합주문' 창에서 채권의 매수·매도 거래를 포함한 모든 기능을 활용할 수 있다.

② '잔고' 메뉴에서는 보유 중인 채권을 확인할 수 있다.

→ 채권을 매수하면 ② '잔고'에 내가 매수한 채권에 대한 정보가 일부 표시되며, 하루가 지나면 보유한 채권에 대한 모든 정보가 표시된다.

→ 동일한 채권을 같은 일자에 매수하게 되면 매수한 채권의 실제 가격이 달라도 그 평균값으로 채권 정보가 합쳐진다. 그러나 동일한 채권이라도 다른 일자에 매수하였다면 잔고창에 각각의 매수일자를 가진 채권으로 따로 표시된다.

③ '체결' 메뉴에서 아직 체결되지 않은 매수·매도 주문을 취소할 수 있다.

→ ③-1 '미체결'을 클릭하고 취소하고자 하는 주문내용을 ③-2 체크박스를 클릭하여 체크하고 ③-3 '일괄취소'를 누른 후 나타나는 창에서 취소 주문을 진행하면 아직 체결되지 않은 채권의 매수 주문을 취소할 수 있다.

또는

③-1 '미체결'을 클릭하고 취소하고자 하는 주문내용을 ③-2 체크박스를 클릭하여 체크하고 ③-4 '정정/취소'에서 ③-5 '채권취소'를 누른 후 나타나는 창에서 주문전송을 진행하면 아직 체결되지 않은 채권의 매수 주문을 취소할 수 있다.

④ 채권의 옵션 요소는 호가창에 표시된 수익률에 적용되지 않는다. 옵션이 없는 채권일지라도 증권사 자체 계산법이 적용되어 있기 때문에 정확한 수익률이 아니다. 정확한 확정수익률을 계산하고자 한다면 채권 수익률 계산기(채권 예상 현금흐름표)를 통해 산출해봐야 한다.

⑤ '이전이자지급일'에 ⑤-1 '이자지급 주기'를 더하면 해당하는 채권의 다음 이자지급일을 알 수 있다.

→ '이전이자지급일'에 아무런 정보가 표시되어 있지 않다면 아직 이자가

1회도 지급되지 않은 채권이라는 뜻이다. 이럴 경우 채권의 상장일에 이자 지급 주기를 더하거나 아니면 '채권 예상 현금흐름표'(채권 수익률 계산기)의 과표구간별 세부내역의 표시 내용을 통해서 다음 이자지급일을 확인할 수 있다.

⑥ '장내채권종합주문' 창에서는 가끔 '상환일'이 표시 안 되는 채권이 있는 데 이는 단순히 해당하는 정보를 불러올 때 발생하는 증권사 자체의 누락 오 류이다. 이런 경우 '장내채권종합주문' 창의 '발행'을 누르면 나오는 '채권발행 정보' 창의 '만기일' 표시 내용을 통해 확인할 수 있다.

→ 옵션이 포함되어 있는 채권이라면 단순히 '상환일'이나 '만기일'에 표시 되어 있는 정보를 실제 채권금액이 상환되는 일자로 판단하면 안 된다. 옵션 에 따라 실제로 채권 금액이 상환되는 상환일이 달라질 수 있기 때문이다.

③ '채권 전종목 시세' 창 활용하기

'채권 전종목 시세' 창에서는

① 종목구분(장내)의 '전체'를 눌러 현재 장내채권 시장에서 거래할 수 있 는 '국채', '지방채' 등의 채권만 따로 모아서 확인할 수 있다.

②를 통해 채권 이름으로 특정 채권을 '조회(검색)'할 수 있다.

③의 각 기준을 클릭하여 표시된 채권을 정렬할 수 있다.

→ 수익률을 기준으로 채권을 판단할 경우 '매도 수익률'에 표시된 수익률 을 기준으로 판단하는 것이 좀 더 효율적이다. '매도 수익률'이 우리가 즉시 매수할 수 있는, 채권 매도물량에 대한 수익률을 나타내고 있기 때문이다.

[그림 2-15] 채권 전종목 시세창 활용

종목명	수익률	현재가	전일대비		등락률	거래량	매도호가	매도수익률▼	매수호가	매수수익률	매도잔량	D
한창66	7.114	9,230.00	▲	20.00	0.22	25,629	9,230.00	7.114	9,121.50	7.547	73,381	
롯데손해보험신종자본증권 3	6.710	10,230.00				376,659	10,230.00	6.710	10,229.00	6.711	129,312	
흥국화재신종자본증권3	6.462	10,190.00	▲	23.00	0.23	568,652	10,189.00	6.463	10,179.00	6.471	152,159	
대유플러스12	6.452	9,510.00	▲	10.00	0.11	25,441	9,540.00	6.325	9,515.00	6.430	282,263	
푸본현대생명보험20(후)	6.183	10,099.00	▲	3.00	0.03	1,435,513	10,099.00	6.183	10,086.50	6.200	498,158	
에이치엠비생명과학9	5.873	9,005.00	▲	11.00	0.12	614,785	9,005.00	5.873	8,964.50	6.035	314,859	
두산퓨얼셀3	5.783	10,093.70	▲	4.30	0.04	768,453	10,093.70	5.783	10,093.00	5.787	1,640,578	1
경남은행17-11이(신종)30A-28	5.750	10,608.00	▼	9.00	-0.08	73,839	10,595.00	5.761	10,504.00	5.833	68,524	
현지아이엔씨6	5.743	9,980.00	▼	10.00	-0.10	25,000	10,000.00	5.627	9,950.10	5.916	64,617	
케이디비생명보험7(후)	5.586	10,045.00	▲	14.00	0.14	192,231	10,060.00	5.556	10,045.50	5.585	414,150	
SK디앤디10(녹)	5.534	10,122.00	▼	15.90	-0.16	25,179	10,122.00	5.534	10,120.00	5.545	274,677	
이지스자산운용10-2	5.534	10,170.00	▲	10.00	0.10	7,562	10,170.00	5.534	10,165.00	5.562	168,217	
씨제이 씨지브이신종자본증권	5.526	10,069.00	▲	8.00	0.08	10,001	10,070.00	5.525	10,049.00	5.540	448,339	
삼척블루파워6	5.579	10,055.00	▼	9.50	-0.09	106,580	10,074.00	5.502	10,056.00	5.575	374,782	

물론 여기에 표시된 수익률 또한 채권의 옵션이 적용되지 않은 수익률일 뿐 아니라, 옵션이 없는 채권이라고 하더라도 증권사의 자체 계산법이 적용된 수익률이기 때문에 정확하지 않다. 정확한 확정수익률을 확인하고자 한다면 채권 수익률 계산기(채권 예상 현금흐름표)를 활용하여 산출해야 된다.

④ '다음' 버튼을 눌러 표시되지 못한 채권을 표시할 수 있다.

→ '채권 전종목 시세' 창을 실행하였다고 해서 거래 가능한 모든 채권이 한 번에 다 표시되는 것은 아니다. 채권의 종류는 상상 이상으로 많기 때문이다. 기본적으로 표시되는 채권은 거래량이 있는 채권 위주로 표시되고 '다음' 버튼을 누르면 좀 더 많은 채권이 표시된다. 2~4회 정도 '다음' 버튼을 누르면 그날 호가가 있는 채권은 대부분 표시된다. 이렇게 보이지 않던 채권까지 어느 정도 표시한 상태에서 정렬 기능을 이용하는 것이 채권 선별 면에서 보다 효율적이다.

[그림 2-16] 채권 전종목 시세 창

종목명	수익률❶	현재가	전일대비	등락율	거래량	매도호❷	매도수익률▼	매수호❸	매수수익률	매도잔량	0
한신공영46	6.549	9,860.00	▲ 14.00	0.14	140,974	9,850.00	6.624	9,830.10	6.775	253,856	

종목명 ❹	수익률	현재가	전일대비	등락율	거래량	매도호가	매도수익률▼	매수호가	매수수익률	매도잔량	0
서울도시철도21-05											

'채권 전종목 시세' 창에서

① 현재가가 표시되지 않고 있는 채권은 그날 아무런 거래가 이루어지지 않은(거래량이 없는) 채권이다.

② 매도수익률이 표시되지 않고 있는 채권은 그날 아무도 매도호가를 걸어 놓지 않은 채권이다.

③ 매수수익률이 표시되지 않고 있는 채권은 그날 아무도 매수호가를 걸어 놓지 않은 채권이다.

④ 종목명만 표시되고 있는 채권은 그날 아무런 거래량이 없을 뿐 아니라, 아무도 매수호가, 매도호가를 걸어 놓지 않은 채권이다.

④ '채권 발행정보' 창 활용하기

'채권 발행정보' 창에서는 해당하는 채권에 대한 여러 가지 정보를 확인할 수 있다.

① '만기일' 표시 내용을 통해 채권의 만기일을 확인할 수 있다.

→ 바로 아래 칸의 '상환일' 표시 내용도 '만기일'과 동일하게 표시된다.

② 콜옵션을 가진 채권의 경우 구체적인 내용은 HTS에서도 표시되지 않아 확인이 힘들다. 채권의 콜옵션 정보는 KRX 정보데이터시스템이라는 홈페이지 또는 채권발행정보 공시를 통해 그 정보를 따로 확인해야 한다.

[그림 2-17] 채권 발행정보창 활용

채권명	두산퓨얼셀3	영문명	Doosan Fuel Cell3	상장구분	상장
투자유의	N	공모/사모	공모	발행일	2022/08/09
만기연장	N	발행기관	두산퓨얼셀 주식회,	상장일 ❶	2022/08/09
채권분류명	일반사채	할인율(%)	0.0000	만기일	2024/08/09
말일구분	일자기준	표면이자율(%)	6.2000	상환일	2024/08/09
매출구분	비매출	선후급 구분	후급	대용가	7,860
발행총액	70,000,000,000	물가지수채권여부	N	액면가	10,000
상장잔액	70,000,000,000	KAP단가	9,932.01	권리구분	
이자지급월수	3개월	KIS단가	9,929.07	전환사채만기상환율	0.0000 (%)
이자지급방법	이표채.확정금리	NIC단가	9,934.61	전환만기보장수익률	0.0000 (%)
분할상환횟수	0	FNP단가	9,937.21	사채권리가격	0
원금거치기간	0	평균단가	9,933.22	사채권리주식	
선/후순위	선순위	자산유동화		사채권리청구시작일	
보증구분	무보증	옵션부사채		사채권리청구마감일	

● CALL 내역 ❷

조기상환일	행사시작	행사종료	보장수익률(%)	조기상환금	조기상환청구비율(%)	부도채권상품번호

● PUT 내역 ❸

조기상환일	행사시작	행사종료	보장수익률(%)	조기상환금	조기상환청구비율(%)	부도채권상품번호

③에서는 풋옵션을 가진 채권의 내용을 확인할 수 있다.

→ 채권의 콜옵션이나 풋옵션에 대한 활용 방법은 다른 장에서 배울 것이기 때문에 지금은 해당 지식만을 알고 넘어가면 된다.

⑤ '채권 예상 현금흐름표' 창 활용하기

[그림 2-18] 채권 예상 현금흐름표 창

과표구간		보유구분		총과표	과표구분		세율	법인세	지방	농특세	실수령액
시작일자	종료일자	보유	미보유		보유	미보유		소득세	소득세		
2022/09/23	2022/11/22	신보유		13,123	8,559	0	14.00	1,190	110	0	11,823
2022/11/22	2023/02/22	신보유		13,123	13,123	0	14.00	1,830	180	0	11,113
2023/02/22	2023/05/22	신보유		13,123	13,123	0	14.00	1,830	180	0	11,113
2023/05/22	2023/08/22	신보유		13,123	13,123	0	14.00	1,830	180	0	11,113
2023/08/22	2023/11/22	신보유		13,123	13,123	0	14.00	1,830	180	0	11,113
2023/11/22	2024/02/22	신보유		13,123	13,123	0	14.00	1,830	180	0	11,113
		만기		1,015,000	0	0	0.00	0	0	0	1,015,000
				1,093,738	74,174	0	0.00	10,340	1,010		1,082,388

①'세전운용수익률'은 해당 채권을 투자했을 때 얻을 수 있는 이자수익뿐만 아니라 채권을 매수한 가격과 액면가 간 차액에 따른 이익과 손실요소까지도 반영된 수익률이다.

→'세전운용수익률'은 은행에서 표시하고 있는 예금 금리와 동일한 영역이며, 채권의 수익률을 판단할 때 통상적으로 '세전운용수익률'을 기준으로 판단한다. 이 책에서 사용하는 채권의 확정수익률을 산출해야 한다는 표현도 '세전운용수익률'의 값을 지칭하는 것이다.

②'세후운용수익률'에는 해당하는 채권에 투자했을 때 채권에서 발생하는 여러 세금이 과세된 뒤 얻을 수 있는, 1년 단위로 환산된 채권의 수익률이 표시된다.

→ 은행 예·적금에 가입하여 실제로 이자를 받을 때에는 15.4%라는 이자소득세가 자동으로 과세된다. 채권에서도 동일한 15.4%의 이자소득세가 과세된다.

③ '총투자수익률'에는 해당하는 채권에 투자한 원금에 대비해서 상환일까지 최종적으로 얻게 되는 세후 수익률이 표시된다.

→ 주식투자에서 표시되는 주식 종목의 수익률과 동일한 영역이다.

④ '채권 예상 현금흐름표' 창의 '과표구간별 세부 내역'을 통해 언제, 얼마의 현금 흐름이 발생하는지 구체적으로 확인할 수 있다.

⑤ '종료일자'는 채권의 이자가 지급되는 일자이다.

⑥ '실수령액'은 이자지급일 또는 상환일에 통장에 실제로 입금되는 세후 금액이다.

→ 채권을 매수한 뒤 지급되는 첫 번째 이자 실수령액은 다른 이자 실수령액보다 조금 더 많은 것을 확인할 수 있는데 이는 채권의 세금 요소와 관련되어 나타나는 정상적인 특징이다.

⑦ '만기' 부분의 '실수령액'에는 상환일에 상환되는 상환금액(액면금액)이 표시된다.

⑧번에 표시된 금액은 투자 시점부터 받은 이자의 총액과 상환일에 받는 금액을 합한 것이다. ③ '총투자수익률'과 연관된 금액이기도 하다.

3 실전 채권투자 지식
- 입문

BOND INVESTMENT

이제 채권에 실제로 투자했을 때 유용하게 활용할 수 있는 지식을 배워보자.

① 채권 직접투자의 특징

(1) 채권의 거래시간 특징

채권을 거래할 수 있는 시간은 주식의 거래시간과 동일하다. 월~금요일 오전 9시부터 오후 3시 30분(공휴일 제외)이다.

(2) 채권의 이자지급일 특징

채권의 이자지급일에는 따로 채권의 이자지급을 신청하는 절차 없이 해당 채권을 보유한 증권사 계좌로 이자가 자동으로 입금된다.

채권의 이자는 보통 이자지급일 당일 15시~17시 기준으로 입금되지만, 해당 시간보다 조금 빠르거나 늦게 입금될 때도 있다. 채권의 이자지급일이 주말이나 공휴일인 경우 해당일에는 이자가 입금되지 않고 증권사가 영업하는 다음 평일에 입금된다.

주말이나 공휴일을 건너뛰고 평일에 입금된다고 하여도 이자지급 시간은 동일하게 15~17시 기준이기 때문에, 위의 내용을 참고하여 당황하지 않고 기다리면 된다. 이렇게 입금된 이자는 바로 이체하여 사용할 수 있다.

채권은 해당 채권을 언제 매수했는지에 상관없이 이자지급일에는 모든 이자가 지급된다. 예를 들어 3개월의 이자지급 주기를 가진 채권을 이자지급 하루 전에 매수했다고 하더라도 이자지급일에는 3개월치의 모든 이자가 지급되는 것이다. 그렇다고 일부러 채권 이자지급일 하루 전에 매수하는 전략은 실효성이 크지 않다. 여기에는 다소 복잡한 심화 지식이 적용된다. 이에 해당하는 심화 지식은 다른 장에서 설명할 예정이므로 지금은 채권에 이런 특징이 있다는 것만 알고 넘어가면 된다.

(3) 채권의 상환일(만기일) 특징

채권의 상환일에는 따로 채권의 상환을 신청하는 절차 없이 해당하는 채권을 보유하고 있는 증권사 계좌로 상환금액이 자동으로 입금된다.

채권의 상환금액도 보통 상환일 당일 15~17시 기준으로 입금되지만, 해당하는 시간보다 빠르거나 늦게 입금될 때도 있다. 채권의 상환일이 주말이나 공휴일일 경우 해당일에는 상환금액이 입금되지 않고 증권사가 영업하는 다음 평일에 입금된다. 이렇게 주말이나 공휴일을 건너뛰고 평일에 입금된다고 하여도 상환금액이 상환되는 시간은 동일하게 15~17시 기준이다.

채권의 상환일은 보통 채권의 마지막 이자 지급일자와 동일한 경우가 많다. 더해서 채권의 상환일에는 내 계좌의 잔고창에 표시되고 있던 해당 채권이 내 계좌에서 사라진다.

(4) 채권의 세금 특징

채권은 기본적으로 채권의 가격 차이에서 발생하는 이익에 대해서는 과세되지 않으며(=양도소득세의 비과세), 채권의 이자에서 발생하는 세금은 은행의 예·적금 이자에서 발생하는 세금과 동일한 이자소득세(15.4%)가 과세된다. 채권의 이자지급일에는 별도의 신청절차 없이 자동으로 이자소득세가 징수된 후의 이자 금액이 해당 채권을 보유하고 있는 증권사 계좌로 입금된다.

채권에서 지급되는 이자를 포함하여, 내가 투자하고 있는 모든 금융수단에서 1년 동안 발생하는 모든 배당소득, 이자소득 등의 금융소득에 대해 2,000만 원까지는 15.4%의 이자소득세가 자동과세(원천징수)된다. 1년 동안 금융소득이 2,000만 원을 초과한다면 금융소득 종합과세대상자로서 따로 세금을 신고해야 되며, 소득금액에 따라 해당하는 세율이 적용된다.

2025년부터는 '금융투자소득세' 세법 개정이 예고되어 있다. 즉 채권의 가격 차이에서 발생하는 이익에 대해서도 양도소득세가 과세될 예정이라는 뜻이다. 1년 기준 250만 원의 이익까지는 제외하고 과세한다고 하지만 주식투자의 주식 가격 차이에서 발생하는 이익에 대해서는 1년 기준 5,000만 원의 이익까지는 제외하고 과세한다는 것과 비교하면 매우 아쉬운 점이 아닐 수 없다.

세법 개정으로 인하여 추후 채권투자에 어떠한 변화가 일어나게 될지는 예측이 힘들다. 하지만 이러한 개정으로 인하여 채권에 대한 과세가 늘어난다고 하여도, 장기적으로 채권을 통해 얻을 수 있는 이익은 지금과 크게 다르지 않을 것이다.

② 매수 또는 매도 단가로 호가 제시하기

채권을 거래할 때 꼭 매도 호가에 올라와 있는 채권만 매수할 수 있는 것은 아니다. 채권투자자는 직접 장내채권 시장에 호가를 제시할 수도 있다.

'장내채권종합주문' 창의 호가 부분에서, 파란색 매도호가창의 매도 대기 상태에 있는 가장 낮은 가격보다 더 낮은 가격으로 채권 매수를 주문하면, 빨간색 매수호가창의 매수 대기 상태로 나의 채권 주문이 올라가게 된다. 그리고 누군가 해당 가격에 매도해주면 실제로 해당 가격으로 채권 거래가 완료되게 된다.

①은 매도호가에서 가장 가격이 낮은 10,000원의 가격보다도 더 낮은 9,980원의 가격으로 채권 1개의 매수주문을 넣은 결과이다.

[그림 2-19] 호가 제시하기

현재가	10,000.00 ▲	17.50 (	0.18%)		105,100
매도수익률	매도잔량	10:35:55	매수잔량		매수수익률
4.816	10,881	10,120.00		상	12,977.00
4.969	15,000	10,050.00		시	10,000.00
4.991	20,653	10,040.00		고	10,000.50
4.994	21,107	10,039.00		저	10,000.00
5.080	15,601	10,000.00	①	하	6,988.00
		9,980.00	1		5.124
민평수익률	5.410	9,970.00	20,000		5.146
시가수익률	5.080	9,962.00	50,000		5.164
고가수익률	5.079	9,960.50	1,000		5.167
저가수익률	5.080				
	83,242	-12,241	71,001		

→ 이러한 대기 상태의 호가 주문은 당일만 유지되며, 하루가 지나면 기존 주문은 자동으로 취소된다. 기본적으로 주식의 거래 시스템과 동일하다고 할 수 있다.

호가 제시의 구조

더 나은 수익률을 얻고자 한다면 장내채권 시장에 채권 금액을 제시하는 것도 좋은 방법 중 하나다. 다만 여기에는 몇 가지 조건이 붙는다. 제시하는 가격이 합리적이지 않거나 총액 자체가 적다면 거래가 성사될 확률은 낮다.

그 이유는 채권투자의 특성과 관련이 있다. 주식과 달리 채권투자는 기본적으로 상환일까지 보유하는 전략이다. 따라서 그 채권의 가격이 합리적이라 해도 몇백억 원, 몇십억 원의 물량을 운용하는 기관이나 자본가들이 굳이 몇십만 원, 몇백만 원어치의 물량만을 시장에서 사고팔 리는 없다. 효율적이지 않기 때문이다.

물론 합리적인 가격이라면 개인투자자가 매매를 해줄 것이다. 여기에 더해서 몇천만 원, 몇억 원으로 총액이 크다면 해당 채권을 보유한 기관이나 자본가들이 제시한 가격까지 호가를 끌어내려서까지 채권을 매도해주기도 한다.

시장거래의 특성상 거래 성사를 위해 얼마를 제시해야 하는가에 대한 답은 존재하지 않는다. 가격 제시 측면에서는 채권의 도매 가격이라고 할 수 있는 '민평가'로 가늠할 수는 있겠으나 이 역시 시장상황에 따라 변수가 적용되기 때문에 정답은 아니다.

③ 첫 번째 호가에 있는 잔량보다 더 많은 수량을 주문하면?

채권의 매수·매도 과정에서 채권의 대기 잔량보다 더 많은 주문을 넣으면 어떻게 될까?

'장내채권종합주문' 창의 호가 부분에서 실제 매도 대기된 잔량보다 더 많은 수량의 채권을 매수 주문하면, 매도 대기에 있던 잔량만큼은 즉시 거래가 진행되고 남은 잔량은 자동으로 매수 호가창에 매수 대기 상태가 된다.

①에 해당하는 10,010원의 가격을 가진 채권을 55,001개 매수 주문했다면 55,000개는 즉시 매수되고, 나머지 1개의 10,010원 가격 매수 주문은 자동으로 빨간색 매수호가창에 매수 대기 상태가 된다.

반대로 매도에서도 실제 매수 대기 잔량보다 더 많은 수량의 채권을 매도 주문하면 매수 대기된 잔량만큼은 즉시 거래가 진행되고 남은 잔량은 자동으로 파란색 매도호가창에 매도 대기 상태가 된다.

[그림 2-20] 더 많은 수량의 주문

현재가	9,999.00	0.00 (	0.00%)		0
매도수익률	매도잔량	23:12:03		매수잔량	매수수익률
			상		12,998.00
			시		0.00
			고		0.00
5.342	9,999	10,400.00	저		0.00
5.395 ❶	10,112	10,300.00	하		7,000.00
5.553	55,000	10,010.00			
민평수익률	5.898	9,853.00		10	5.642
시가수익률	0.000	9,852.00		5,000	5.643
고가수익률	0.000	9,851.00		5,000	5.643
저가수익률	0.000	9,850.00		9,000	5.644
		9,610.00		20,050	5.786
	75,111	-29,951		45,160	

호가를 높이면서 진행하는 매수

더해서 매도 대기 상태에 있는 가장 낮은 가격을 가진 채권만을 매수하는 것이 아니라, 더 높은 가격의 채권까지 호가를 올리면서 계속 매수를 진행하여 원하는 물량(금액)만큼 채권을 확보하는 방법도 있다.

이렇게 변수가 있는 거래에서의 확정수익률 판단은, 실제로 좀 더 많이 매수될 채권의 가격을 기준으로 수익률을 산출하거나, 더 높은 가격을 가진 채권을 기준으로 보수적인 수익률을 산출하는 것이 더 합리적인 판단이다.

④ KRX 정보데이터시스템의 상장채권 발행정보

앞서 우리는 HTS를 통해 채권의 여러 가지 정보를 바탕으로 옵션이 없는 일반적인 채권을 찾아낸 바 있다. 우리는 HTS가 아닌 'KRX 정보데이터시스템'이라는 사이트를 통해서도 채권에 대한 자세한 정보를 확인할 수 있다.

(1) KRX 정보데이터시스템 사이트 들어가는 방법

인터넷에 'KRX 정보 데이터시스템(data.krx.co.kr)'을 검색하여 사이트에 접속한다. → '통계' → '기본통계' → '채권' → '세부안내' → '상장현황' → '상장채권 발행정보' 메뉴로 들어간다.

(2) 상장채권 발행정보 창 활용

'KRX 정보데이터시스템'의 '상장채권 발행정보' 메뉴를 통해서도 HTS에서 확인할 수 있는 개별 채권에 대한 자세한 정보를 확인할 수 있다.

① '종목명'에 채권의 종목 이름을 입력하여 채권을 검색하거나, 돋보기 버튼을 눌러 채권을 검색할 수 있다.

② '옵션부사채구분'에 아무런 내용이 표시되어 있지 않다면 특정 옵션이 없는 채권이며 'Call(콜)'이나 'Put(풋)'이 표시되어 있다면 해당하는 옵션이 있는 채권이다.

[그림 2-21] 상장채권 발행정보 활용

③ '이자지급방법'에서, 해당하는 채권이 이표채(확정금리)인지 확인할 수 있다. 고정금리라는 단어는 확정금리라는 단어와 동일한 뜻을 가지고 있다.

④ '이자지급계산월수(개월)'에서 해당하는 채권의 이자지급 주기를 확인할 수 있다.

⑤ '보장수익률(%)'에 아무런 내용이 표시되어 있지 않다면 보장수익률이 0인 채권이다.

→ 전환사채 채권의 경우 실제 보장수익률이 0이 아님에도 보장수익률이 표시가 안 되는 경우가 있으니 주의해야 한다. 이러한 전환사채 채권은 거의 확정적으로 콜옵션이나 풋옵션이 포함되어 있기 때문에 ② '옵션부사채구분'의 확인을 통해 해당하는 부분에 주의를 기울여야 한다.

⑥ '신용등급'에서 해당하는 채권의 신용등급을 확인할 수 있다. 만약 신용평가회사에서 평가한 신용등급이 각기 다르다면 가장 낮은 신용등급을 기준으로 판단하면 된다.

→ 한 곳 이상의 신용평가회사에서 신용평가가 진행되기 때문에 회사마다 진행되는 신용평가의 시기나 세부적인 신용 평가방법에 따라 신용등급에 차이가 발생하기도 한다. 이 경우 평가된 신용등급 중 가장 낮은 신용등급으로 판단해야 한다.

상장채권 발행정보의 특징

'KRX 정보데이터시스템'의 '상장채권 발행정보'는 검색일을 기준으로, 장내채권 시장에 상장되어 실제 잔존기간이 남아 있는 채권만을 검색할 수 있다. 즉 실제 장내채권 시장에서 거래 가능한 채권만 해당 '상장채권 발행정보'에 검색된다는 뜻이다. 따라서 '상장채권 발행정보'에서 특정한 채권이 검색되지 않는다면, 해당 채권은 실제 장내채권 시장에서 매수할 수 없는(거래할 수 없는) 채권이라고 판단할 수 있다.

HTS를 활용하여 채권투자 경험을 쌓는 방법

HTS를 활용한 채권투자는 굉장히 쉽기 때문에 연습도 없이 처음부터 덜컥 큰돈을 투자하는 투자자들도 있다. 하지만 매수와 매도 버튼의 클릭 실수, 금액에서 0단위 입력 실수 등의 문제가 생기면 자산에 큰 손실을 가져올 수도 있기 때문에 실제 투자 전 연습을 충분히 해야 한다.

HTS를 다루는 것이 익숙하지 않은 입문 단계의 투자자라면, 채권 수익률에 상관없이 1주씩만 매수하고 매도도 하면서 HTS의 기능을 익히고 연습하는 것이 좋다. 그다음에 채권 수익률 계산기를 활용하여 매일매일 변동하는 채권 가격에 따른 채권 수익률 계산법을 연습한다. 반복하여 연습하고 익힌다면 실제 채권에 투자할 때 채권 수익률 계산을 더욱 빠르고 정확하게 해낼 수 있다.

채권은 매우 적은 돈으로도 투자할 수 있기 때문에 1만 원 정도의 금액으로도 HTS를 활용하는 경험을 충분히 쌓을 수 있다. 다양한 채권을 일부러 1주씩 매수하거나 매도하고, 이자지급일에 실제로 이자도 받아보고 만기상환일까지 기다려 상환도 받아보면서 연습을 충분히 거치도록 하자. 그렇게 연습을 충분히 한 뒤에 본격적으로 채권투자를 시작한다면, 안전한 채권을 더욱 안전하게 활용할 줄 아는 현명한 투자자가 될 것이다.

"잠자는 동안에도 돈이 들어오는 방법을 찾아내지 못한다면
당신은 죽을 때까지 일을 해야만 할 것이다."

-워런 버핏(Warren Buffett)

CHAPTER
3

경제적 자유의 도구 채권투자

1 채권으로 경제적 자유 자판기 만들기

B O N D   I N V E S T M E N T

(1) 경제적 자유란 무엇일까?

채권은 *확정이자부증권으로서 언제 얼마의 이자가 입금되는지, 언제 얼마가 상환되는지 정확히 알 수 있는 투자 수단이다. 그리고 한번 투자해 놓으면 추가적인 시간과 노력의 소모가 거의 없는 투자 수단이다. 이러한 특징 때문에 채권은 단순히 효율적인 투자 수단을 넘어 경제적 자유의 도구로 활용할 수 있다는 큰 장점이 있다.

처음용어 뽀개기

확정이자부증권

특정한 일자에 특정한 이자를 지급하기로 정해져 있는 증권(채권)이다. 해당 증권이 발행될 때 얻을 수 있는 이자가 정확히 정해지므로 투자하는 순간 해당 증권을 통해 얻을 수 있는 수익도 확정된다. 이러한 특징을 활용하여 실제 투자를 진행하지 않더라도 투자를 가정하여 수익률을 산출해 볼 수 있다. 단, 시장 거래에서는 투자한 가격에 따라 확정수익률이 변동될 수 있다.

우리는 대부분 돈을 벌기 위해 매일매일 일하고 있다. 또한 일을 언제까지 지속해야 하는지도 모르며 살아가고 있다. 도대체 얼마를 모아야 부자가 되었다고 정의할 수 있고, 일을 그만두고도 마음 편히 살 수 있는 것일까?

1,000만 원을 통장에 모았을 때? 1억을 통장에 모았을 때? 아니면 10억 원

을 통장에 모았을 때 완전한 부자가 되었다고 정의하고 일을 그만둘 수 있을까? 사람들마다 상황이 다르고 소비하는 금액이 다르므로 몇억 원이나 되는 돈을 모았다고 하더라도 정확히 언제까지 일을 해야 하는지, 돈을 얼마나 더 모아야 하는지 특정 짓기는 굉장히 힘들 것이다.

현실적으로는 돈을 많이 벌면 벌수록 그에 따라 소비가 증가하는 경향이 있다. 더 좋은 옷, 더 맛있는 음식, 더 고급 차, 더 넓은 집, 더 양호한 환경 등 우리의 욕망은 끊임없이 다음 단계의 무언가를 갈망한다. 그렇게 욕망을 따르다 보면 끝없는 소비의 굴레 속에서 인생을 보내게 된다. 이러한 이유 때문에 아무리 돈을 많이 벌어도 실제 모이는 돈은 없고, 언제까지 일을 계속해야 하는지 또는 돈을 버는 목적이 무엇인지 모른 채로 끊임없이 생활에 필요한 돈을 벌기 위해 일해야 하는 상태가 계속되는 것이다.

채권은 이런 딜레마에 대한 해결책을 굉장히 구체적으로 제시해 주는 투자 수단이다. 이론적으로 우리가 생활하는 데 필요한 한 달 생활비를 산출한 뒤 그 금액만큼 채권 이자가 발생하도록 채권에 투자할 금액을 모으면 되기 때문이다. 채권에서 발생하는 이자는 거의 노력하지 않아도 자동으로 계속해서 창출된다. 우리가 아무런 일을 하지 않아도 자유롭게 먹고살 수 있는 경제적 자유의 상태로 만들어 주는 것이다.

이러한 경제적 자유를 이룰 수 있다면 노동이라는 굴레에 벗어나 원하는 것만 하면서 인생을 즐기며 살아갈 수 있다. 깊은 한숨과 함께 억지로 피곤한 몸을 일으키는 아침을 맞이할 필요가 없을 뿐 아니라 무의미하게 반복되는 출근길과 퇴근길, 스스로를 끊임없이 짜내야 하는 고통스러운 삶에서 벗어날 수 있다. 또는 위험요소가 크거나, 들여야 하는 시간이 많거나, 정신적

스트레스가 많이 발생하는 사업(창업) 대신 안전하고 안정적인 채권이라는 수단으로 진정한 자유를 만끽하며 여유로운 삶을 즐길 수 있다.

(2) 경제적 자유 자판기를 마련해보자

물론, 그런 자유를 누리기 위해 모아야 하는 돈은 평범한 직장인이 짧은 시간 내에 만들기 힘든 큰 금액이다. 그렇기 때문에 모든 생활 비용을 한 번에 모으는 것을 목표로 하면 중도 포기하기 쉽다. 따라서 경제적 자유를 이루기 위한 작은 목표들을 세워두고 하나씩 이루어 나간다면 오히려 경제적 자유에 더 쉽게 한 단계씩 다가갈 수 있다.

그래서 내가 제안하는 것은 특정한 영역에서 한 달 동안 필요한 생활비를 계산하고, 이 비용을 채권 이자로 받기 위해 필요한 채권투자금액을 산출해 보는 방법이다. 아래의 표는 내가 만든 경제적 자유 계산기 양식으로 계산한 결과이다. 평균수익률 6.94%인 BBB 회사채에 투자한다고 가정하여 투자할 금액을 산출했다. 3개월의 이자지급 주기를 가진 투자등급(BBB)의 채권에 투자한다고 가정하였고, 산출되는 채권 금액에는 15.4%의 이자소득세 과세를 반영하였으며 3개월마다 나오는 이자 역시 3으로 나누어 실제 한 달 동안

[그림 3-1] 경제적 자유 계산기

#	자유 물품 (이름)	한 달 숨쉬는 비용(원) (입력)	세전 운용수익률(%)	세후 경제적자유 채권금액(원)
	[포프리라이프 경제적 자유 계산기]			
1	통신비용	75,000	6.94	15,328,959
2	커피비용	5,500	6.94	1,124,124
3	월세 + 보증금 이자비용	92,760	6.94	18,958,857
4	생활비	350,000	6.94	71,535,144
5	기본 식비	450,000	6.94	91,973,757
6	기타 생필품	100,000	6.94	20,438,613
7	운동	35,000	6.94	7,153,514
8			6.94	-
9			6.94	-
10			6.94	-
		1,108,260		226,512,968

발생하는 세후 이자금액이 나오도록 하였다.

매달 지출하고 있는 통신비용을 예를 들어보겠다. 현재 나는 75,000원의 통신비용을 매달 지출하고 있다. 경제적 자유 계산기의 결과에 따르면, 열심히 돈을 모아 채권에 약 1,532만 원 투자해 둔다면 평생 통신비용을 따로 지출할 필요가 없게 된다. 1,500만 원은 1~2년 열심히 모은다면 대부분의 직장인이 달성할 수 있는 금액이다. 몇억 원 단위가 아니라 1,500만 원으로도 내 생활의 특정 분야에서 경제적 자유를 획득할 수 있는 것이다.

사회초년생이라서, 혹은 월급이 적어서 1,500만 원이 너무 큰 목표라면 더 작은 목표는 어떨까? 나는 매달 커피값으로 5,500원을 지출하고 있다. 내가 열심히 돈을 모아 약 112만 원을 채권에 투자한다면, 나는 평생 커피값을 낼 필요가 없는 경제적 자유 하나를 획득하게 되는 것이다.

이렇게 우리는 채권투자를 활용하여

평생 통신비가 공짜로 나오는 통신비용 자판기

평생 커피가 공짜로 나오는 커피값 자판기

평생 월세나 관리비가 공짜로 나오는 부동산 자판기

평생 생활비가 공짜로 나오는 생활비 자판기

그리고

우리가 평생 노동을 하지 않아도

마음 가는 대로 세상을 누릴 수 있게 해주는

경제적 자유 자판기를 하나씩 갖추어 나갈 수 있다.

우리는 채권투자라는 도구를 통해 생활의 작은 분야부터 하나씩 경제적 자유를 이룰 수 있고, 구체적으로 그려 볼 수 있다.

여기서는 시장상황에 따라 변하게 되는 채권금리(평균수익률)와 물가상승률, 갑자기 필요할 수도 있는 비상금 등은 반영하지 않았다. 한편 채권투자의 특징인 확정수익률 외의 더 높은 수익률의 가능성도 적용하지 않았기 때문에 경제적 자유를 위해 필요한 금액이 실제적으로는 더 많을 수도, 혹은 더 적을 수도 있을 것이다.

이런 구체적인 요소를 제외하더라도, 경제적 자유를 위해 필요한 금액과 채권투자 금액을 계산해보는 경험은 꼭 필요하다. 지금까지 미처 그려보지 못했던 경제적 자유를 달성하는 데 필요한 금액을 구체적인 액수로 확인해 볼 수 있기 때문에 그 금액에 이르기까지 열심히 돈을 모을 수 있도록 강력한 동기를 부여해 주기 때문이다. 이러한 경험은 매월 얼마씩 모으기 혹은 매년 어떤 분야의 경제적 자유 획득하기 같은 현실적인 목표를 세우고 달성할 수 있도록 도와준다.

2 돈 한 푼 없이도 큰 자본을 가진 것과 같은 효과를 내는 방법

BOND INVESTMENT

(1) 절약의 강력한 힘

앞서 나는 경제적 자유를 위한 금액을 모아 채권투자를 함으로써 생활비가 지출되는 분야에서 하나씩 경제적 자유를 달성하는 방법을 제안했다. 적게는 백만 원대에서 몇천만 원이나 억대까지 필요한 돈을 모으려면 시간과 노력이 많이 든다. 어느 세월에 그렇게 큰돈을 모을 수 있겠나 하는 답답한 마음이 들 수도 있다. 그런 독자들을 위해 돈을 모으지 않고도 지금 당장 시작할 수 있는 방법을 알려드리겠다. 아무런 자본금 없이도 큰돈을 버는 효과를 내는 그것은 바로 '절약'이라는 수단이다.

만약 우리가 1,500만 원이라는 금액을 모아 3.3%의 금리를 주는 은행 예금에 가입했다면, 한 달 동안 세후 약 34,897원의 이자가 발생한다. 이때 같은 금액을 6.94%의 확정수익률을 가진 채권에 넣어 놓는다면 한 달 동안 세후 약 73,390원의 이자가 발생한다.

이처럼 만약 우리가 매달 이자로 받는 34,897원이나 73,390원의 금액을 절약할 수 있다면, 1,500만 원이라는 자본 금액이 없더라도 실제로는 1,500만 원을 보유한 것과 같은 효과를 내는 것이다. 더 큰 금액을 절약할 수 있다면 자본 보유 효과 또한 비례하여 커진다. 이것이 바로 절약이 가지고 있는 강력한 힘이다.

이러한 가정에 따라 일상생활에서 절약을 시작한다면 우리가 모을 수 있는 잉여자금은 점차 증가할 것이고, 그 잉여자금은 우리가 일하지 않아도 생활하는 데 필요한 돈을 자동으로 발생시켜주는 경제적 자유의 상태로 더 빠르게 이끌어 줄 것이다.

(2) 일상생활 속의 절약

한때 잠깐 공공기관으로 출근한 적이 있다. 지금도 익숙한 풍경이지만 매일 아침 출근하는 공무원들 손에는 커피 한 잔이 들려 있었다. 점심식사 후에도 마찬가지였다. 커피인지 음료수인지 모르겠지만 테이크아웃 종이컵은 항상 들고 있었다.

아침에 커피를 마셔야만 잠이 깬다는 사람도 있고, 점심을 먹은 후에는 입가심이 필요하다는 사람도 있다. 이것은 개개인의 선택이며 라이프스타일일 뿐이다. 그러나 하루 한두 잔의 커피를 절약의 관점에서 바라보면 어떨까? 하루 한 번 혹은 두세 번 마시는 커피를 아낀다면 자본금 한 푼 없이도 돈을 벌 수 있는 효과가 생긴다.

통계 자료를 보면 직장인들은 하루 평균 두 잔의 커피를 마시며, 한 달 평균 12만 원을 커피값으로 지출하고 있다. 이를 3.3% 예금 금리로 환산한다면 약 5,158만 원을 예금했을 때 창출되는 한 달 세후 이자와 맞먹는다. 이를

[그림 3-2] 직장인의 한 달 평균 커피 소비

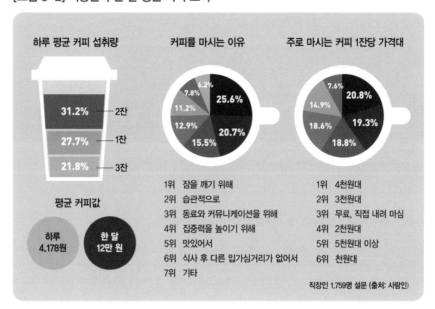

채권금리 6.94%로 환산하면 약 2,453만 원의 금액에서 창출되는 한 달 세후 이자 금액이다. 따라서 이 커피값을 절약할 수 있다면 돈 한 푼 없이도 해당하는 큰 금액만큼의 자본을 보유한 것과 같은 효과를 낼 수 있다.

나는 매일 아침 진한 블랙커피로 하루를 시작한다. 하지만 이 커피는 커피 전문점에서 사온 것이 아니라 미리 대량 구매한 스틱 커피를 타서 마시는 것이다. 맛과 향도 충분히 좋고 만족스럽다. 나는 매일 아침 이러한 스틱 커피 두 개를 마시고 있는데 이를 비용으로 계산하면 한 달에 약 5,500원의 금액만을 지출하고 있는 것이다.

나는 직장과 채권투자를 병행함으로써 버는 돈과 더불어 이와 같은 의식적인 절약을 최대한 실천함으로써 잉여자금을 계속해서 쌓을 수 있었으며,

이런 노력 때문에 아무런 일을 하지 않아도 생활에 필요한 돈이 자동으로 창출되는 경제적 자유를 보다 빨리 이룰 수 있었다.

물론 푼돈을 절약하는 것보다는 조금 더 일하고 더 많은 돈을 버는 편이 더 쉽다는 사람도 있을 것이다. 시간과 노력을 들여 더 많은 수입을 얻는다면 좋겠지만, 현실적으로 돈을 더 많이 버는 것보다는 절약을 진행하는 편이 좀 더 간단하면서도 즉각적으로 행동할 수 있는 방법이다.

따라서 커피뿐 아니라 일상에서 별생각 없이 지출하고 있는 요소들은 없는지 돌아보자. 무심코 지출하던 돈을 줄이거나 없앨 수 있다면, 자본금 한 푼 없이도 큰 자본금액에서 이자를 받는 것과 같은 효과를 누릴 수 있다. 그리고 절약하는 습관은 그 자체만으로도 우리를 경제적 자유에 더욱 빨리 다가가게 만들어 줄 것이다.

투자의 제1 원칙 : 절대로 돈을 잃지 마라.
투자의 제2 원칙 : 첫 번째 원칙을 절대 잊지 마라.

-워런 버핏(Warren Buffett)

CHAPTER
4

본격적인 채권투자 활용

1 채권투자 무작정 따라 하기
- 심화

BOND INVESTMENT

채권을 처음 접하는 사람들을 위해 계산 방법이 쉬운, 옵션이 없는 채권에 대한 투자법을 먼저 설명했다. 이제 기초 단계를 지난 여러분을 위해 옵션이 붙은 채권의 활용법을 알아볼 것이다. 많이 복잡하거나 어렵지 않다. 채권에 옵션이 붙어 있으면 채권을 판단하는 방법이나 확정수익률을 산출하는 방법이 조금 달라질 뿐이며, 옵션 자체가 채권의 안전성이나 효율성을 나타내는 것은 절대 아님을 명심하길 바란다.

이번 채권투자 무장정 따라 하기 심화 과정을 통해 보유한 채권을 중도 매도 시 수익률을 계산하는 방법과 함께 콜옵션과 풋옵션이 붙은 채권을 활용하는 방법을 배울 것이다.

그리고 다시 한 번 말씀드린다. 이 책에서 예시로 사용한 채권 종목들은 독자들의 이해를 돕기 위해 사용했을 뿐이며 해당 종목에 대한 안전성이나 전망과는 완전히 무관하다.

① 채권 중도 매도 시 수익률 계산 방법

(1) 채권의 중도 매도

채권투자자는 보유 중인 채권을 만기 상환일 이전이라도 시장에 중도 매도하여 채권에 투자했던 금액을 빠르게 회수할 수 있다. 이 과정에서 그동안 이미 지급받은 이자에는 아무런 영향이 없으며, 보유 채권의 시장 가격이 매수 당시보다 올랐다면 처음 매수할 당시 계산한 확정수익률보다 더 높은 수익이 발생하게 된다.

(2) 채권 중도 매도 시의 수익률 계산 방법

(1)단계

[그림 4-1] 잔고창에서의 채권 정보 확인

종목번호	종목명	매수일	잔고수량	주문가능	만기일	매수단가	매수금액
KR6035651BB5	이랜드월드97(지	2021/12/21	127	127	2023/11/17	10,051	127,659

'장내채권종합주문' 창의 '잔고' 메뉴에 표시되고 있는 보유 중인 채권의 정보를 확인하여 '채권 예상 현금흐름표'(채권 수익률 계산기) 창에 입력한다.

→ 보유 중인 채권의 '매수일', '매수단가', '매수금액'에 대한 정보를 확인한다.

(2)단계

'채권 예상 현금흐름표' 창에

① '투자금액'에 보유 채권의 '매수금액'을 입력한다.

[그림 4-2] 채권 중도 매도 시 채권 수익률 계산기 활용하는 법

[채권 예상 현금흐름표]

매수/매도상환내역				투자수익	
매수일자	2021/12/21	매도일자	2022/09/24	만기상환금액	0	의제 세금	0
매수수익률	5.4960%	매도수익률	5.7850%	총과표	5,959	원천징수금액	790
매수수량	127,000	매도수량	127,000	보유기간과표	5,314	세후운용수익률	+4.24%
단가(세전)	10,051.00	단가(세전)	10,024.00	세후실수령액	131,752	세전운용수익률	+5.01%
매수금액	127,647	매도금액	127,304			총 투자수익률	+3.21%
매수물가연동계수	0.00000	매도물가연동계수	0.00000				

투자기간 277 일 (0년 9월 3일)

과표구간별 세부 내역

과표구간		보유구분		출과표	과표구분		세율	법인세 소득세	지방 소득세	농특세	실수령액
시작일자	종료일자	보유	미보유		보유	미보유					
2021/12/17	2022/02/17	신보유		1,746	1,101	0	14.00	150	10	0	1,586
2022/02/17	2022/05/17	신보유		1,746	1,746	0	14.00	240	20	0	1,486
2022/05/17	2022/08/17	신보유		1,746	1,746	0	14.00	240	20	0	1,486
2022/08/17	2022/09/24	신보유		721	721	0	14.00	100	10	0	0
				5,959	5,314	0	0.00	730	60	0	4,558

② '매수일자'에 보유 채권의 '매수일'을 입력한다. 이후 '매수단가(매수수익률)'에서 '단가기준'을 체크하여 보유 채권의 '매수단가'를 입력한다.

③에서 '상환'을 체크 해제하고, '단가기준'을 체크한다. 이후 '매도일자'에는 매도하고자 하는 일자, '매도단가'에는 매도하고자 하는 가격을 입력한다.

→ '매도단가'의 경우 호가창에 실제로 해당 가격에 대한 매수 대기 물량이 충분히 있는지를 고려해야 한다.

④ '조회'를 누르면 내가 보유한 채권을 해당 일자에 해당 가격으로 중도 매도하였을 때 얻게 되는 수익률이 산출된다.

⑤ '매도금액' 표시 내용을 통해 해당 가격으로 채권을 중도 매도했을 때 내가 받게 되는 매도금액을 확인할 수 있다. 해당하는 ⑤ '매도금액'은 세전 금액이기 때문에 매도일자를 기준으로 일할 계산된 ⑥ '이자소득세'(소득세+지방소득세)를 뺀 값이 실제 내 통장에 입금되는 금액이다.

→ 위의 이미지를 예시로 들면 매도금액 127,304원에서 일할 계산된 이자

소득세인 소득세 100원과 지방소득세 10원을 뺀 값인 127,194원이 채권을 중도 매도했을 때 내 계좌에 실제 입금되는 금액이다. 세금과 관련된 지식은 6장에서 자세히 다룰 예정이니 지금은 수익률 계산 방법만을 배우고 넘어가자.

→ 이처럼 채권을 매수했던 가격이 채권을 매도할 때의 가격보다 더 높다고 하더라도 그동안 지급받은 이자까지 수익률에 포함되기 때문에 확정수익률은 손실이 아니게 될 수 있다. 따라서 채권의 수익률을 판단할 때에는 단순히 실제로 지급받게 되는 이자의 실수령액이 아닌 산출된 운용수익률을 기준으로 판단해야 한다.

② 콜옵션을 가진 채권 활용하기

(1) 채권의 콜옵션

채권의 콜옵션이란 채권의 만기 상환일 이전이라도 채권 발행회사가 해당 채권의 원금을 상환할 수 있는 옵션이다.

해당 옵션에 따라 보유하고 있던 채권이 만기 상환일 이전에 상환될 경우 기본적으로 채권의 액면가(10,000원)로 상환되기 때문에 만기 상환일까지의 이자를 기대하고 높은 가격으로 해당 채권을 매수했던 투자자에게는 상대적인 손실로 이어질 수도 있다. 따라서 채권에 투자하기 전에 이러한 옵션 유무를 정확히 파악해야 한다.

은행이나 보험회사 등 금융회사에서 발행하는 콜옵션을 가진 채권은 첫 번째 콜옵션 개시일에 콜옵션이 무조건적으로 행사된다고 볼 수 있다. 그것이 한국뿐 아니라 전 세계 채권시장에서의 신뢰이자 약속이다. 하지만 금융 회사가 아닌 일반적인 회사에서 발행한 콜옵션을 가진 채권의 경우 그 콜옵션의 행사 여부가 불투명하기 때문에 만기 상환 시의 수익률과 콜옵션이 행사되었을 때를 가정한 수익률을 비교하여 더 낮은 쪽을 해당 채권의 수익률로 판단하는 것이 좀 더 안전하다.

(2) 콜옵션을 가지고 있는 채권의 수익률 계산 방법

(1)단계

[그림 4-3] 콜옵션을 가진 채권 확인

👤 [7216] 채권 발행정보				▶ 🔍 🔍 🔍 ✖ ※ ? _ □ ×

채권 발행정보	전환사채 발행현황				
선/후순위	후후순위	자산유동화		사채권리청구시작일	
보증구분	무보증	옵션부사채	CALL	사채권리청구마감일	

⊙ CALL 내역

조기상환일	행사시작	행사종료	보장수익률(%)	조기상환금	조기상환청구비율(%)	부도채권상품번호

콜옵션을 가진 채권은 '채권 발행정보' 창에서 '옵션부사채'의 'CALL' 표시 여부를 통해 확인할 수 있다.

콜옵션이 포함된 채권 발행 시 콜옵션을 행사할 수 있는 일자가 정확히 정해져서 발행되는데, HTS의 채권 발행정보 창에서는 이러한 'CALL 내역'이 표시되지 않는다. 따라서 우리는 'KRX 정보데이터시스템' 사이트를 통해 콜옵션 행사 개시일을 파악해야 한다.

(2)단계

KRX 정보데이터시스템 사이트 내 '상장채권 발행정보' 메뉴에서 해당 채

[그림 4-4] 콜옵션 행사 개시일의 확인

옵션부채권 세부내역			
CALL옵션행사개시일 1차	2023/11/14	**CALL옵션행사종료일 1차**	2023/11/14
CALL옵션행사개시일 2차		**CALL옵션행사종료일 2차**	

권을 검색한 뒤, 페이지 맨 하단부에 있는 '옵션부채권 세부 내역'에서 해당 채권의 'CALL옵션 행사개시일'을 확인한다(106페이지 참고).

(3)단계

[그림 4-5] 콜옵션을 가진 채권의 수익률 계산

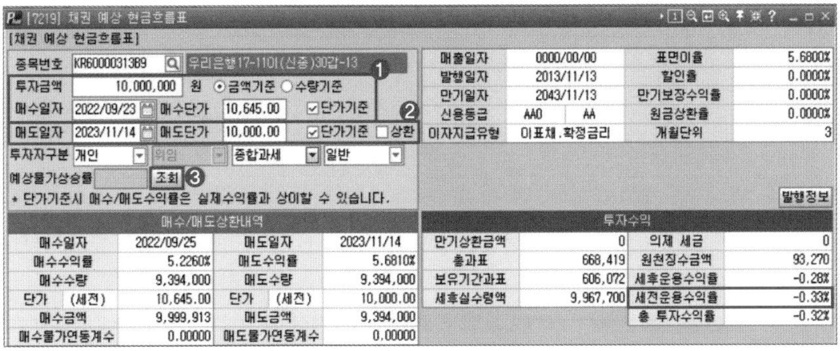

① 보유 중인 채권 또는 매수 예정인 채권의 매수 정보를 입력한다.

②에서 '상환'을 체크 해제하고 '단가기준'을 체크한 뒤, 앞에서 확인한 콜옵션의 'CALL옵션 행사개시일'을 '매도일자'에 입력한다.

→ 예시로 활용한 채권은 은행에서 발행한 채권이기 때문에 콜옵션 행사개시일 1차에 행사되는 것을 계산기에 적용하였다.

②의 '매도단가'에는 콜옵션으로 상환되는 채권의 액면가인 10,000원을 입력한다.

③ '조회'를 누르면 콜옵션이 행사되었을 때의 수익률을 산출할 수 있다.

콜옵션에 따른 수익률의 차이

[그림 4-6] 만기 상환 수익률과 콜옵션 상환 수익률의 차이

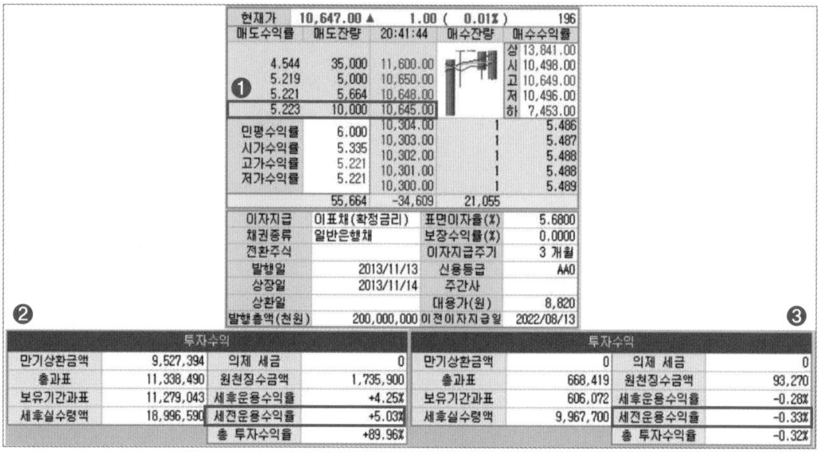

현재가	10,647.00 ▲	1.00 (0.01%)		196
매도수익률	매도잔량	20:41:44	매수잔량	매수수익률
				상 13,841.00
4.544	35,000	11,600.00		시 10,498.00
5.219	5,000	10,650.00		고 10,649.00
① 5.221	5,664	10,648.00		저 10,496.00
5.223	10,000	10,645.00		하 7,453.00
민평수익률	6.000	10,304.00	1	5.486
시가수익률	5.335	10,303.00	1	5.487
고가수익률	5.221	10,302.00	1	5.488
저가수익률	5.221	10,301.00	1	5.488
		10,300.00	1	5.489
	55,664	-34,609	21,055	

이자지급	이표채(확정금리)	표면이자율(%)	5.6800
채권종류	일반은행채	보장수익률(%)	0.0000
전환주식		이자지급주기	3 개월
발행일	2013/11/13	신용등급	AA0
상장일	2013/11/14	주간사	
상환일		대용가(원)	8,820
발행총액(천원)	200,000,000	이전이자지급일	2022/08/13

② 투자수익

만기상환금액	9,527,394	의제 세금	0
총과표	11,338,490	원천징수금액	1,735,900
보유기간과표	11,279,043	세후운용수익율	+4.25%
세후실수령액	18,996,590	세전운용수익율	+5.03%
		총 투자수익율	+89.96%

③ 투자수익

만기상환금액	0	의제 세금	0
총과표	668,419	원천징수금액	93,270
보유기간과표	606,072	세후운용수익율	-0.28%
세후실수령액	9,967,700	세전운용수익율	-0.33%
		총 투자수익율	-0.32%

①처럼 채권의 시장 가격이 액면가(10,000원)보다 훨씬 더 높아진 콜옵션부 채권을 매수할 경우

②와 같이 만기 상환을 기준으로 산출한 수익률과

③ 콜옵션이 행사되었을 때를 기준으로 산출한 수익률과의 차이는 매우 크다는 것을 확인할 수 있다. 따라서 투자 시 유의해야 한다.

①과 ②에서 확인할 수 있듯이, 채권의 호가창에 표시된 수익률은 해당하는 채권의 정확한 수익률이 아니며 채권의 옵션 요소가 반영되어 있지 않은 수익률이다. 그리고 옵션 요소를 고려하지 않고 채권에 투자한다면 높은 신용등급을 가진 채권이라도 마이너스의 수익률(손실)이 발생하게 될 수도 있다.

콜옵션 행사 개시일의 특징

콜옵션 채권의 발행회사는 정해진 옵션 행사 기간 동안만 콜옵션을 행사할 수 있다. 정해진 행사 개시일이 모두 지났을 경우 발행회사는 해당 채권에 더 이상 콜옵션을 행사하지 못하며, 해당 채권의 만기 상환일에 채권을 상환하게 된다.

③ 풋옵션을 가진 채권 활용하기

(1) 채권의 풋옵션

풋옵션이란 해당 채권의 보유자가 해당 채권의 만기 상환일 이전이라도 해당 채권의 액면 금액을 즉각 상환해 달라고 채권 발행사에 요청할 수 있는 옵션이다. 채권투자자가 해당 옵션을 행사하면 채권 발행사는 무조건 채권의 상환을 진행해 주어야 한다.

풋옵션이 포함된 채권은 풋옵션을 행사할 수 있는 일자와 풋옵션 행사 시 돌려받게 되는 상환금액이 얼마인지 정확히 정해져서 발행되는데, 돌려받게 되는 상환금액은 통상적으로 채권의 액면가인 10,000원보다 높은 가격으로 정해진다. 풋옵션이 포함된 채권에는 대부분 표면이자 이외에도 보장수익률(=만기수익률=YTM)이라는 것이 산정되어 있기 때문이다.

채권의 보장수익률이란 해당 채권을 통해 표면이자율을 포함하여 채권의 만기 상환 시에 최종적으로 얻을 수 있는 이자금리이다. 이로 인하여 해당 채권의 만기 상환일에는 보장수익률에서 표면이자율을 뺀 이자율만큼이 추가된 연이자 금리가 액면 금액에 더해져 상환된다. 풋옵션이 행사될 때에는

[그림 4-7] 풋옵션의 보장수익률

이자지급	이표채(확정금리)	표면이자율(%)	2.0000
채권종류	신주인수권부사채	보장수익률(%)	3.7500
전환주식		이자지급주기	3 개월
발행일	2020/07/03	신용등급	BBB0
상장일	2020/07/03	주간사	
상환일	2023/07/03	대용가(원)	8,320
발행총액(천원)	300,000,000	이전이자지급일	2022/07/03

이런 보장수익률의 이자가 중간 반영되므로 채권의 액면가인 10,000원보다 더 높은 가격으로 상환되는 것이다.

[그림 4-7]의 표면이자율 2%, 보장수익률 3.75%를 가진 채권을 예로 들어 살펴보자. 해당하는 채권의 투자자는 연 2% 표면이자를 이자 지급 주기마다 나누어 지급받다가 만기 상환일에는 보장수익률에서 표면이자율을 뺀 나머지 연 1.75% 추가 이자를 만기 상환시의 액면 금액과 함께 일시 상환받게 된다.

여기서 중요한 점은 연 1.75%의 추가 이자가 만기 상환일에 1회만 일시에 적용되는 것이 아니라, 발행일부터 상환일까지의 전체 기간에 걸쳐 이자지급 주기를 기준으로 계속해서 복리 적용된다는 것이다. 위 이미지의 채권처럼 3개월의 이자지급 주기를 가진 채권이라면, 3개월마다 연 1.75%의 이자의 복리가 계속해서 추가로 쌓이기 때문에 실제 만기 상환일에 상환되는 금액은 생각보다 더 커지게 된다. 이러한 원리로 인하여 채권의 만기 상환일 이전에 풋옵션을 행사하더라도 어느 정도 추가 이자금리를 적용받을 수 있다.

(2) 풋옵션을 가지고 있는 채권의 수익률 계산 방법

(1)단계

풋옵션을 가진 채권은 '채권 발행정보' 창에서 '옵션부사채'의 PUT 표시 내용을 통해 확인할 수 있다. '채권 발행정보' 창 하단부에 있는 'PUT 내역'을 통

[그림 4-8] 풋옵션을 가진 채권 확인

[7216] 채권 발행정보							
채권 발행정보	전환사채 발행현황						
선/후순위	선순위	자산유동화			사채권리청구시작일		
보증구분	무보증	옵션부사채	PUT		사채권리청구마감일		

● CALL 내역

조기상환일	행사시작	행사종료	보장수익률(%)	조기상환금	조기상환청구비율(%)	부도채권상품번호

● PUT 내역

조기상환일	행사시작	행사종료	보장수익률(%)	조기상환금	조기상환청구비율(%)	부도채권상품번호
2022/10/03	2022/08/04	2022/09/05	104.0884	0	0.0000000000	
2023/01/03	2022/11/04	2022/12/05	104.5642	0	0.0000000000	
2023/04/03	2023/02/02	2023/03/06	105.0445	0	0.0000000000	

해 해당 채권의 풋옵션이 행사되는 '조기 상환일'과 '보장수익률'을 확인할 수 있다.

'행사시작'부터 '행사종료' 기간 동안 자신이 거래하고 있는 증권사에 전화하거나 증권사 홈페이지에서 온라인 신청을 통해 풋옵션 행사를 신청할 수 있다. 풋옵션 행사 신청을 하면 '조기 상환일'에 풋옵션이 행사되며 표시된 '보장수익률'만큼의 금액을 조기 상환 받을 수 있게 된다.

(2)단계

[그림 4-9]의 '채권 예상 현금흐름표'에서 ① 보유 중인 채권 또는 매수 예정인 채권의 매수 정보를 입력한다.

②에서 '상환'을 체크 해제하고 '단가기준'을 체크한 뒤, 앞에서 확인한 풋옵션의 '조기 상환일'을 '매도일자'에 입력한다.

②의 '매도단가'에는 앞에서 확인한 풋옵션의 '보장수익률(%)'을 입력한다.

→ 채권의 액면가는 10,000원을 기준으로 하기 때문에 표시된 보장수익률의 퍼센트를 반영하여 '10408.84'을 입력한다. 보장수익률에 100을 곱한 값

[그림 4-9] 풋옵션을 가진 채권의 수익률 계산

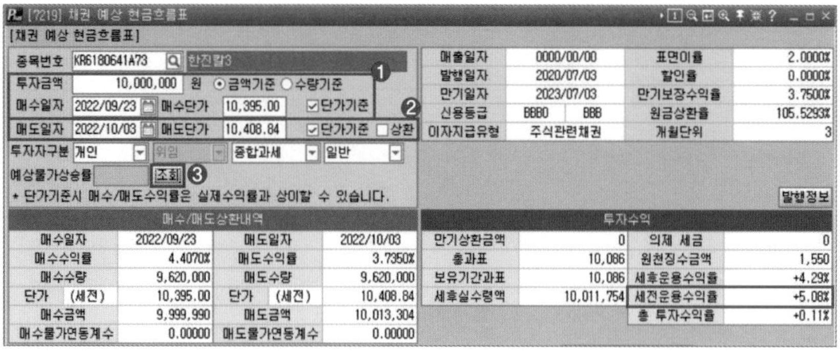

을 입력하면 된다.

③ '조회'를 누르면 풋옵션을 가진 채권에서 풋옵션을 행사했을 때의 수익률을 산출할 수 있다.

풋옵션을 가진 채권의 특징

풋옵션을 가진 채권에 투자한 투자자는 채권의 발행과 함께 정해진 행사 시작부터 행사종료까지의 기간 동안에만 풋옵션을 신청할 수 있으며, 풋옵션 신청이 완료되면 해당하는 '조기 상환일'에 채권이 자동으로 상환된다.

만약 채권 보유자가 풋옵션 행사를 원하지 않을 경우 풋옵션 행사 없이 해당 채권을 만기까지 보유할 수도 있다. 다만, 만기수익률(YTM)이 적용된 채권은 만기 상환일에 보장수익률의 이자금리가 추가 지급되기 때문에 표면금리 자체는 상대적으로 낮은 것이 보통이다. 중도이자가 적게 발생하고 대신 만기 상환 시에 상환되는 금액이 많게 되는 방식이다.

따라서 이자지급일에 주기적으로 지급되는 이자는 만기 상환을 기준으로 산출한 확정수익률보다 훨씬 적을 수밖에 없다. 이 속성을 알고 보유해야 한다. 이자금액은 채권 수익률 계산기의 과표구간별 세부 내역을 통해 확인할 수 있다.

이런 이유로 풋옵션을 가진 채권에 투자한 투자자들은 대부분 상환일까지 가져가지 않고 최대한 가까운 풋옵션 일자에 풋옵션을 행사하여 빠르게 현금화하는 전략을 사용한다.

풋옵션 행사 시 전화신청 팁
(한국투자증권 기준)

풋옵션 행사를 온라인으로 신청할 수 있는 증권사도 있지만, 한국투자증권의 경우 전화통화로만 풋옵션 행사를 신청할 수 있다. 한국투자증권 기준 전화 상담 가능 시간은 오전 8시부터 오후 6시까지이다. 하지만 풋옵션 행사 신청은 오후 1시에 마감되기 때문에 그전에 전화신청을 완료해야 한다. 통상적으로 오전 9시가 지나면 전화 상담이 몰리기 때문에 오전 8시부터 전화한다면 빠르게 증권사 상담원과 연결하여 풋옵션 행사를 신청할 수 있다. 풋옵션 행사 신청은 복잡한 절차 없이, 해당하는 채권에 대해 풋옵션 행사를 신청하겠다는 의사만 증권사에 전달하면 신청이 완료되고, 이후의 모든 과정은 자동으로 진행된다.

2 다양한 채권 활용법

BOND INVESTMENT

① 복리채

복리채는 이자가 정해진 주기에 지급되지 않고 자동으로 재투자되는 채권으로, 모든 이자는 상환일에 함께 돌려받는다. 주로 국채나 지방채가 이러한 방식으로 운용된다.

복리채 수익률 계산 방법

[그림 4-10] 복리채 확인

이자지급	복리채	표면이자율(%)	1.0000
채권종류	국민주택1종채권	보장수익률(%)	0.0000
전환주식		이자지급주기	12개월
발행일	2022/09/30	신용등급	
상장일	2022/09/01	주간사	
상환일		대용가(원)	8,170
발행총액(천원)	1,003,861,240	이전이자지급일	

복리채는 '장내채권종합주문' 창에서 '이자지급' 중 '복리채' 표시 내용을 통해 확인할 수 있다.

계산기를 활용한 복리채의 수익률 계산 방법은 옵션이 없는 일반 채권과 동일하게 '상환'을 기준으로 수익률을 산출하면 된다(복리 계산 자동 적용).

② 복단채

채권의 이자지급 방식 중에는 복리채와 단리채(이표채)가 합쳐진 복단 방식도 존재한다. '복5단2', '복3단2' 등으로 표시되며 해당 채권의 발행부터 만기까지의 기간 동안 해당 채권의 '이름 순서대로' 해당하는 이자가 적용된다.

[그림 4-11] 복단채의 해석

이자지급	복5단2	표면이자율(%)	1.0000
채권종류	서울도시철도공채증	보장수익률(%)	0.0000
전환주식		이자지급주기	12개월
발행일	2022/09/30	신용등급	
상장일	2022/09/01	주간사	
상환일	2029/09/30	대용가(원)	7,160
발행총액(천원)	58,257,900	이전이자지급일	

복5단2로 예를 들면, 해당 채권은 발행일 시점부터 만기까지 복리 이자가 5번 적용된 후 그 금액에 단리 이자가 2번 적용되는 이자지급 방식을 가지고 있다. 이자 지급 주기가 12개월이기 때문에 총 7년 동안 해당하는 이자가 순서대로 적용된다.

복단 채권은 중간에 단리채(이표채)가 포함되지만, 단리채의 이자 또한 중도에 따로 입금되지 않고 채권의 만기 상환일에 만기 상환금액과 함께 일시

상환된다.

복단채의 수익률 계산 방법

복단채는 '장내채권종합주문' 창에서 '이자지급' 중 '복단' 표시 내용을 통해 확인할 수 있다. 계산기를 활용한 복단채의 수익률 계산 방법은 옵션이 없는 일반 채권과 동일하게 '상환'을 기준으로 수익률을 산출하면 된다(복리, 단리 계산 자동 적용).

③ 할인채

할인채는 이자가 발생하지 않는 채권으로, 발행일부터 만기일까지 발생하는 모든 이자를 채권 가격에 선반영하여 할인된 가격으로 발행되는 채권이다.

할인채의 상환일에는 할인되었던 가격이 아닌 채권의 액면가 금액을 그대로 상환받기 때문에 마치 이자를 받은 것과 같이 작용한다.

할인채의 수익률 계산 방법

[그림 4-12] 할인채의 확인

이자지급	할인채	표면이자율(%)	2.7800
채권종류	국고채권	보장수익률(%)	0.0000
전환주식		이자지급주기	12개월
발행일	2022/02/23	신용등급	
상장일	2022/02/23	주간사	
상환일	2031/12/10	대용가(원)	6,650
발행총액(천원)	0	이전이자지급일	

할인채는 '장내채권종합주문' 창에서 '이자지급'의 '할인채' 표시 내용을 통해 확인할 수 있다.

계산기를 활용한 할인채의 수익률 계산 방법은 옵션이 없는 일반 채권과 동일하게 '상환'을 기준으로 수익률을 산출하면 된다(할인 계산 자동 적용).

④ 변동금리형 채권

변동금리형 채권은 정해진 주기마다 이자를 지급하는 채권으로 일반 이표채와 동일한 성격을 가졌지만, 표면이자율의 금리가 특정 일자에 조정된다는 옵션이 포함되어 있다는 점에서 다르다.

어떠한 기준으로 금리가 조정된다는 것에 대한 조건은 채권이 발행될 때 구체적으로 정의되어 발행되지만, 그 기준이라는 것이 대부분 해당 시점에서의 '시장금리'이기 때문에 미래 시점의 시장금리가 정확히 어떻게 변동할지를 예측하기는 굉장히 어렵다. 따라서 변동금리형 채권은 단순히 해당 채권에 포함된 옵션 기준이나 상환 기준으로 확정수익률을 산출하기에는 한계가 있다.

변동금리형 채권의 수익률 계산 방법

변동금리형 채권은 '장내채권종합주문' 창에서 '이자지급'의 '이표채(변동금리)' 표시 내용을 통해 확인할 수 있다.

변동금리형 채권의 금리 변동에 대한 자세한 기준은 HTS의 정보창에는 표시되지 않는다. 금리 변동 조건에 대한 자세한 정보는 전자공시시스템

[그림 4-13] 변동금리형 채권의 확인

이자지급	이표채(변동금리)	표면이자율(%)	5.5000
채권종류	일반사채	보장수익률(%)	0.0000
전환주식		이자지급주기	3 개월
발행일	2018/09/20	신용등급	A+
상장일	2018/09/20	주간사	
상환일	2028/09/20	대용가(원)	8,040
발행총액(천원)	220,000,000	이전이자지급일	2022/09/20

주1) 본 사채의 이율은 사채발행일(해당일 포함)로부터 "이자율조정일"(아래에서 정의됨. 해당일 불포함)까지의 기간 동안의 이자율은 연 5.50%로 합니다.

주2) 본 사채의 이자율은 본 사채의 발행일로부터 5년째 되는날'(이하 "이자율조정일"이라고 한다)에 조정됩니다. 이 경우 이자율은 i) 이자율조정일 1영업일 전 민간채권평가회사 4사(한국자산평가(주), 키스채권평가(주), 나이스피앤아이(주), 에프앤자산평가(주))에서 최종으로 제공하는 10년 만기 국고채권 개별민평 수익률의 산술평균(소수점 넷째자리 이하 절사)과 ii) 본 계약 제4조에 따른 수요예측을 통하여 산정된 발행금리와 발행일 1영업일 전(2018년 09월 19일) 민간채권평가회사 4사(한국자산평가(주), 키스채권평가(주), 나이스피앤아이(주), 에프앤자산평가(주))에서 최종으로 제공하는 10년 만기 국고채권 개별민평 수익률의 산술평균(소수점 넷째자리 이하 절사)의 차이(스프레드)를 가산하는 방식으로 조정됩니다.

주3) 이자율조정일에 재산정된 이자율은 해당 이자율조정일(당일 포함)로부터 만기일(해당일 불포함)까지 적용됩니다.

(Dart)의 '증권신고서(채무증권)' 내 '공모개요' 메뉴에서 확인할 수 있다. 해당 증권신고서를 확인하는 방법에 대해서는 조금 더 뒤에서 자세하게 알아볼 것이다.

이러한 변동금리형 채권은 대부분 은행이나 보험회사 등의 금융회사에서 발행하고 있으며 콜옵션을 가지고 있다. 은행이나 보험회사 등의 금융회사에서 발행하는 콜옵션을 가진 채권은 첫 번째 콜옵션일에 콜옵션이 무조건 행사된다고 가정할 수 있으며, 이러한 변동금리형 채권의 첫 번째 콜옵션 행사일은 대부분 금리가 변동(조정)되는 일자와 정확하게 일치하거나 금리가 변동되는 일자보다 더 빠르다는 특징을 가지고 있다. 따라서 해당하는 변동금리형 채권은 금리가 변동되지 않은 채로 콜옵션이 행사될 가능성이 크다.

이처럼 금융회사에서 발행한 채권이 콜옵션을 가진 변동금리형 채권이라면, 콜옵션을 가진 채권의 수익률을 계산하는 방법과 동일하게 확정수익률을 산출하면 된다.

⑤ ABS 채권

ABS 채권이란 회사에서 발생할 미래의 매출을 담보로 돈을 빌린다는, 자산유동화의 개념을 가진 채권이다. 미래에 발생할 매출에 대한 인정요건이 굉장히 까다롭기 때문에 담보로서의 가치와 안전성은 충분하다고 할 수 있다. 이와 같은 이유로 ABS 채권은 해당 채권을 발행한 회사 자체의 신용등급보다 두 단계 정도 더 높은 신용등급으로 산정된다.

문제가 생기는 경우는 다음의 두 가지다. 파산하거나 담보가 되는 특정 매출에 문제가 발생하는 것이다. 반대로 말하면 ABS 채권은 채권을 발행한 회사의 사정이 어려워져 일시적으로 부도나 법정관리를 받는다 해도 발행회사가 운영을 지속하고 있다면 이자나 상환을 받는 데는 아무 문제가 없다.

채권을 발행한 회사가 파산하지만 않는다면 회사는 계속 운영될 것이기 때문에 매출이 계속 발생할 것이고, 매출이 발생하는 이상 해당 ABS 채권의 이자나 상환금액은 출자전환이나 상각 등의 영향 없이 전액 지급되고 상환되기 때문이다.

반대로 회사에서 발생하는 매출에 대한 권리이기 때문에 회사가 완전히 파산했을 경우에는 회사의 남은 자산을 분배받을 권리가 없는 채권이다. 일반적인 채권이 법정관리 등의 상황에서 출자전환이나 상각 등의 영향을 받는 대신 회사의 파산 시에는 남은 자산에 대한 권리를 받게 되는 속성과는 반대되는 개념이다.

(1) ABS 채권의 트리거

ABS 채권은 조기 상환 등의 세부 트리거(옵션)를 가지고 있는 경우가 많기 때문에 이를 염두에 두고 해당 채권을 매수하여야 한다. 예를 들어 색동이 ABS 채권은 매출의 대상이 되는 회사인 아시아나 항공의 신용등급이 BBB-미만으로 내려갈 경우 해당 ABS 채권이 자동으로 조기 상환되는(=콜옵션) 등의 트리거가 포함되어 있다.

위와 같은 ABS 채권의 트리거는 표면적으로 투자자에게 불리한 옵션으로 보이지만, 실제로는 투자자의 투자금을 더 안전하게 보호해 주기 위한 장치이다. ABS 채권의 대상 회사가 파산하면 ABS 채권투자자는 아무런 돈을 돌려받을 수 없는데, 대상이 되는 회사에 큰 위험이나 문제가 발생하면 파산하기 전 조기 상환을 통해 투자자들의 자금을 빠르게 회수할 수 있게 하기 때문이다.

단, 트리거가 발동하면 투자자는 그 즉시 투자한 채권의 액면가(10,000원)를 돌려받게 되기 때문에 액면가보다 높은 가격으로 ABS 채권을 매수한 투자자들은 마이너스 수익률을 기록할 수도 있다. 물론 트리거가 발동하지 않도록 채권 발행회사에서도 자체적으로 노력을 하기 때문에 신용등급만큼의 높은 안전성을 가진 채권이라고 할 수 있다.

ABS 채권의 트리거에 대한 상세 조건은 HTS의 정보창이나 KRX 정보데이터시스템 사이트에는 표시되지 않으며, 전자공시시스템(Dart)의 '증권신고서(채무증권)' 내의 '공모개요' 메뉴에서 자세한 조건을 확인할 수 있다. 해당

증권신고서를 확인하는 방법에 대해서는 조금 더 뒤에서 자세하게 알아볼
것이다.

ABS 채권의 수익률 계산 방법

[그림 4-14] ABS 채권의 확인

[7216] 채권 발행정보				▶ ⓘ ⊖ ⊞ ⊕ ⬇ ✕ ? _ □ ×
채권 발행정보	전환사채 발행현황			
선/후순위	선순위	자산유동화	ABS(채권형)	사채권리청구시작일
보증구분	무보증	옵션부사채		사채권리청구마감일

ABS 옵션을 가진 채권은 '채권 발행정보' 창에서 '자산유동화'의 'ABS(채권
형)' 표시 내용을 통해 확인할 수 있다.

계산기를 활용해서 ABS 채권의 수익률을 계산하고 싶다면 옵션이 없는
일반 채권과 동일하게 '상환'을 기준으로 수익률을 산출하면 된다.

만약 조기 상환 트리거의 발동을 가정한다면 콜옵션의 수익률 산출 방법
과 동일하게 매도금액을 액면가 10,000원으로 입력하고, 해당 트리거가 발
동할 예상 일자를 매도일로 입력하여 조기 상환 트리거 발동 시의 수익률을
산출해 볼 수 있다.

⑥ 메자닌 채권

(1) 메자닌 채권

메자닌(mezzanine)이란 건물 1층과 2층 사이에 있는 라운지 공간을 의미하
는 이탈리아어이다. 메자닌 채권은 평소에는 통상적인 채권과 동일한 기능

을 하다가 채권 보유자가 원할 경우 해당 채권을 주식으로 전환(교환, 인수)할 수 있는 권리가 포함된 채권이다. 전환사채가 가장 널리 알려져 있다. 이로 인해 대중에게는 굉장히 매력적인 채권으로 알려져 있지만 우리 같은 개인 투자자가 실제로 메자닌 채권을 활용하여 그 효율성을 전부 누리기에는 여러 가지 한계가 존재한다.

메자닌 채권은 보통 주식으로 전환할 때의 '전환가액'이 정해져 있다. 이런 메자닌 채권의 투자 전략은 주식의 가격이 전환가액보다 오르면 채권을 주식으로 전환하여 더 큰 수익을 보는 것이다.

하지만 주식 투자자들 또한 전환가액을 알고 있기 때문에 그 가격 이상으로는 해당 주식에 투자하지 않으려는 경향을 보인다. 혹여 주가가 전환가액과 가까워지거나 전환가액 이상으로 오른다 해도 채권에서 전환된 주식의 물량들이 매도되어 주가가 하락할 것이라 예상한 투자자들이 보유 주식을 미리 매도할 수도 있다.

이런 영향으로 주가가 전환가액 이상으로는 잘 오르지 않는다. 이것이 메자닌 채권투자의 한계점이기도 하다.

이런 현실이지만 주식으로 전환할 수 있는 기능이 있다는 이유로 메자닌 채권은 상대적으로 낮은 표면이자율로 발행된다. 따라서 채권 보유 기간 동안 채권시장에서 얻을 수 있는 평균적인 수익률보다 더 적은 수익만을 가져갈 수 있다. 즉 언제 활용할 수 있을지 모르는 주식 전환을 기다리면서 낮은 채권 이자를 감수해야 하는 것이다.

이러한 한계점들이 있기 때문에 메자닌 채권에서의 주식 전환에 따른 수익은 마치 복권 당첨처럼 불확실의 영역으로 남겨두고, 단순히 해당 채권을 통해 얻을 수 있는 확정수익률만을 기준으로 투자하는 것이 좀 더 확실하고 안전한 투자 방법이다. 하지만 메자닌 채권의 경우 수익률이 낮기 때문에 개인투자자 입장에서 매력적인 투자 수단은 아니다.

메자닌 채권은 HTS에 신용등급이 표시되지 않는 경우도 있다. 이때는 신용등급평가 홈페이지에서 해당 채권을 검색하면 신용등급을 확인할 수 있다.

채권의 전환가액보다 주식의 가격이 높다면?

만약 메자닌 채권의 대상이 되는 주식의 현재 가격이 이미 전환가액보다 높은 상태일 경우, 해당 메자닌 채권을 장내채권 시장에서 매수한 뒤 즉시 주식으로 전환하여 이익을 발생시킬 수 있다고 생각할 수도 있다. 하지만 그 채권은 이미 차익이 반영된 높은 가격으로 장내채권 시장에서 거래될 것이기 때문에 막상 전환했을 때의 이익은 0에 수렴하게 될 것이다.

물론 전환을 신청한 시점보다 더 주식가격이 높아진다면 이익이 발생할 수 있겠으나 그러한 투자는 확정수익률에 기반한 안전한 채권투자가 아닌 예측할 수 없는 주가의 변동을 노리는 주식투자와 다를 바가 없다.

대규모 자금을 가진 기관이나 펀드를 운용하는 운영 주체는 메자닌 채권 청약에 직접 참여하는 방식으로 액면가와 같은 충분히 매력적인 가격으로 해당 메자닌 채권에 투자할 수 있지만 개인의 경우 청약에 참여한다고 하여도 자금의 한계나 청약 시장 자체의 비대칭성 때문에 배정되는 물량이 적어 운용 효율성이 낮다. 청약이 완료된 메자닌 채권을 장내채권 시장에서 매수하려고 하여도 이미 기대감이 선반영된(프리미엄이 붙은) 가격으로 매수해야 하기 때문에 투자 매력이 희석될 확률이 높다.

(2) 메자닌 채권의 특징과 권리행사 방법

메자닌 채권은 CB(전환사채), EB(교환사채), BW(신주인수권부사채) 세 종류로 나뉜다.

CB(Convertible bond, 전환사채)

해당 채권을 주식으로 전환할 수 있는 채권이다. 전환되는 주식은 해당 채권을 발행한 회사의 주식이다.

EB(Exchangeable Bonds, 교환사채)

해당 채권을 주식으로 교환할 수 있는 채권이다. 교환되는 주식은 해당 채권을 발행한 회사가 보유한 제3의 회사 주식으로 교환된다.

BW(Bond with Warrant, 신주인수권부사채)

채권의 기능과 더불어 대상이 되는 채권의 주식을 인수할 수 있는 권리가 포함된 채권이다.

'채권 발행정보' 창에서 메자닌 채권의 여러 가지 정보를 확인할 수 있다.

메자닌 채권에 포함된 주식 전환 권리는, 사전에 정해진 '사채권리청구시

[그림 4-15] 메자닌 채권의 발행정보

[7216] 채권 발행정보

채권 발행정보 | 전환사채 발행현황

KR6017811995 상세 풀무원66CB (호가단위 : 1 원) 투자분석 엑셀

채권명	풀무원66CB	영문명	Pulmuone66CB	상장구분	상장
투자유의	N	공모/사모	공모	발행일	2019/09/30
만기연장	N	발행기관	(주)풀무원	상장일	2019/09/30
채권분류명	전환사채	할인율(%)	0.0000	만기일	2049/09/30
말일구분		표면이자율(%)	4.8000	상환일	
매출구분		선후급 구분	후급	대용가	7,820
발행총액	70,000,000,000	물가지수채권여부	N	액면가	10,000
상장잔액	69,999,844,000	KAP단가	9,452.78	권리구분	전환권
이자지급월수	3개월	KIS단가	9,444.25	전환사채만기상환율	100.0000 (%)
이자지급방법	이표채.변동금리	NIC단가	9,423.70	전환만기보장수익률	4.8000 (%)
분할상환횟수	0	FNP단가	9,393.80	사채권리가격	27,000
원금거치기간	0	평균단가	9,428.63	사채권리주식	풀무원
선/후순위	후순위	자산유동화		사채권리청구시작일	2019/10/30
보증구분	무보증	옵션부사채	CALL	사채권리청구마감일	2049/08/30

작일'부터 '사채권리청구마감일'까지만 행사할 수 있으며 행사 기간이 지나면 주식 전환 권리는 사라지고 채권으로서의 권리만 남게 된다.

권리 행사 기간 내라면 해당 계좌가 있는 증권사로 전화 연락하거나 증권사의 인터넷 홈페이지를 통해 전환이나 교환, 신주인수권을 신청할 수 있다(현재 한국투자증권은 전화를 통한 신청만 가능하다).

EB(교환사채)는 이미 상장되어 있는 주식과 내 채권을 바꾸는 것이기 때문에 권리를 행사한 뒤 실제로 내 계좌로 주식이 입고되기까지 약 1~2일이 걸린다. 하지만 CB(전환사채)나 BW(신주인수권부사채)는 주식을 새롭게 발행하여 바꿔주거나 지급하는 방식이기 때문에 권리를 행사한 뒤 실제로 내 계좌

[그림 4-16] 신주인수권의 거래

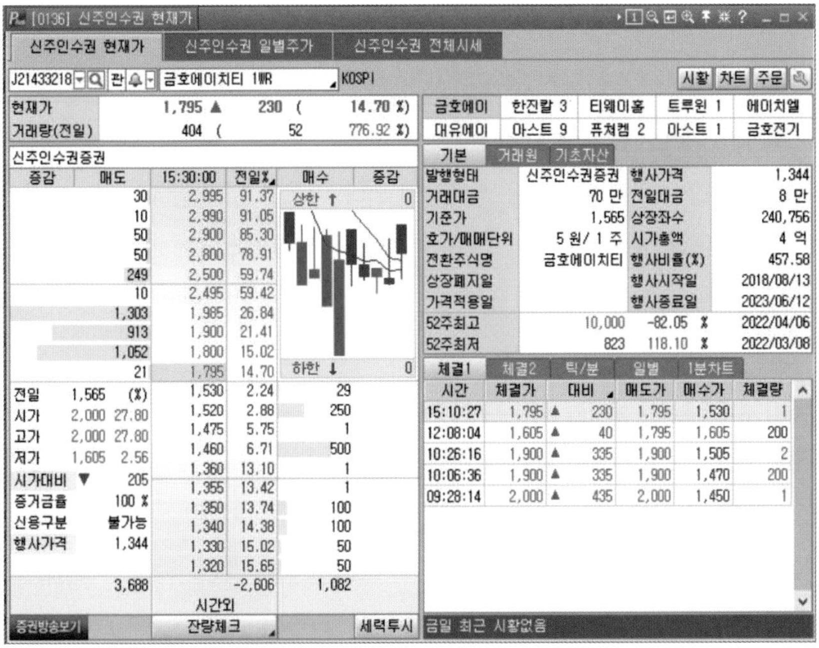

로 주식이 입고되기까지 약 2주의 시간이 필요하다. 주식이 입고되기까지 기다리는 동안 실제 주가가 전환가액보다 하락할 수 있다는 것은 메자닌 채권투자에서의 위험요소 중 하나이다.

장내채권 시장에서 거래할 수 있는 BW 채권은 분리형으로만 발행될 수 있다. 분리형 BW 채권이란 채권의 기능과 신주인수권의 권리가 각각 상장된 채로 발행되는 채권이다. 분리형 BW가 발행될 때 떨어져 나온 신주인수권은 HTS 내의 '신주인수권 현재가' 창을 통해 독자적으로 매도하거나 매수할 수 있다. 따라서 장내채권 시장에서 거래되고 있는 BW 채권은 주식을 인수할 수 없는, 즉 채권의 기능만이 남아 있는 채권이다.

(3) 메자닌 채권의 수익률 계산 방법

메자닌 채권은 채권의 종목 이름 자체에 'CB', 'EB', 'BW'의 단어가 포함되어 있다. 만약 적혀 있지 않다면 '장내채권종합주문' 창에서 '채권 종류'의 표시 내용을 통해 확인할 수 있다.

메자닌 채권에는 대부분 콜옵션이나 풋옵션이 포함되어 있으며 해당하는 옵션에 따라 채권의 수익률을 계산하면 된다.

주식 전환에 따른 수익은 주식이 입고되는 시점의 주가에 따라 그 수익률이 결정될 것이다.

[그림 4-17] 메자닌 채권의 확인

[0979] 장내채권종합주문					
이자지급	이표채(변동금리)	이자지급	이표채(확정금리)	이자지급	이표채(확정금리)
채권종류	전환사채	채권종류	교환사채	채권종류	신주인수권부사채
전환주식	CJ CGV	전환주식	한화생명	전환주식	두산인프라코어
발행일	2022/07/21	발행일	2016/06/03	발행일	2017/08/01
상장일	2022/07/21	상장일	2016/06/03	상장일	2017/08/01
상환일		상환일		상환일	
발행총액(천원)	400,000,000	발행총액(천원)	250,000,000	발행총액(천원)	500,000,000

⑦ 지,녹 채권

지,녹 채권은 지속가능채권(ESG Bond)의 (지), 녹색채권(Green Bond)의 (녹)의 명칭이 붙어서 발행되는 채권으로 최근 발행이 늘어나고 있다.

(지)의 명칭을 가지고 있는 지속가능채권은 기업 활동과정에서 사회적 책임을 고려하여 사업을 영위하는 방식인 ESG 경영, 즉 친환경을 위해 노력하는 회사의 채권이다. (녹)의 명칭을 가지고 있는 녹색채권은 기후변화, 재생에너지와 같은 친환경 프로젝트 및 인프라 사업의 자금조달을 위해 발행되는 채권이다.

해당하는 채권이 환경적인 부분의 자금조달을 목적으로 발행되었다고 하여도 채권을 발행한 회사 내부에서는 일반적인 채권과 동일하게 관리되고 운영되기 때문에 (지)나 (녹)으로 발행된 채권이라고 할지라도 채권 자체에 옵션 같은 특별한 판단 요소를 가지고 있지는 않다.

따라서 (지)나 (녹)이 붙어 있어도 다른 채권들과 동일하게 판단하면 된다. 신용등급으로 해당 채권의 안전성을 판단하면 되고, 옵션 요소를 판단하여 그에 따라 확정수익률을 계산하면 된다. 또한 일반적인 채권들과 동일하게 발행한 회사 자체의 지속가능성이나 업황 등으로 채권의 안전성을 추가로 판단할 수 있다.

우리가 물건을 구매할 때 중소기업 제품, 친환경 제품, 사회적 기업 생산품 등의 특징으로 물건을 고를 수 있는 것처럼, (지)나 (녹) 채권에 투자함으로써 환경보호에 이바지하거나 사회적인 목적을 달성할 수 있도록 도와줄 수 있는 개념의 채권이다. 따라서 채권 자체에 옵션 같은 특별한 판단 요소를 가지고 있지는 않지만, 특정 정책이나 사회적 분위기에 따라 강제적으로 해당하는 채권에 대한 투자 수요가 발생하게 될 가능성이 존재한다.

3 실전 채권투자 지식 - 심화

BOND INVESTMENT

지금까지 채권에 투자하는 기본적인 방법부터 채권투자의 꽃이라고 할 수 있는 옵션에 대해서까지 모두 배웠다. 우리는 이미 채권투자에 필요한 대부분의 지식을 갖췄다고 할 수 있다. 이제부터 더 안전하고 더 효율적으로 채권을 활용할 수 있게 해주는 지식까지 내 것으로 만들어 보자.

① 10,000원 이하의 가격으로만 채권을 매수해야 할까?

기본적으로 채권의 본질적인 가치는 액면가인 10,000원이기 때문에 우리가 장내채권 시장에서 채권을 10,200원에 매수하였든 9,800원에 매수하였든 상관없이 이자는 10,000원이라는 액면가를 기준으로 발생하며 상환일의 상환금액도 10,000원이라는 액면가를 기준으로 상환된다고 설명한 바 있다.

이러한 채권의 특징으로 인하여 채권에 투자할 때에는 무조건 10,000원 이하의 가격으로만 매수해야 수익률을 높일 수 있는 것이 아닌가 하는 질문을 많이 받았다. 물론 이러한 액면가의 성질 때문에 10,000원 이하의 가격으로 거래되고 있는 채권은 확정수익률이 상대적으로 더 높을 수도 있겠지만 그것이 절대적인 것은 아니다.

채권은 상환일에 액면가인 10,000원을 돌려받을 뿐 아니라 투자 중간중간에 계속해서 이자를 지급받는다. 따라서 채권이 시장에서 10,000원 이상의 가격으로 거래되는 것은 오히려 정상이라고 할 수 있다. 해당하는 채권을 10,200원의 가격으로 매수했다고 하더라도 200원을 손해 봤다는 관점이 아닌 투자 원금과 이자까지 합쳐서 받게 되는 이익이 더 클 수 있다는 관점으로 접근해야 한다.

무엇보다 채권마다 표면이자율과 옵션이 다르기 때문에 채권을 얼마에 매수했든 채권의 실제 확정수익률은 천차만별로 달라질 수 있다. 즉 10,000원보다 높은 가격으로 매수한 채권이 10,000원보다 낮은 가격으로 매수한 채권보다 확정수익률이 더 높을 수도 있다.

따라서 채권을 판단할 때에는 채권 가격이 무조건 10,000원 이하여야 된다는 기준이 아닌, 채권 수익률 계산기를 통해 산출한 채권의 확정수익률이 마음에 드냐 안 드냐로 해당 채권에 대한 매력을 판단하여야 할 것이다.

② Dart에서 채권 증권신고서 확인하는 방법

채권의 단순한 요약 정보가 아닌 채권이 발행될 때 정해지는 모든 내용을 알 수 있는 방법은 무엇일까? 바로 채권 발행 공시를 확인하는 것이다. 우리는 금융감독원 전자공시시스템(Dart) 홈페이지를 통해서 해당하는 채권에 대한 모든 정보가 담긴 '증권신고서'를 확인할 수 있다.

(1)단계

[그림 4-18] 전자공시시스템의 활용

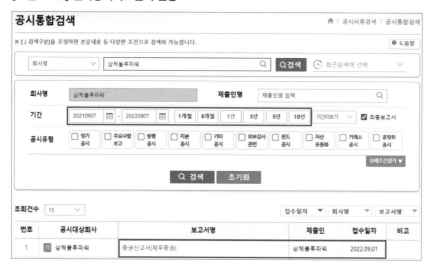

인터넷에 '전자공시시스템'을 검색하여 해당하는 홈페이지에 접속한다 (dart.fss.or.kr) → 채권의 발행일을 기준으로 확인하고자 하는 채권의 발행일이 포함되도록 기간을 늘려서 '증권신고서(채무증권)' 공시를 찾으면 된다.

단, 채권 발행 공시는 실제 채권이 장내채권 시장에 발행되기 이전에 공시되기 때문에 채권의 발행일보다 이전 기간으로 검색하여 찾아보아야 한다.

(2)단계

[그림 4-19] 증권신고서의 확인

　'증권신고서'의 왼쪽 목록 중에서 '공모개요'를 누르면 해당하는 회차의 채권이 발행될 때 정해진 모든 자세한 내용을 확인할 수 있다.

　하나의 회사에서 여러 채권을 발행하는 경우가 많고, 채권마다 상세조건이 각기 다르기 때문에 내가 확인하려고 하는 채권(회차)의 '증권신고서'가 맞는지 확인해야 한다.

　'증권신고서' 자체가 정정되거나 확정되어 왼쪽 목록에 '공모개요'가 보이지 않아도 해당하는 '증권신고서'를 통해 채권이 발행될 때 정해진 모든 내용을 동일하게 확인할 수 있다.

③ 신용평가회사 홈페이지 활용 방법

　채권투자자의 투자 판단을 도와주는 공신력 있는 신용평가 제도 덕분에 우리 같은 개인들도 신용등급을 활용하여 채권투자를 쉽고 안전하게 활용할 수 있다.

　대표적인 신용평가회사인 한국기업평가, 한국신용평가, NICE신용평가의 홈페이지에서는 신용등급을 산정한 자세한 근거 자료뿐 아니라 채권투자에 도움이 되는 여러 자료들을 무료로 볼 수 있다.

(1) 신용평가회사 홈페이지 활용 방법

[그림 4-20] 신용평가회사 홈페이지 활용하기

회차	종류	발행액	발행일	만기일	구분	평가일	공시일	등급	Outlook	채권상세	평가의견
079	SB	800	2021.07.29	2024.07.29	정기	2022.06.16	2022.06.17	A-	안정적	Q	📄
078	SB	600	2021.05.04	2024.05.03	정기	2022.06.16	2022.06.17	A-	안정적	Q	📄
075	SB	1,760	2021.03.12	2023.03.10	정기	2022.06.16	2022.06.17	A-	안정적	Q	📄
031	BW	5,000	2017.08.01	2022.08.01	정기	2022.06.16	2022.06.17	A-	안정적	Q	📄
042	SB	880	2019.01.24	2021.01.22	정기	2020.06.29	2020.06.30	BBB	유동적	Q	📄

신용평가회사의 홈페이지에서 채권 발행사를 검색하면 나오는 ① '등급' 메뉴에서는 해당 회사에서 발행했던 ②에 해당하는 모든 회차의 채권들을 확인할 수 있고, ③에서 첨부된 신용평가 파일을 다운로드해 해당하는 채권의 신용등급 산정 근거에 대한 자세한 자료를 볼 수 있다.

신용등급 평가 이후 신용등급이 변동할 수 있다는 것은 채권투자에서의 위험요소 중 하나인데, 우리는 ④를 통해 그러한 신용등급 등급변동에 대한 예측 정보를 확인할 수 있다.

뿐만 아니라 채권 종목 선별에서 추가적인 안전성 판단의 배경지식이 되어주는 전문적인 업황(리서치) 분석 자료들도 ⑤에서 무료로 볼 수 있다.

채권의 신용평가는 한국기업평가, 한국신용평가, NICE신용평가 3사가

99%의 점유율을 차지하고 있다. 특정 신용평가 홈페이지에서 채권을 발행한 회사가 검색이 되지 않는다면 다른 두 곳의 신용평가 홈페이지에서 검색해 보면 된다.

국채나 지방채는 무위험 채권이기 때문에 신용등급이 적용되지 않는다. 따라서 신용평가회사 홈페이지에서도 국채나 지방채는 검색되지 않는다.

[그림 4-21] 신용등급 변동 전망의 활용

회차	종류	발행액	발행일	만기일	구분	평가일	공시일	등급	Outlook	채권상세	평가의견
56	SB(P)	150	2021.10.28	2024.10.28	정기	2022.06.28	2022.06.29	BBB-	부정적	Q	📄

등급 변동 전망(Rating Outlook)

향후 1~2년 내의 신용등급 변동 전망에 대한 특정 문구가 'Outlook' 부분에 표시된다.

- 안정적(Stable) → 신용등급 유지 전망
- 긍정적(Positive) → 신용등급 상승 전망
- 부정적(Negative) → 신용등급 하락 전망
- 유동적(Evolving) → 등급 변화 요인의 발생이 예상되지만, 그 효과가 긍정적인지 부정적인지 주시할 필요가 있는 경우

[그림 4-22] 신용등급 감시대상의 활용

회차	종류	발행액	발행일	만기일	구분	평가일	공시일	등급	Outlook	채권상세	평가의견
002	FB(Sub)	700	2021.08.24	2031.08.24	수시	2022.08.10	2022.08.11	A+ ↑		Q	📄

등급 감시대상(Rating Watch)

향후 3개월~1년 내로 신용등급 변동이 예상될 때 특정 화살표가 '등급' 부분에 표시된다.

- 상향(↑) → 신용등급 상승 전망
- 하향(↓) → 신용등급 하락 전망
- 유동적(↕) → 등급 변화 요인의 발생이 예상되지만, 그 효과가 긍정적인지 부정적인지 주시할 필요가 있는 경우

(2) 신용등급 변동에 대한 예측 도구의 활용

우리가 채권을 매수한 뒤에도 신용등급은 변동될 수 있다. 따라서 채권에 대한 안전성을 판단할 때 신용등급 변동에 대한 예측 전망은 신용등급 확인과 함께 필수적으로 확인해야 하는 요소이다. '등급 변동 전망'이나 '등급 감시대상'과 같은 신용등급 변동 예측 전망은 신용등급을 평가하는 신용평가회사 자체에서 판단하고 발표하는 전망이기 때문에 정확도가 굉장히 높다고 할 수 있다.

해당하는 채권의 등급 변동 전망은, 장내채권 시장에서 거래되고 있는 채권 가격에 큰 영향을 미친다. 하지만 시장에서 발생하는 거래이기 때문에 그러한 등급 변동 이슈가 채권 가격에 선반영되어 있는지 아니면 후반영될지에 대해 판단하거나 예측하는 것은 힘들다.

만약 이러한 등급 변동 전망에 따라 투자등급에서 투기등급으로의 변동이 예정된 경우라면 해당 채권에 대한 투자를 진행하지 말아야 할 것이다. 더해서 신용등급 하락 전망에 따라서 실제로 신용등급이 하락할 경우에는 해당 채권에 대한 시장의 비정상적인 가격 하락이 발생할 수도 있다는 점도

유의하여야 한다. 물론 비정상적인 채권 가격의 하락은 해당 채권의 실질적인 위험 요소가 아니기 때문에 누군가에게는 굉장히 매력적인 투자 기회가 될 수도 있다.

신용등급 변동에 대한 예측 전망은 한 단계씩 조정되는 것을 기본으로 한다. 하락 전망이 제시된 BBB-의 신용등급을 가진 채권의 신용등급이 실제로 하락하면 BB+ 등급을 가진 채권이 될 것이고, 상승 전망이 제시된 A+의 신용등급을 가진 채권의 신용등급이 실제로 상승하면 AA-의 등급을 가진 채권이 될 것이다.

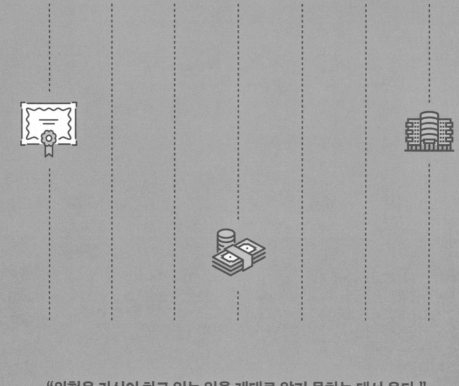

"위험은 자신이 하고 있는 일을 제대로 알지 못하는 데서 온다."

-워런 버핏(Warren Buffett)

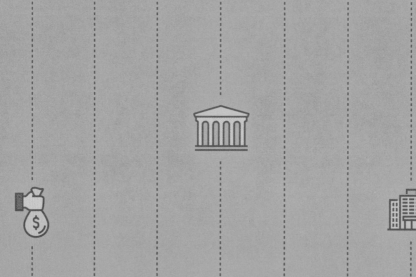

CHAPTER
5

MTS를 활용한
채권투자의 한계

채권에 관심 있는 초보 채권투자자들이 가장 접근하기 쉬운 것이 바로 MTS라고 불리는 증권사 앱이다. MTS는 간편하고 접근성이 좋지만, 채권투자를 할 때 여러 문제를 야기할 수 있다. 주식투자와 다를 것 없겠지 하는 생각으로 MTS로 채권투자를 진행했다가는 초보 투자자가 미처 알지 못했던 문제점으로 인하여 소중한 투자 원금에 큰 위험이 생길 수 있다. 이번 장에서는 MTS로 채권투자를 할 경우 어떤 한계가 있고 어떤 문제가 발생하는지 알아볼 것이다.

① MTS 호가에 표시되는 채권의 수익률

MTS의 호가창에 표시되고 있는 채권의 수익률은 해당 채권을 그 가격에 매수했을 때 얻을 수 있는 정확한 수익률이 아니다. 증권사 자체적인 계산방식으로 표시한 대략적인 수익률이다.

채권은 매수할 때 해당 채권에서 상환일까지 받게 되는 모든 수익률이 정확히 정해진다. 언제 얼마의 이자를 받는지, 언제 얼마의

[그림 5-1] MTS의 채권 수익률

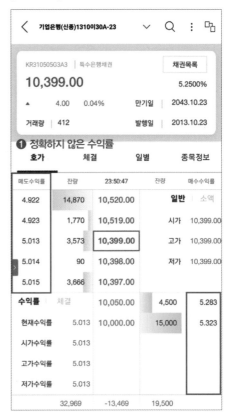

상환금액이 상환되는지 정확히 알 수 있기 때문에 그 정보를 기반으로 미래의 자금 계획을 세우거나 생활의 안정을 누릴 수 있다. 따라서 채권투자 전 그 채권을 통해 얻을 수 있는 정확한 수익률을 파악하는 것은 매우 중요하다.

HTS에서 표시되는 호가창에도 대략적인 수익률이 표시되지만 HTS에는 메뉴 중에 채권 수익률 계산기가 있기 때문에 그 기능을 활용하여 채권의 정확한 수익률을 산출할 수 있다. 반면 MTS에는 수익률 계산 기능이 존재하지 않는 경우가 많다.

② MTS의 채권 수익률 계산기

채권 수익률 계산기를 통해 투자하고자 하는 채권의 정확한 수익률을 산

[그림 5-2] MTS의 수익률 계산기

출(확인)하는 것은 채권투자에 있어 필수적인 요소라고 할 수 있다.

뿐만 아니라 채권 중에는 풋옵션, 콜옵션 등 다양한 옵션이 들어간 채권이 많다. 옵션 요소에 따라서 해당 채권의 실질적인 수익률이 천차만별로 달라질 수 있기 때문에 채권 수익률 계산기의 필요성은 절대적이라고 할 수 있다.

다행히 최근 들어 MTS에서도 채권 수익률 계산기 기능이 업데이트되는 추세이다. 우리가 배운 HTS의 채권 수익률 계산기 활용법을 통해 MTS의 채권 수익률 계산기도 충분히 활용할 수 있다. MTS 수익률 계산기에 정확한 값을 입력한다면, 산출되는 수익률의 값도 HTS의 수익률 계산기와 거의 동일하다. 하지만 MTS의 수익률 계산기를 활용하는 과정에서도 문제점이 발생한다.

③ MTS의 옵션 정보 표시 부족

채권 호가창의 수익률은 기본적으로 정확한 수익률이 아닌 대략적인 수익률로 표시되고 있으며 채권의 옵션 요소가 반영되어 있지 않은 수익률이다.

채권은 옵션 요소 적용에 따라 실제 확정수익률이 굉장히 크게 달라질 수 있기 때문에 투자 전 해당 채권에 어떠한 옵션이 포함되어 있는지 파악하는 것은 채권투자에 있어서 필수적이다.

하지만 대부분의 MTS에는 채권에 대한 정보가 부족하게 표시되는 경우가 많다. 부족함을 넘어 채권에 포함된 옵션 정보를 아예 보여주지 않는 MTS가 많다. 이것은 채권투자를 굉장히 위험하게 만들 수 있다.

채권의 옵션에 따라 채권 수익률 계산기에 입력해야 되는 값이 완전히 달라지기 때문에 부족한 정보를 바탕으로 채권수익률 계산기를 활용하고 판단한다면 아무리 높은 안전성을 가진 채권에 투자했다고 하여도 큰 손실이 발생할 수 있다. 옵션을 반영하지 않은 상태로 채권 수익률을 계산했기 때문에, 산출한 예상 수익률이 '+(플러스)'여도 실제적으로는 '-(마이너스)'의 수익률에 따른 투자 원금 손실이 발생하게 될 수도 있다.

다행히 우리는 앞에서 배운 'KRX 정보데이터시스템' 사이트의 '상장채권 발행정보'를 통해 채

[그림 5-3] MTS의 미흡한 정보 표시

권의 옵션 요소를 확인함으로써 MTS의 한계점을 보완할 수 있다.

뿐만 아니라 증권사 측에서도 MTS를 지속적으로 업데이트하여 채권의 옵션 정보를 표시해 주는 곳이 늘어나고 있다. 실제로 현재 한국투자증권은 채권의 옵션 정보를 MTS를 통해서도 확인할 수 있다. 하지만 이러한 업데이트를 감안한다고 하여도 MTS를 통해 채권투자를 활용할 때 발생하는 문제점이 아직 한 가지 더 남아 있다.

④그 외 미흡한 기능

채권은 종류가 굉장히 다양하기 때문에 수많은 채권을 서로 비교해 보면서 나에게 맞는 최적의 채권을 찾아내는 과정이 필요하다. 여러 가지 채권을 서로 비교하며 채권에 대한 정보를 확인하고, 채권 수익률 계산기를 통해 실제 수익률을 계산해보아야 한다.

HTS에서는 보기 좋게 나열된 채권들의 정보를 손쉽게 확인할 수 있을 뿐만 아니라 채권의 수익률도 빠르게 계산할 수 있다. 하지만 MTS에서는 스마트폰이라는 화면의 한계 또는 자체 기능의 부족 문제로 채권 선별에 필요한 일련의 과정을 진행하는 게 불편하고 힘들다.

[그림 5-4] MTS의 미흡한 채권 활용 기능

✕	장내채권	
장내 ▾		현재가 순 ▾

기업은행(신종)1310이30A-23
10,399.00 ▲ 4.00 0.04%
거래량 412

경남은행17-11이(신종)30A-28
10,376.00 ▲ 26.00 0.25%
거래량 7

하나은행(외환은행)36-10이30갑-25(신종)
10,339.00 ▼ 11.00 -0.11%
거래량 101

서울도시철도17-01
10,336.00 ▼ 34.00 -0.33%

❸ 선별 과정 불편
거래량 상위
현재가 순

HTS를 통해서 채권 하나에 대한 투자 판단을 내리는 데에도 어느 정도 시간이 걸리는데 기능이 여러모로 미흡한 MTS를 통해 여러 채권들을 하나씩 분석하려면 채권 선별에 훨씬 더 많은 시간이 들 수밖에 없다. 즉 HTS를 활용한 채권투자에 비하면 MTS를 활용한 채권투자는 시간적으로나 기능적으로나 효율성이 굉장히 낮아진다. 이것이 현재 MTS를 활용한 채권투자 시의 가장 큰 문제점이라고 할 수 있다.

⑤ MTS 활용에 대한 개인적 생각

왜 증권사 모바일 앱은 채권에 대한 기능이 적을까? 먼저 떠올릴 수 있는 건 채권투자를 활용하는 세대에 대한 인식이다. 주로 모바일보다는 PC에 익숙한 사람들이 채권투자를 활용하고 있다고 생각할 수 있다. 또한 낮은 수수료와 외상거래가 불가능한 채권투자의 특성상 증권사의 이익이 적게 발생한다. 이 때문에 모바일 앱에 대한 투자를 하지 않은 것일 수도 있다. 그 이유가 무엇이든 간에 분명한 건 MTS는 앞서 설명한 문제점과 한계점을 분명히 가지고 있다는 것이다.

최근 채권에 대한 사람들의 관심이 증가함에 따라 MTS의 기능도 크게 개선되고 있다. 또한, MTS의 문제점과 한계점을 충분히 인지한 상태에서 대체 요소들을 활용한다면 MTS로 채권투자를 진행하는 것이 심각한 문제가 되지는 않을 것이다. 하지만 다른 것도 아니고 돈을 다루는 투자의 영역에 있어서, 그 대상이 되는 수단을 보다 완벽하게 활용하고 세밀하게 다룰 줄 아는 것은 우리의 소중한 돈을 장기적으로 지키고 불리기 위해 요구되는 필수 덕목일 것이다. 따라서 채권투자를 100% 효율적으로 활용하기 위해서는 아직까지 그 활용의 한계가 뚜렷한 MTS보다는 HTS를 활용하는 것이 좀 더 확실한 방법이라고 할 수 있다.

"자신이 무엇을 소유하고 있는지,
왜 소유하고 있는지 알아야 한다."

-피터 린치(Peter Lynch)

CHAPTER

6

채권투자 전문 지식

채권 전문가의 영역으로 들어가보자

채권투자에 대한 더 많은 지식을 알게 될수록 단순히 채권투자에 대한 지식 수준을 넘어서서 채권 자체를 이해하고 더욱 효율적으로 채권을 활용할 수 있게 된다. 여기서 효율적이라고 함은 채권투자의 수익률과 안전성에 긍정적인 영향을 끼칠 수 있다는 뜻이다. 얼핏 보면 단순해 보이는 채권 구조이지만 하나씩 배우고 이해하다 보면 채권 지식의 방대함에 놀랄 것이고, 그러한 지식을 하나씩 배우고 깨닫는 즐거움도 충분히 느낄 수 있을 것이다.

이번 장에서 배울 채권 지식까지 모두 내 것으로 만든다면 우리는 이제 채권에 갓 입문한 초보가 아닌 채권 전문가에 준하는 영역에 들어섰다고 당당히 말할 수 있을 것이다. 조금 복잡하거나 어려워보일 수도 있지만 너무 겁먹지 말고 하나씩 차근차근 내 것으로 만들어 보자.

만약 이번 장의 내용이 너무 어렵고 이해가 잘 안 된다면 바로 다음 장으로 넘어가도 괜찮다. 그렇다고 해서 이 장의 내용을 아예 몰라도 되는 것은 아니기 때문에 추후 다시 돌아와서 천천히 해당 지식을 습득해 나가면 좋을 것이다. 무엇보다 이번 장의 조건부 자본증권(코코본드)에 대한 설명은 채권투자에 있어서 꼭 습득해야 할 중요한 지식이다.

채권의 클린프라이스, 더티프라이스

BOND INVESTMENT

채권의 클린프라이스(Clean Price)는 해당 채권의 본래 가격(액면가)을 말하고, 더티프라이스(Dirty Price)는 해당 채권의 본래 가격(액면가)에 채권의 경과이자를 더한 것을 말한다. 한국의 채권시장에서는 더티프라이스가 자동 적용되어 거래되고 있다.

채권의 더티프라이스

국채나 지방채의 이자지급 주기는 보통 6개월이며, 회사채의 이자지급 주기는 보통 3개월이다. 채권에서는 지급 주기에 따라 정해진 날에 이자가 지급된다. 그렇다면 이 이자는 해당하는 주기 동안 존재하지 않다가 이자지급일 당일 6개월치 또는 3개월치의 이자가 갑자기 만들어져서 지급되는 것일까? 물론 아니다.

채권을 발행한 회사가 채권에 지급할 이자금액을 모아 두었다가 지급일

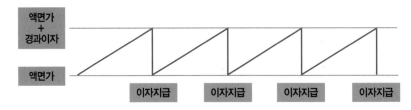

[그림 6-1] 채권의 경과이자 구조

에 실제로 주는 것이기 때문에 겉으로 보기에는 이자지급일 당일에 이자가 한꺼번에 지급된다고도 볼 수 있다. 하지만 실제 채권의 구조상 이자가 한꺼번에 지급된다고 판단하지 않는다. 채권에는 클린프라이스와 더티프라이스라는 개념이 존재하기 때문이다.

한국에서 발행되는 채권은 '이론적으로' 채권 발행 직후, 또는 이자지급일 이후 경과이자라는 채권의 하루치 표면이자가 채권의 가격에 매일매일 쌓이게 된다. 이로 인하여 채권의 가격은 매일매일 우상향하게 되며, 이자 지급일에 그 이자가 실제로 지급됨으로써 그동안 경과이자와 함께 쌓인 채권의 가격이 한번에 내려가면서 원래의 가격으로 돌아간다. 이를 '이표락'이라고 한다. 이러한 경과이자가 쌓이고, 이자지급일에 지급됨으로써 경과이자가 사라지게 되는 과정이 해당 채권의 상환일까지 계속해서 반복된다. 이렇게 채권의 경과이자가 매일매일 쌓여서 만들어진 현재 채권의 가격을 '더티프라이스'라고 한다.

물론 채권의 가격 변화는 단순히 경과이자뿐만 아니라 채권시장에서 거래되면서 채권의 개별 이슈나 시장 수요, 투자자의 심리 등 여러 변수에도 영향을 받기 때문에 더티프라이스 개념으로 인해 해당 채권의 가격이 무조건 오를 것이다, 또는 무조건 내릴 것이다라고 보는 것은 이론적인 요소일 뿐 확정적인 것은 아니다.

하지만 채권의 이표락에 따른 채권 가격의 조정은 주식시장에서 배당금 지급 뒤 주가가 하락하는 배당락과는 다르다. 주식시장의 배당락은 주가의 강제적 조정이 아닌 시장 참여자의 심리적 요소가 크게 반영되는 반면, 채권의 이표락은 경과이자만큼 시장의 강제적인 채권 가격의 조정이 동반되기 때문이다. 따라서 더티프라이스에 따른 장내채권 시장에서의 채권 가격 변동이 확정적이지는 않지만 그 영향력은 실제로 작지 않기 때문에 이자지급 후 가격변동 현상을 시장에서 흔하게 관찰할 수 있다.

[그림 6-2] 더티프라이스에 따른 채권 가격의 변동

일자	체결가	대비	거래량
2022/07/11	10,097.00	▲ 37.00	180,572
2022/07/08	10,060.00	▲ 9.00	310
2022/07/07	10,051.00	▲ 30.00	52,956
2022/07/06	10,021.00	▼ 161.00	62,017
2022/07/05	10,182.00	0.00	107,531
2022/07/04	10,182.00	▲ 71.00	81,206
2022/07/01	10,111.00	▼ 149.00	60,153
2022/06/30	10,260.00	▲ 125.00	6,852
2022/06/29	10,135.00	▲ 4.00	7,363
2022/06/28	10,131.00	▼ 118.00	51,487

'장내채권종합주문' 창의 '일별' 메뉴에서는 그날 마지막에 거래된 가격을 기준으로 한 채권 금액이 기록되는데, 이를 통해 더티프라이스로 인한 가격 변동을 어느 정도는 확인할 수 있다. 더해서 장내채권 시장에서의 가격 변동과 더티프라이스로 인한 이론적 가격 변동이 정확하게 일치하지 않는다는 것도 확인할 수 있다.

이자지급일 하루 전날 채권을 매수한다면?

채권은 이자지급일 하루 전에 매수하더라도 이자지급 주기(예를 들면 3개월)만큼의 모든 이자가 지급된다는 특징을 가지고 있다. 그렇다면 채권투자를 할 때 이자지급일 하루 전날 채권을 매수하여 이자지급일에 이자를 지급받고 이후에 바로 매도하면 수익이 더 날까? 그렇지 않다. 이자지급일 전날이라면 그만큼 더티프라이스가 반영된 높은 가격으로 해당 채권을 매수하게 될 것이며, 더불어 이자지급 이후에는 채권 가격이 더티프라이스가 쌓였던만큼 하락할 것이기 때문이다. 이러한 채권의 특징으로 인하여 이자지급일 하루 전에 채권을 매수해 이자를 받더라도 실제 수익은 크게 달라지지 않을 것이다. 따라서 이 전략은 유효성이 크지 않다.

2 채권의 과세 심화

BOND INVESTMENT

① 채권 표면이자율에 대한 과세

　채권의 세금은 은행 예·적금의 이자에 과세되는 세금과 동일하게 15.4%의 이자소득세가 과세된다고 설명한 바 있다. 해당하는 내용에 대해서 좀 더 깊게 알아보자.

　채권에 과세되는 세금은 내가 채권에 투자한 투자금 전액에 대해서가 아닌 해당 채권에서 발생하는 이자수익에 대해서만 15.4%의 이자소득세가 과세된다. 우리가 채권 수익률 계산기를 통해 산출한 채권의 확정수익률에는 단순히 해당 채권을 해당 가격으로 매수했을 때 받을 수 있는 이자수익뿐만 아니라 채권의 상환일에 상환되는 액면금액에 대한 차익도 함께 계산되어 있다. 기본적으로 채권 가격에 대한 차익은 비과세이기 때문에 우리가 투자한 투자금 전액에 적용되는 확정수익률에 세금이 과세되는 것이 아닌, 해당 채권에서 발생하는 이자수익에서만 과세가 발생하게 된다.

채권의 이자수익은 채권의 표면이자율을 기준으로 발생하고, 그 표면이자율은 채권의 거래 가격과는 상관없이 채권의 고정된 액면가를 기준으로 발생하기 때문에 채권의 과세는 채권의 표면이자율에만 과세된다고도 해석할 수 있다.

이러한 채권의 과세 특징으로 인하여 '세전운용수익률'이나 '세후운용수익률'이 동일하더라도 표면이자율이 더 낮은 채권이 과세의 대상이 되는—'과표'가 더 작은—유리한 채권이 된다. '과표'란 실제 세금 계산의 기준으로 사용되는 금액으로, '과표'가 작을수록 추후 금융소득 종합과세 등의 세금 문제에서 더 유리하다고 할 수 있다. 운용수익률이 같은 채권에서 동일한 수익이 발생해도 표면이자율에 따라 '과표'에서만큼은 차이가 발생할 수 있는 것이다.

② 채권 보유 기간에 대한 과세

채권에 과세되는 세금은, 채권의 표면이자율에 이자소득세가 과세된다는 특징에 더해서 해당 채권을 보유한 기간만큼만 이자소득세가 과세된다는 특징도 가지고 있다.

이러한 특징으로 인하여 장내채권 시장에서 중도 매수한 채권의 첫 번째 이자지급일에는 흥미로운 현상이 나타나게 된다. 3개월의 이자지급 주기를 가진 이표채를 예로 들어보겠다. 이자지급일 이후에 해당 채권을 중도 매수하였다면 해당 채권의 다음 이자지급일 전까지 채권을 보유한 기간은 이자지급 주기인 3개월보다 짧을 것이다. 따라서 중도 매수한 채권의 첫 번째 이자지급일에는, 지급되는 이자에 대한 과세가 그만큼 적기 때문에 통상적으로 발생하는 이자 금액보다 더 많은 이자 금액이 발생하게 된다(첫 번째 이자지급일 이후에는 다시 3개월 동안 채권을 보유하게 되므로 동일하게 이자가 발생한다).

이에 따라 채권을 매수할 때, 남은 이자지급일에 따라 '세후운용수익률'이 상대적으로 더 높은 값으로 산출될 수는 있지만, 채권은 많고 다양하기 때문에 일부러 다음 이자지급일이 더 적게 남은 채권을 찾는 것은 효율성이 굉장히 낮은 전략이다. 더해서 더티프라이스의 개념까지 고려한다면 거의 무의미한 전략이 되어버릴 것이다.

> 채권 보유일에 따른 채권의 이자소득세
> = 채권의 액면가 × 표면 금리 × (보유기간(일)/365) × 15.4%

③ 채권 중도 매도 시의 과세

채권은 실제 보유한 기간만큼만 과세된다. 이런 특징은 단순히 이자지급일에만 적용되는 것이 아니라 채권을 중도 매도할 때에도 적용된다. 따라서 실제 보유했던 기간만큼만 이자소득세가 자동으로 과세된다.

채권은 더티프라이스라는 개념 때문에 중도 매도하더라도 그 시점의 가격에 경과이자가 모두 쌓여 있다고 본다. 따라서 채권을 매도할 때 '이자를 받았다고 판단하고' 해당 채권을 보유했던 기간만큼 이자소득세가 과세되는 것이다.

그에 따라 해당 채권을 중도 매도하는 가격이 내가 실제 매수한 가격보다 높든 낮든 상관없이, 해당 채권의 표면이자율과 액면가를 기준으로 채권 보유 기간이 일할 계산되어 이자소득세가 자동 과세된다. 중도 매도 시에 적용되는 과세 또한 채권 수익률 계산기를 통해 모두 확인할 수 있다.

할인채의 경우 표면적으로는 이자지급 없이 채권의 가격 차익만 발생하는 것으로 보이기 때문에 해당하는 이자소득세가 과세되지 않을 것 같지만, 실제로는 할인된 금액만큼 이자를 받았다고 판단하고 보유기간만큼 일할 계산되어 이자소득세가 자동 과세된다. 마찬가지로 할인채의 중도 매도 시에도 일할 계산된 이자소득세가 자동으로 적용된다.

④ 2025년부터 시작되는 금융투자소득세

추후 정책에 따라 변동될 여지가 있겠으나 2025년부터는 채권의 이자에 과세되던 이자소득세뿐 아니라 채권의 가격 차익에 대해서도 *금융투자소득세라는 과세가 시작될 예정이다. 1년을 기준으로 2,000만 원까지는 15.4%가 자동과세(원천징수)되는 이자소득세에 더해서, 채권의 가격 차익에 대해 1년을 기준으로 250만 원 초과 금액의 22%가 금융투자소득세로 추가 과세될 예정이다.

금융투자소득세
해외주식이나 비상장주식 등에서 발생하는 이익과 더불어 채권에서 발생하는 채권 가격의 차익이 금융투자소득세의 적용 대상이다. 이익에 대하여 연 250만 원이 기본공제되며, 연 250만 원 초과~3억 원 이하의 이익에 대해 22%(금융소득세 20%+지방소득세 2%), 3억 원 초과 이익에 대해 27.5%(금융소득세 25%+지방소득세 2.5%)의 세금이 부과된다.

채권 이자에서 발생하는 기존의 이자소득세에 더해서, 채권을 중도 매도할 때 발생하는 가격 차익에도 과세가 적용된다는 뜻이다. 채권이 만기 또는 중도 상환될 때 액면가에 대비하여 발생할 수 있는 채권의 가격 차익에 대해서도 세금이 적용된다. 발생한 이익에 세금을 과세한다는 것은 어찌 보면 당연하지만, 그리고 연 250만 원까지는 그 가격 차익에 대한 세금을 면제해준다고 하지만, 주식보다 채권에 대한 과세 개정이 더 심하게 적용되는 것 같아 아쉬울 따름이다.

하지만 너무 두려워할 필요는 없다. 채권은 주식만큼이나 혹은 주식보다 훨씬 더 크게 경제에 영향을 끼치는 자산이다. 만약 이러한 과세법 개정으로 인하여 채권투자에 대한 이익이 크게 하락하는 등의 시장교란 문제가 발생한다면, 국가 정책에도 또다시 개정이 이루어지거나 새로운 정책을 추가로 도입하게 될 확률이 크다. 마치 주식시장에 큰 문제가 생기면 공매도를 금지한다든가 주식담보대출 상환을 유예하는 식의 정책을 도입하는 것처럼 말이다.

꼭 이런 정책적인 단위가 아닌 단순히 수요와 공급의 원리에 기반하여 생각해도 큰 문제요소는 없을 것이다. 세법 개정으로 인하여 채권투자자가 얻을 수 있는 이익이 급감한다면 채권투자가 자연스레 줄어들 것이다. 이에 상시 큰 자금을 조달해야 하는 기업이나 국가 입장에서는 채권을 대체할 수 있는 안정적이고도 효율적인 자금확보 수단이 많지 않거나 없기 때문에, 자금을 조달하기 위해 새로 발행하는 채권에 더 큰 금리를 제시하는 등의 방식으로 줄어든 수요에 대응하게 될 것이다. 따라서 결국 장기적으로 우리가 채권투자를 통해 얻을 수 있는 이익은 지금과 크게 다르지 않을 정도로 유지될 것이라는 것이 개인적인 추론이다.

물론 미래에 대해 예측하기 힘들다는 것이 금융시장의 특징이기도 하다. 따라서 우리는 예측하기보다는 대응해야 한다. 꾸준히 해당 이슈에 귀를 기울이며 이후 정해질 정책 개정의 구체적인 내용에 따라서 현명하고 면밀하게 대응해 나가야 할 것이다.

3 채권의 권리 발생

BOND INVESTMENT

주식이나 채권은 매수하자마자 매수한 종목이 내 계좌 잔고에 바로 표시된다. 하지만 내 잔고에 표시된다고 해서 즉각적으로 권리를 행사할 수 있는 것은 아니다.

주식을 매수하면 증권사의 2거래일이 지난 후에야 실제적인 결제가 이루어지고 매수한 종목이 실제로 나의 계좌로 입고된다. 그리고 이때부터 주주의 권리를 행사할 수 있다. 즉, 매수 시점부터 계좌에는 바로 표시되지만 실제 주식이 입고된 것은 아니라는 의미이다. 주식에서 배당을 받으려면 배당 기준일 2거래일 전에 해당하는 주식을 매수해야 하는 것과 같은 원리이다.

반면 채권은 주식과 달리 당일 결제가 원칙이다. 따라서 해당 채권을 매수한 당일부터 채권 보유자로서의 권리를 행사할 수 있다. 정확히는 채권 매수 당일, 증권사의 영업 종료 시간쯤에 실제 입고 처리되며, 이와 같은 특징으로 인하여 채권은 채권의 이자지급일 하루 전에 채권을 매수한다고 하여도 다음 날 해당하는 채권의 이자를 지급받을 수 있게 된다.

채권을 매도할 때의 특이요소

채권의 권리가 당일에 발생하듯 채권 매도에 따른 현금흐름도 즉각이 아닌 당일에 발생한다. 장내채권 시장에서 보유하고 있던 채권을 중도 매도하여도 매도 완료한 금액이 즉시 입금되지 않는다는 뜻이다.

채권이 당일 결제가 이루어진다고는 하지만 실제 결제는 증권사의 영업 종료 시간쯤에 이루어지기 때문이다. 그래서 채권 매도 완료 시에는 진짜 현금이 아닌 현금증거금이 계좌에 표시된다. 이 현금증거금은 말 그대로 증거금이기 때문에 출금할 수 없다. 뿐만 아니라 실제 현금으로의 인정 비율이 낮기 때문에 채권 매도 후 내 잔고에 표시되는 현금증거금은 실제 매도한 금액보다 작게 표시된다. 한국투자증권 기준으로는 실제 채권 매도 금액의 98% 정도만 현금증거금으로 표시된다. 이러한 현금증거금은 출금할 수는 없지만 채권이나 주식을 매수하는 데에는 사용할 수 있다.

채권 매도 시에 발생하는 현금증거금은 채권의 당일 결제 원칙에 따라, 채권 매도 당일 증권사의 영업이 끝나는 시점에 실제 현금(예수금)으로 정산된다. 정산이 완료된 이후에는 현금증거금 표시 당시 줄어들었던 2%의 금액까지 모두 포함한 채권 매도금 전액을 잔고에서 확인할 수 있으며 출금도 자유롭게 할 수 있다.

반면 주식투자 과정에서는 보유하고 있던 주식을 매도하면, 매도한 날로부터 2거래일이 지난 후에야 해당하는 주식 매도 금액을 실제로 출금할 수 있다.

4 채권의 속성 더 깊이 알아보기

BOND INVESTMENT

① 자본과 부채

회사의 회계(재무제표)를 판단할 때 해당 회사에서 발행한 주식은 해당 회사의 돈인 '자본'으로, 해당 회사에서 발행한 채권은 해당 회사의 빚인 '부채'로 편입된다. 따라서 어떤 회사에 부도가 발생하거나 법정관리가 진행되는 경우 그 회사의 재무요소를 개선하기 위해 채권자들의 채권(회사 부채)을 주식(회사 자본)으로 바꾸는 출자전환이 병행되기도 하는데 채권과 주식의 이런 회계적 특성 때문이다.

② 회사가 주식이 아닌 채권을 발행하는 이유

주식회사는 주식을 추가 발행함으로써 회사의 자금을 확보할 수 있다. 이 경우 단기적으로는 0에 가까운 비용이 들겠지만, 이런 방식으로 주식을 계속 늘리거나(증자) 줄일(감자) 경우 해당 기업에 대한 대외적인 신뢰도 하락 및 주주가치의 하락으로 인해 주주들로부터 반발이 생길 수 있다.

반면 채권은 회사의 빚인 부채이긴 하지만 회사 차원의 이미지 하락이나 주주들의 반발 없이 회사 운용 자금을 확보할 수 있으며 새로운 채권을 발행하고 기존 발행한 채권을 갚는 것을 반복하는 식으로 이자만 내면서 계속 채권 자금을 활용할 수 있다는 장점을 가지고 있다.

정리하자면, 채권은 발행하는 회사 측면에서 굉장히 효율적으로 회사 자금을 확보할 수 있는 수단이며, 채권투자자 입장에서도 충분한 안전성을 확보한 상태로 상대적으로 더 많은 이자를 받을 수 있는 효율적인 수단이다. 채권 발행자와 투자자가 서로 윈윈(win-win)하는 관계를 가지고 있다는 뜻이다.

③ 선순위와 후순위

채권에는 선순위와 후순위라는 개념이 있다.

채권을 발행한 회사에 예상치 못한 큰 사건이 발생하여 최악의 경우 파산까지 진행된다면 채권을 발행한 회사의 남은 자산이 지급 우선순위에 따라 순서대로 분배된다고 언급한 바 있다. 그 우선순위는, 담보 채권자 > **무담보 선순위 채권자** > **후순위 채권자** > 우선주 주주 > 보통주 주주 순서이다.

우리가 통상적으로 투자하는 채권은 대부분 무담보 선순위 채권자의 위치에 있는 선순위 채권이다. 후순위 채권자의 위치에 있는 후순위 채권은 통상적인 선순위 채권투자자보다 한 단계 뒤에 그 자산이 분배된다.

후순위 채권은 이렇게 채권을 발행한 회사에 최악의 상황이 발생하였을 때 자산분배 우선순위가 한 단계 뒤로 밀리게 되는 위험성이 존재하는 만큼, 해당 채권의 표면이자율이 상대적으로 더 높게 발행된다. 후순위 채권의 한 단계 바로 뒤에 후후순위 채권도 존재한다. 이것 역시 하이리스크 하이리턴의 성격을 지닌 채권이다.

5 조건부자본증권

BOND INVESTMENT

앞서 배운 부채라는 채권의 속성, 그리고 선순위·후순위라는 개념을 기반으로 하는 조건부자본증권에 대해 알아보자.

조건부자본증권이란 일정 조건을 충족하면 자본으로 인정받을 수 있는 채권이라고 해석할 수 있으며 조건부자본증권이라는 범주에 신종 자본증권과 후순위 채권을 포함하고 있다. 조건부자본증권은 흔히 코코본드(CoCo Bond, contingent convertible bond)라고 불리며, 기본적으로 이표채의 이자지급 방식을 가진 회사채이다.

① 신종자본증권

신종자본증권은 코코본드 또는 하이브리드 채권이라고도 불린다. 채권임에도 불구하고 채권 발행회사의 부채가 아닌 자본으로 편입할 수 있는 채권이다. 이렇게 자본으로 편입되면 해당 회사의 재무건전성을 튼튼하게 만들 수 있기 때문에 주로 은행이나 보험회사 같은 금융회사들이 많이 발행하고 있다.

신종자본증권은 자본으로 편입되기 위해 여러 가지 특이한 특징을 가지고 있다. 기본적으로 만기상환일이 30년 이상으로 굉장히 길게 발행된다. 또한 해당 회사의 재무상황이 굉장히 악화되면 해당 채권에 이자를 지급하지 않아도 되거나(이자지급 제한), 아예 해당하는 채권투자 원금을 돌려주지 않아도 되는(원금 상각) 옵션을 포함하도록 만들어졌다.

신종자본증권은 이러한 위험이 포함되었기 때문에 발행회사(모(母)회사)의 신용등급보다 두 단계 정도 더 낮은 신용등급으로 평가되는 대신 상대적으로 더 높은 표면이자율을 제공하고 있다. 또한, 해당 채권 발행회사의 파산(청산) 시 남은 자산에 대한 분배 순위가 후순위보다 한 단계 더 낮은 후후순위 채권이라는 특징도 가지고 있다.

이런 특징을 가진 신종자본증권은 대부분 콜옵션을 가지고 있는데, 은행 등의 금융회사가 발행한 콜옵션을 가진 채권은 첫 콜옵션 행사일에 콜옵션을 행사하는 것이 기본이자 상식이며 국제적인 관행이자 약속으로 지켜지고 있다.

물론 법적인 구속력을 갖고 있지는 않다. 하지만 사람들의 신뢰(신용)가 최우선인 채권시장에서 이러한 관행이자 약속을 깬다는 것은 채권 발행회사 자체의 대내외적인 이미지와 실질적인 신뢰도가 깎여 내려가는 등 회사 전반의 손실을 가져오게 하는 큰 사건이다. 신뢰도 저하로 인하여 해당 채권에 투자한 투자자들이 이탈하게 됨과 동시에 해당 회사에서 앞으로 발행될 채권도 채권투자자의 선택을 받지 못하게 될 가능성이 크다.

이 때문에 코코본드를 발행한 금융회사는 회사의 생존을 위해 관행이자 약속을 지키고자 최대한 노력한다. 따라서 채권투자자는 금융회사가 발행한 코코본드의 첫 콜옵션일을 해당 채권의 상환일로 판단해도 무방하다.

코코본드가 갖고 있는 원금 상각이라는 무시무시한 옵션을 살펴보자. 과거 금융위기 이후 은행이나 보험회사는 국가 차원의 엄격한 관리를 받게 되었다. 이로 인하여 현재에는 재무 악화에 따른 코코본드의 원금 상각 옵션이 발동할 가능성은 현실적으로 제로에 가깝다고 할 수 있다. 따라서 본래의 발행회사보다 두 단계 더 낮게 평가된 신용등급조차 충분히 높은 신용등급인 경우가 대다수이다.

코코본드는 해당하는 신용등급만큼의 충분히 높은 안전성을 가진 채권이라고 할 수 있다. 다만, 이러한 특징을 가지고 있는 채권이라는 것을 충분히 이해한 뒤에 활용해야 할 것이다.

② 후순위 코코본드

후순위 코코본드는 신종자본증권과 특징이 거의 동일하지만 기본적인 만기 상환일이 최소 5년 이상으로 발행되어 신종자본증권에 비해 상환일이 상대적으로 짧다는 특징을 가지고 있다. 또한, 원금 상각 옵션은 포함되어 있지만 이자지급 제한 옵션은 포함되어 있지 않다는 특징도 있다.

후순위 코코본드는 말 그대로 후순위이기 때문에 보통 자산 분배 시 후후순위 채권인 신종자본증권보다 한 단계 먼저 상환받으며, 발행 회사의 신용등급보다 한 단계 낮게 평가받는다.

이처럼 후순위 코코본드는 신종자본증권보다 구조적으로 안정적이기 때문에 투자자의 수요에 따라 신종자본증권과 별개로 발행되고 있다. 후순위 코코본드는 보통 10년 만기로 발행된다.

이러한 코코본드는 채권의 종목 이름 자체에 조건부, (신종), (신), (상), (후)라는 단어가 포함되어 있다. (신)은 신종, (상)은 상각형, (후)는 후순위라는 뜻이다. 조건부자본증권은 신종자본증권과 후순위채를 모두 포함하는 개념이며, 신종자본증권과 후순위채는 명확히 다른 종류로 분류된다.

*2023년 3월 크레디트스위스(CS. Credit Suisse)라는 스위스의 글로벌 투자은행에서 발행한 AT1(코코본드)채권의 상각옵션 발동과 관련하여 코멘트를 추가한다. 해당 나라의 코코본드에 대한 상각 조건과 한국에서 적용되는 코코본드의 상각 조건에는 명확한 차이점이 존재하기 때문에 한국 시장에서의 코코본드에 대해 적은 이 책의 지식은 변동 없이 동일하게 적용된다.

6 '채권 종류' 표시 내용의 특징

BOND INVESTMENT

[그림 6-3] 채권 종류의 확인

이자지급	이표채(확정금리)	표면이자율(%)	6.1350
채권종류	일반은행채	보장수익률(%)	0.0000
전환주식		이자지급주기	3 개월
발행일	2013/11/28	신용등급	AA-
상장일	2013/11/29	주간사	
상환일	2043/11/28	대용가(원)	8,590
발행총액(천원)	63,000,000	이전이자지급일	2022/08/28

'장내채권종합주문' 창의 '채권 종류'에 표시되는 다양한 형태의 명칭은 채권을 판단할 때 크게 신경 쓸 필요가 없다. 어차피 채권의 종류에 상관없이 채권의 옵션 요소를 판단하여 그에 따른 확정수익률을 산출하면 그만이기 때문이다. 하지만 콜옵션을 가진 금융회사채는 그 채권 자체에 특별한 특징을 지니고 있기 때문에 주의를 기울여야 한다.

금융회사가 발행한 채권에 콜옵션이 있을 경우 첫 콜옵션 행사일에 콜옵션이 행사될 것이라는 것을 유의해야 된다는 뜻이다. '채권 종류'에 '일반은행채' 또는 '특수은행채'로 표시되어 있거나, '일반사채'라고 표시되어 있다고 하더라도 은행에서 발행한 채권이라면 금융회사채이기 때문에 콜옵션 행사의 특징이 적용된다.

보험회사, 신용카드, 캐피탈 등의 회사는 광의(넓은 의미)의 금융회사로 해석되기 때문에 이들이 발행하는 콜옵션부 채권에도 첫 콜옵션 행사일에 콜옵션을 행사한다는 관행이자 약속이 동일하게 적용된다. '채권 종류'에서 광의의 금융회사로 표시되는 명칭으로는 '증권채', '카드채', '리스채', '할부금융채', '종금채', '보험회사채' 등이 있다. 또는 '채권 종류'에 '일반사채'라고 표시되어 있다고 하더라도 광의의 금융회사에서 발행한 채권이라면 콜옵션 행사의 특징이 동일하게 적용된다.

여기서 주의해야 할 점이 있다. 굉장히 작은 규모의 금융회사라면 첫 콜옵션 행사일에 콜옵션을 행사하는 약속을 지키지 않거나 아예 지키지 못할 가능성도 존재한다는 점이다. 이런 곳은 애초에 규모가 작기 때문에 시장의 약속을 어기는 것에 회사 차원의 큰 타격이 없을 수도 있고, 자금 규모가 작아 회사의 재무적 상황이 어려워져 첫 콜옵션 행사일에 콜옵션을 행사하지 못하게 될 수도 있다. 이런 상황이 예상될 경우 단순히 첫 콜옵션일을 실제 상환일로 가정하는 것이 아닌 만기상환일을 상환일로 예측하거나, 확정수익률도 만기 상환을 기준으로 산출해 보는 등 해당 회사가 시장의 약속을 지키지 못하는 상황까지도 충분히 가정한 뒤에 투자 여부를 결정해야 한다.

기본적으로 채권의 신용등급에는 회사의 규모도 반영되어 있기 때문에 해당 채권이 높은 신용등급을 가졌다면 미리 걱정을 할 필요는 없다. 만약 회사의 규모도 작은데 신용등급도 상대적으로 낮다고 생각된다면 위에서 설명한 방법으로 시장의 약속을 지키지 못하는 상황을 가정하는 것이 좋다. 신중하게 투자하여야 최악의 상황을 피하거나 대비할 수 있다.

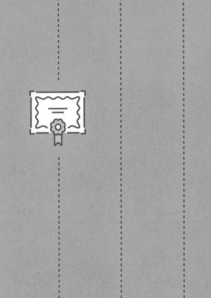

"다른 이들은 더 똑똑하게 행동하려고 애쓰고 있지만,
나는 단지 바보가 되지 않으려고 노력할 뿐이다."
-찰리 멍거(Charles Munger)

CHAPTER
7

채권투자 실전 노하우

1 보다 안전한 채권투자를 위한 노하우

BOND INVESTMENT

7장에서는 채권투자 과정에서 만나는 다양한 변수에 대처하는 방법과 노하우를 배워볼 것이다. 이러한 노하우를 배워 둔다면 채권투자를 더욱더 안전하게 할 수 있을 것이며, 더불어 더 큰 효율을 낼 수 있을 것이다. 다양한 경우에 대처하는 노하우를 습득해서 채권투자 속 숨겨진 기회까지 활용할 수 있는 유능한 투자자가 되어보자.

① 상환일이 아닌 중도 매도를 가정한 채권투자

채권투자는 장내채권 시장에서의 중도 매도를 통해 확정수익률 이상의 수익을 올릴 수 있는 효율적인 투자 수단이다. 하지만 단기간에 추가수익을 거두겠다며 중도 매도만을 목적으로 채권에 투자하는 것은 위험하다. 장내채권 시장에서 변동하는 채권 가격을 예측하는 것은 주가를 예측하는 것과 마찬가지로 매우 불확실한 영역이기 때문이다.

물론 주식보다는 채권 가격의 변동 변수가 훨씬 더 적은 것이 사실이다. 하지만 금융시장 속 여러 이슈들에 대한 선반영과 후반영, 그리고 사람들의 심리까지 반영된 시장가격은 예측할 수 없이 복잡하게 요동친다는 것이 금융시장의 피할 수 없는 진실이다.

특히 사용해야 하는 날짜가 정해진 자금을 중도 매도하면 되겠거니 하는 안일한 생각으로 채권에 투자하는 것은 매우 위험하다. 실제 자금이 필요할 때 장내채권시장에 거래량이 없어 해당 채권을 아예 매도하지 못하거나, 울며 겨자 먹기로 매수한 가격보다 훨씬 낮은 가격으로 채권을 매도하게 될 수도 있다. 아무리 채권이 안전한 투자자산이라 해도 이런 식으로 운용하는 것은 큰 불확실성에 노출시키는 위험한 투자 방법이다.

반면 사용해야 하는 날짜가 정확히 정해진 자금이라고 하더라도, 그 일자 전에 상환되는 채권에 투자하는 것은 큰 문제가 없다. 시장의 거래량에 상관없이 상환일에는 상환금액이 일시에 상환될 것이기 때문이다. 단기자금으로 수익을 내는 것은 채권을 효율적으로 활용하는 방법 중 하나이다.

정리하자면 채권투자자는 기본적으로 해당 채권의 상환일까지 채권을 보유하는 것을 목적으로 투자해야 한다. 중도 매도를 상정하고 투자해서는 안 된다. 투자한 자금을 상환일까지 확실하게 가져갈 수 있다는 확신이 없다면 채권투자를 하지 않는 것이 좋다.

② 잔여 상환일이 많이 남은 채권

기본적으로 채권은 만기 상환일까지의 투자를 전제로 신용등급이 매겨진다. 신용평가 회사에서 해당하는 채권의 신용등급을 산정할 때에는 확정적인 데이터 요소뿐 아니라 만기 상환일까지 발생할 수 있는 잠재적 위험요소까지 모두 고려하여 신용등급에 반영한다. 그러나 예측하지 못한 사건이 발생할 수 있는 가능성은 언제나 존재한다.

따라서 현재 시점에서 채권이 상환되는 기간인 잔여 상환일이 많이 남아 있는 채권은 그만큼 예상할 수 없는 어떠한 위험성을 내포하고 있다고 할 수 있다. 가령 갑작스러운 대내외적인 변수로 회사에 큰 적자가 발생하거나 업종에 따른 리스크로 회사가 큰 타격을 입는 등의 변수가 발생할 수 있다.

이러한 미래 변수에 따른 위험 가능성 때문에 만기 상환일이 길게 발행되는 채권은 상대적으로 더 높은 표면이자율을 가진 채로 발행된다. 또한 잔여 상환일이 많이 남아 있는 채권은 시장에서 그만큼 저렴하게 거래되는데, 그 때문에 매수했을 때의 확정수익률이 높아진다. 채권의 확정수익률이 높다고 해서 잔여 상환일이 너무 많은 남은 채권에 투자하는 것은 다소 위험이 있을 수 있어 채권투자 전 충분히 고려해봐야 한다.

단기 채권은 3년 미만의 채권을, 중기 채권은 3년 이상 10년 미만의 채권을, 장기 채권은 10년 이상의 채권을 지칭한다. 중기채와 장기채 사이의 잔여 상환일을 가진 채권이라면 이러한 불확실성에 대한 고민을 좀 더 해봐야 한다.

물론 국채와 같은 무위험 채권 또는 신용등급이 충분히 높은 채권이라면,

회사의 유보금 또는 구조적인 산업 안정성 등으로 인하여 불확실성에 대한 사전 대비, 또는 그런 변수를 견디는 능력도 갖추고 있다는 뜻이기 때문에 너무 걱정할 필요는 없다.

상환일이 짧게 남은 채권과 길게 남은 채권 중에 어떤 것이 유리할까?

신용등급이 동일하다고 가정했을 때 기본적으로 상환일이 짧게 남은 채권보다 상환일이 길게 남은 채권의 수익률이 더 높다. 채권 수익률에 잔여 상환일에 따른 잠재적 위험이라는 요소가 반영되어 있기 때문이다.

상환일이 짧게 남은 채권은 매번 상환된 후 다시 투자를 진행해야 되기 때문에 상환일이 길게 남은 채권보다 운용과정이 상대적으로 더 번거롭고 힘들다. 그래서 큰돈을 운용할수록 상환일이 길게 남은 채권을 선호하는 경향이 있다.

하지만 평범한 개인투자자라면 상환일이 3년 이하로 남은 채권 위주로 투자하는 것이 조금 더 효율적이다. 첫째, 몇 년을 계획하고 투자했더라도 살아가면서 갑작스럽게 돈이 필요한 경우가 많이 발생하기 때문이다. 보유 자산 중 채권을 현금화해야 할 때는 상환일이 짧게 남은 채권을 현금화하는 것이 상대적으로 유리하다. 둘째, 시장에 비이성적인 가격 출렁임이 발생했을 때 개인투자자는 공포에 휩쓸려 손해를 보더라도 보유 중인 채권을 매도해 버릴 수 있다. 이때 상환일이 짧게 남은 채권을 보유하고 있다면 아무리 시장에 비이성적인 공포상황이 발생했다고 하더라도 곧 다가올 상환일까지만 버티면 된다는 생각으로 임할 수 있다.

물론 기본적으로 상환일이 짧게 남은 채권보다 길게 남은 채권의 확정수익률이 더 높은 경우가 많기 때문에 확실히 만기일까지 사용하지 않아도 되는 돈이라면 또는 숙련된 채권투자자라면 상환일이 길게 남은 채권에 투자하는 것도 나쁜 선택은 아니다.

③ 주식시장에 상장되어 있지 않은 회사의 채권

채권은 기본적으로 주식회사가 발행하지만 주식회사라고 해서 꼭 주식시장에 상장해야 되는 것은 아니다. 채권을 발행한 회사가 주식시장에는 상장하지 않은 비상장 주식회사일 수도 있다는 뜻이다. 이러한 발행자를 가진 채권에 투자할 때 알아야 될 사항이 있다. 바로 개인투자자 입장에서는 주식시장에 상장된 회사가 발행한 채권이 더 좋을 수도 있다는 속성이다.

심각한 문제가 생길 경우 회사는 채권보다는 주식으로 회사의 안정성을 확보한다. 유상증자나 감자가 그 예다. 비상장된 회사의 주식도 활용될 수는 있으나 상장되어 있지 않기 때문에 상장된 회사의 주식보다는 활용성 면에서 떨어진다.

또한 상장된 주식회사는 회사에 특정 사건이 발생했을 때 투자자들에게 알려줘야 하는 공시에 대한 의무, 분기별 재무상황을 보고해야 하는 의무도 더 엄격하게 적용된다. 반면 비상장 주식회사는 엄격한 규정이 적용되지 않거나 훨씬 더 적게 적용된다. 이로 인하여 비상장 주식회사는 개인 채권투자자가 해당 회사가 안전한지 판단하는 것이 더 어렵다.

기본적으로 채권의 신용등급에는 채권을 발행한 회사의 비상장에 따른 요소들까지 모두 반영되어 있기 때문에 우리 같은 비전문가의 개별적인 판단은 별로 중요하지 않을 수 있다. 하지만 신용등급을 기본으로 하면서 재무제표도 보고 신용등급 보고서와 업황 리포트도 보고, 비상장 주식회사의 요소처럼 해당 채권의 잠재적인 위험이 뭐가 있을까 생각해 보고, 고민하고 직접 판단을 내리는 일련의 모든 과정은, 해당 채권에 대한 지식과 확신을 쌓을 수 있게 만들어 준다. 이렇게 지식을 기반으로 하는 투자 결정을 내린다면 혹시라도 예상외의 시장 상황이 발생했을 때에도 심리적인 동요로 인한 공포 상태에 빠지지 않을 것이다. 채권 자체는 안전하더라도 과도한 공포와 우려 때문에 패닉 셀(Panic sell) 해버리는 상황을 미연에 방지할 수 있는 것이다. 이처럼 개인적으로 판단해 보는 과정을 진행함으로써 해당 채권에 대한 실질적이고도 심리적인 믿음을 갖고 있느냐 아니냐는 매우 중요한 안전성 요소이다.

채권을 발행한 비상장 회사의 재무제표는 신용등급 보고서 또는 Dart 사이트의 분기별 보고서 공시를 통해 확인할 수 있다. 회사 자체 홈페이지에 자료를 공시한 회사도 있다.

④ 신용등급은 좋은데 재무제표가 좋지 않은 채권

채권 중에는 신용등급은 A등급 이상으로 굉장히 좋은데 그 회사의 재무제표를 보면 순이익이 큰 손실을 기록하고 있는 회사들이 있다.

위험해 보이지만 실상은 그렇지 않다. 신용등급은 회사의 재무재표뿐 아니라 해당 회사가 채권의 만기 상환일까지 문제없이 이자를 지급하고 상환일에 상환금액을 상환할 수 있는지를 종합적으로 판단하여 결정되기 때문이다.

가령 회사에 이익이 없거나 손실이 발생한다고 하더라도 이미 회사가 보유하고 있는 자금을 사용하면서 회사를 유지할 수 있다. 또는 해당 회사에 투자한 다른 회사나 계열사로부터 지속적이고도 확정적으로 자금 유입이 발생하고 있을 수도 있다. 이처럼 채권을 발행한 회사의 재무제표의 수치가 좋지 않다고 하더라도, 해당하는 회사가 상환일까지 충분히 유지될 뿐만 아니라 발행한 채권도 문제없이 상환할 수 있다면 신용등급이 높게 평가되는 것이다.

예를 들어보자. 10억 원을 자본으로 갖고 있는 A라는 사람이 매달 직장에서 월급을 200만 원 받고, 매달 1,000만 원씩 돈을 쓰면 어떻게 될까? 그 사람이 파산을 할까?

(1) '매달 200만 원 벌면서 1,000만 원씩 쓰는 것은 옳지 않아. 저 사람은 언젠가는 망할 거야'라고 생각하며 A와 관계를 끊으려고 하는 사람들

(2) 'A라는 사람은 자산이 10억이나 있네? 200만 원 벌고 1,000만 원 쓰면 어때? 적어도 몇 년 동안은 나한테 이득일 거야'라며 A와 친구가 되고자 하는 사람들

이렇게 두 부류가 얽혀서 채권의 가격이 끊임없이 변동되는 곳이 바로 채권시장이다.

(1)의 생각은 분명 옳지만 모순이 있다. (1)이 생각하는 '언젠가'의 시점이다. '언젠가'가 무제한의 시간이라면 A는 시간이 지남에 따라 10억의 재산을 모두 탕진하고 결국 파산하게 될 것이다. 하지만 그 시간이 언제까지라고 명확히 정해졌다면 그 가정은 옳지 않게 된다. 명확히 정해진 시간을 기준으로 하는 것이 바로 채권이라는 수단이며, 그러한 데이터에 따라 (2)라고 가정하여 판단하는 것이 채권의 신용등급이다.

정리하자면, 결국 채권투자자는 '해당 채권이 상환일에 상환될 수 있느냐

없느냐라는 명확한 기준만으로 채권을 바라봐야 한다. 그리고 상환일에 상환되느냐 안 되느냐의 기준은 결국 미래의 변수까지도 고려한 신용등급이다. 따라서 재무제표가 좋지 않더라도 신용등급이 적당하다면 투자하여 상환일까지 채권을 들고 가면 된다. 다만 상환일까지 해당하는 채권을 들고 간다고 가정하는 것은 필수이기 때문에 산출한 확정수익률이 마음에 들 경우에만 투자해야 할 것이다.

한편, 발행회사가 재무제표상의 문제를 가지고 있다면 채권의 신용등급이 아무리 높다고 하더라도 조그만 이슈나 변수에도 장내채권 시장에서 가격이 심하게 흔들릴 수도 있다. 논리보다는 공포가 시장을 지배할 수도 있기 때문이다. 이러한 회사채에 투자하는 것에는 문제가 없겠으나 가격 변화에 당황하거나 겁을 먹어 해당 채권을 헐값에 팔아버리거나 하는 상황이 발생하지 않도록 신용등급과 함께 해당 채권에 대한 여러 정보를 충분히 파악한 뒤 확신이 선 상태에서만 투자를 진행해야 할 것이다.

마지막으로, 채권을 발행한 회사가 수익을 내지 못하는 상태가 개인적으로 불안하다면 이론과는 상관없이 해당 채권에는 투자하지 않는 것도 올바른 판단이다. 채권투자에서는 투자자의 심리적인 안정도 크게 중요하기 때문이다.

⑤ 채권 매수 후 신용등급 또는 가격이 내려간다면?

채권은 신용등급평가 이후에 신용등급이 내려갈 가능성도 존재한다고 언급한 바 있다. 신용등급이 내려갔다는 것은 그만큼 채권의 안전성이 악화되었다는 뜻이기 때문에 수요가 줄어들며 해당 채권의 시장가격이 내려가는 결과로 이어진다.

우리는 신용평가 회사의 '등급 변동 전망(Rating Outlook)'과 '등급 감시대상(Rating Watch)' 정보를 통해 신용 변동을 어느 정도 예상할 수 있기 때문에 이러한 정보들이 채권 가격에 선반영되어 실제로 신용등급이 내려가도 가격 변동이 발생하지 않을 수도 있다. 하지만 만약 후반영되어 내가 보유한 채권의 가격이 많이 내려가면 어떻게 해야 할까? 더 나아가 단순한 등급 하락이 아닌, 투자등급에서 투기등급으로 떨어지면 어떻게 대처해야 할까?

투기등급으로 내려간 채권은 큰 가격 하락이 발생할 수밖에 없다. 그렇게 가격이 내려가면 시장에 공포가 만연하여 연쇄적으로 더 큰 가격 하락이 발생할 수 있다. 더불어 단순히 신용등급의 문제뿐 아니라 예측하지 못했던 큰 이슈가 시장에 발생했을 때에도 시장 공포에 따른 큰 가격 하락이 발생할 수 있다.

해당 채권을 보유 중인 투자자들이 내려가는 가격에 겁을 먹고 너도나도 헐값에 내던질 수도 있고, 해당 채권을 보유 중인 기관이나 펀드의 포트폴리오 내에서 안전성이 떨어진 채권이 시스템적으로 자동 매도될 수도 있다. 이러한 큰 가격 하락이 발생하면 우리 또한 공포에 휩싸여서 보유 중인 채권을 말도 안 되는 가격일지라도 상관없이 중도 매도해버리고 싶은 마음이 들게 된다.

만에 하나 이런 상황이 발생하더라도 채권투자자는 일단 침착해야 한다. ABS 채권과 같은 특별한 옵션 조항이 있지 않는 이상, 채권은 아무리 그 신용등급이 내려갔어도 또는 가격이 내려갔어도 회사 자체에 부도가 발생하거나 파산하지만 않는다면 동일한 이자가 지급될 것이며 상환일에 사전에 확정된 금액만큼 문제없이 상환될 것이기 때문이다.

투자등급의 충분히 분석해서 산 채권이라면 매도하기보다는 계속 보유하는 것이 더 안전하게 자산을 지키는 방법이다. 보유 중인 채권의 신용등급이 내려가더라도 또는 크게 가격이 하락하더라도 마음을 가다듬고 가격이 회복되기를 기다리거나 만기일까지 보유하는 것이 통상적으로는 훨씬 효율적이다.

물론 무작정 기다리라는 것은 아니다. 기본적으로 그러한 상황이 발생했다면 해당 채권에 어떠한 문제가 생겼는지를 신용등급 사이트에 업데이트된 자료를 통해 확인하고 그 데이터를 근거로 판단해야 한다.

처음용어 뽀개기

정리매매

거래소에 상장된 주식이나 채권이 그 자격을 상실하면 상장이 취소된다(상장폐지). 상장폐지가 결정된 종목은 투자자에게 최종 매매 기회를 주기 위해 일정 기간 동안 매매를 할 수 있는 기회가 주어지는데 이를 정리매매라 한다. 해당 매매 기간이 끝나면 최종적으로 상장폐지된다.

만약 단순히 채권의 가격만 내려간 것이 아니라 채권 발행 회사 자체의 심각한 문제로 인해서 채권에 *정리매매가 진행되는 상황이라면 위에 설명한 내용과는 전혀 다른 판단 기준을 적용해야 할 것이다. 이런 경우에는 회사의 남은 자산에 따라 채권의 액면가 10,000원 중 얼마의 금액을 회수할 수 있는지(청산가치)를 판단해야 한다. 그 판단에 따라 채권을 계속 보유할지, 현재 정리매매되는 시장가격에 채권을 매도할지를 결정한다.

정리매매와 상장폐지는 극히 드물게 발생하는 일이지만, 경제나 산업 상황이 급변할 경우 발생할 수도 있는 일이다. 정리매매 상황이 발생했을 때 보유한 채권의 액면가에서 얼마를 회수할 수 있을지는 변수가 많아 명확하게 말하기가 어렵다. 또한 채권 정리매매 분야에서의 전문적인 지식과 경험을 필요로 하기 때문에 이 책에서 그 내용을 다루기에는 한계가 있다.

따라서 우리는 애초부터 이런 일이 발생할 확률을 줄이기 위해 노력해야한다. 즉, 투자하기 전 신중을 기해야 한다. 투기등급의 채권은 아무리 수익률이 매력적이더라도 절대 가까이 해서는 안될 것이며, 투자등급의 채권이라고 하더라도 채권투자 전 신용평가 자료와 리서치 자료를 반드시 검토하여 해당 채권을 발행한 회사와 발행 회사가 속한 업종에서 현재와 미래에 어떠한 잠재적인 시장 위험이 있는지를 충분히 파악해야 한다. 당연한 말이지만 가까운 미래에 큰 위험이 도래할 것으로 판단되는 업종의 채권에는 실질적으로든 심리적으로든 투자하지 말아야 한다.

'전문 투자회사' 단위의 채권투자 방법 중에는 채권의 청산가치를 분석하여 투기등급의 채권 또는 아예 청산이 진행되고 있는 채권에 투자하는 하이일드 채권투자도 있다. 굉장히 위험한 채권을 다루는 만큼 기대수익률이 크지만 그만큼 채권에 대한 깊은 전문성과 많은 투자 경험이 필요한 분야이다. 굳이 이 투자법을 언급하는 이유는 채권투자의 무한한 가능성을 설명하기 위해서다.

훗날 우리가 채권투자에 대한 전방위적이고도 전문적인 지식을 완벽하게 갖춘 능숙한 채권투자자가 된다면 이러한 채권조차 효율적으로 활용하여 더 큰 수익을 낼 수 있다는 것을 말해주고 싶었다. 다만 이 책에서 배운 채권투자와는 완전히 분야가 다르기 때문에 기본적인 채권투자법을 배웠다고 하이일드 채권마저 다룰 수 있을 거라는 착각은 하지 말아야 한다.

⑥ 현금 보유의 필요성

　장내채권 시장은 유동성이 적은 경우가 생각보다 많기 때문에 매일매일 마음에 드는 확정수익률을 가진 채권 물량을 매수하다 보면 자연적으로 분산투자가 되곤 한다. 만약 이 경우가 아니더라도 큰 자금을 채권에 투자하여 운용하려고 할 때 일부러 분산투자를 계획하고 진행할 필요는 없다. 채권은 기본적으로 안정성을 확보한 자산이기 때문이다. 더해서 채권투자를 진행할 때 내가 가진 모든 자금을 투자하면 안 된다는 주의사항도 있다.

　채권투자를 진행하면 현금으로 바로 쓸 수 있는 이자수익이 주기적으로 발생한다지만, 살아가다 보면 갑작스럽게 목돈이 필요한 경우가 종종 발생한다. 냉장고처럼 필수 가전제품이 고장 나서 새로 사야 한다든지 갑작스럽게 사고가 나서 병원비가 필요하다든지 하는 등의 예상하지 못한 사건 말이다.

　채권이 안전하고 주기적으로 이자를 지급한다고 하여 그것만 믿고 나의 모든 자금을 투자했다가 갑작스럽게 이자 이상의 돈이 필요한 상황이 발생한다면, 현금을 마련하기 위해 급하게 보유 채권을 시장에서 팔아야 될 수도 있다. 만약 이때 시장의 변수 때문에 일시적으로 채권의 가격이 떨어져 있거나 내 채권을 매수해 줄 수요가 없거나 부족하다면 울며 겨자 먹기로 보유 중인 채권을 헐값에 매도하게 될 것이다. 이렇듯 부득이하게 중도 매도해야 할 경우 안전한 채권에 투자했음에도 손실이 발생할 수 있다.

　따라서 채권투자뿐 아니라 어떤 분야에서든 투자를 진행할 때에는 어느 정도 현금을 보유하는 것이 내 생활의 안정은 물론 투자의 안정을 위해서 반드시 필요하다.

⑦ 회사의 인수합병

채권에 투자하다 보면 보유 채권의 발행 회사가 인수합병되는 일이 발생하기도 한다. 만약 내 채권을 발행한 회사가 인수된다면 그것은 대체로 좋은 일이다. 회사를 인수할 정도로 자금이 풍부한 회사가 채권이라는 부채까지도 가져간다는 뜻이기 때문이다. 따라서 인수된 회사가 발행했던 채권에 대한 안전성은 더욱 높아진다. 이와 같이 채권을 발행한 회사가 규모가 크고 자금력이 있는 회사에 인수되면 해당 채권의 신용등급 상승 가능성이 커지게 되며 그에 따라 시장에서의 채권 가격도 올라가게 된다.

회사 차원에서 인수가 진행된다고 하더라도 채권이 발행될 때 정해진 채권의 세부적인 계약 내용은 그대로 유지될 뿐 아니라 장내채권 시장의 거래에서도 추가적으로 무엇을 신청해야 된다거나 하는 절차도 없기 때문에 기존과 동일한 이자와 상환금액을 받으면 된다. 필요하다면 상승한 가격에 따른 중도 매도를 결정해도 전혀 문제될 것이 없다.

반대로 내 채권을 발행한 회사가 다른 회사를 인수한다면, 회사가 운용할 수 있는 자금력이 줄어드는 상황이기 때문에 인수 후 기대했던 만큼의 시너지가 나오지 않거나 추후 영업 이익 감소 등 회사 사정이 악화된다면 채권 상환에도 부정적인 영향을 끼칠 수 있다. 최악의 상황이 발생했을 때 회사의 남은 자산에 따라 돈을 분배받는 채권투자자에게는 다른 회사 인수가 어느 정도 악재가 될 여지가 있는 것이다.

2 효율적으로 채권투자 활용하기

BOND INVESTMENT

① 민평가 활용

[그림 7-1] 민평가의 확인

틱	일별	상세	발행		
상품번호	KR3501116C57				
상품명	한국전력공사채권1201				
채권분류명	한국전력공사채권				
채권이자지급방법	이표채.확정	KIS신용등급	AAA		
할인율	0.0000	KBP신용등급	AAA		
공모/사모	공모	NIC신용등급	AAA		
사채권리가격(원)	0	FNP신용등급	AAA		
사채권리주식		KAP가	9,878.91		
만기보장수익률	0.0000	KIS가	9,878.66		
만기상환율	0.0000	NIC가	9,877.91		
사채권리청구시작		FNP가	9,877.16		
사채권리청구마감		평균가	9,878.16		

'장내채권주문' 창의 '상세' 메뉴에서 채권의 민평가(=평균가)를 확인할 수 있다.

투자등급의 채권을 매매한다고 했을 때 산출한 확정수익률 외에 투자 결정의 기준점이 되어주는 요소는 없을까? 채권투자에서는 민평가가 그 역할을 하고 있다. 신용평가회사가 아닌 KIS채권평가, 나이스피앤아이, 한국자산평가 등의 채권평가회사들은 채권의 가격을 매일매일 평가하고 있는데 그 평가된 가격을 평균 낸 것이 바로 민평가이다.

이러한 민평가는 기관들이 100억 원 이상의 대규모 채권거래를 할 때 이용되는 채권의 가격이다. 즉, 채권의 도매 가격이라고 할 수 있다. 개인투자자 역시 이러한 민평가를 활용하여 채권을 민평가보다 낮은 가격으로 매수하면 상대적으로 이익이라거나, 보유 중인 채권을 중도 매도해야 할 때 민평가 수준으로 매도하면 적당하다는 식으로 판단할 수 있다.

민평가는 보통 장내채권 시장에서 거래되는 실제 가격과 다소 차이가 있으므로 특별한 상황이 아닌 이상 우리 같은 개인이 민평가 가격으로 채권을 거래하기는 힘들다. 그럼에도 민평가를 확인하는 이유는 다양하고 광범위한 채권거래 시장에서 하나의 투자 판단 기준점으로 활용할 수 있는 수치이기 때문이다.

한편 장내채권 시장에서 실제로 거래되는 채권의 가격과 민평가와의 차이가 크게 난다고 하더라도 우리가 채권 수익률 계산기로 산출한 채권의 확정수익률에는 영향을 끼치지 않는다. 따라서 민평가를 기준으로 표시되고 있는 증권사의 잔고 수익률을 참고하거나 신뢰할 필요는 적거나 없다.

② 채권시장의 평균수익률 판단하기

투자등급의 채권에 투자할 때에는 상환일을 기준으로 산출한 확정수익률을 바탕으로 해야 한다. 확정수익률이 마음에 들면 투자하고 마음에 들지 않으면 투자하지 말아야 한다. 그렇다면 그 확정수익률이 마음에 들 정도로 적당한지, 또는 그 확정수익률이 현재의 시장에서 받을 수 있는 최선의 수익률이 맞는지에 대해서는 어떠한 기준으로 판단할 수 있을까?

채권의 선별 과정에서 신용등급에 따른 최소한의 안전기준과 투자를 계속해서 유지해 나갈 수 있는 상환일 기준을 통과했다면, 확정수익률이 가장 높은 채권을 매수하는 것이 투자 관점에서 효율적인 판단 기준일 것이다. 하지만 그 확정수익률이 진짜 높은 수익률인지에 대한 판단 기준은 정해져 있지 않기 때문에 해당하는 수익률로 매수해도 될지에 대한 결정이 어려워진다. 이럴 때 채권의 민평가 또는 신용평가회사 홈페이지에서 제공하는 등급별 금리 스프레드의 채권 수익률이 어느 정도 기준점이 될 수 있겠으나 상황에 따라 실제 시장 수익률과의 차이가 크게 벌어져 있을 수도 있다.

이와 같은 문제의 해결 방법으로, 현재 장내채권 시장에서 높은 수익률을 얻을 수 있는 여러 안전한 채권의 확정수익률을 주기적으로 산출하여 평균을 내고 그것을 채권시장의 평균 수익률로 판단할 수 있다. 평균 수익률을 기반으로 내가 매수하려는 채권의 확정수익률이 적당한지를 상대적으로 비교하여 판단하는 것이다.

그렇다면 채권의 평균 수익률을 효율적으로 산출하는 방법을 알아보자. HTS의 '채권전종목시세' 창에서 '매도수익률'을 클릭하여 매도수익률이 높은 순서로 정렬한다. 그다음 위에서부터 하나씩 채권을 클릭하여 신용등급 판

[그림 7-2] 매도 수익률 기준의 정렬

종목명	수익률	현재가	전일대비	등락률	거래량	매도호가	매도수익률▼	매수호가	매수수익률	매도잔량
한창66	7.538	9,161.00 ▼	18.00	-0.20	456,547	9,158.00	7.550	9,054.50	7.976	97,106
롯데손해보험9(후)	6.802	10,082.00 ▲	22.00	0.22	1,413,194	10,082.00	6.802	10,081.00	6.803	913,745
롯데손해보험신종자본증권 3	6.750	10,216.00 ▲	16.00	0.16	67,907	10,216.00	6.750	10,205.00	6.759	96,877
흥국화재신종자본증권3	6.604	9,879.00 ▲	20.00	0.20	455,294	9,879.00	6.604	9,878.00	6.604	578,359
푸본현대생명보험20(후)	6.274	10,067.00			56,526	10,067.00	6.274	10,053.00	6.293	197,250
대유플러스12	6.127	9,619.00 ▼	1.00	-0.01	200,002	9,619.00	6.127	9,520.50	6.550	378,797
두산퓨얼셀3	5.925	10,099.50 ▲	0.50		91,236	10,099.50	5.925	10,099.40	5.925	356,569
경남은행17-11이(신종)30A-28	5.781	10,449.00 ▲	13.00	0.12	69,661	10,450.00	5.780	10,430.00	5.796	104,010
삼척블루파워6	5.780	10,036.50 ▼	1.00	-0.01	157,538	10,048.50	5.730	10,036.50	5.780	516,705
한신공영46	5.738	9,945.10 ▲	11.00	0.11	44,938	9,947.00	5.724	9,946.10	5.731	460,166
이지스자산운용10-2	5.286	10,140.00 ▼	30.00	-0.29	60,239	10,170.00	5.711	10,153.60	5.807	51,804
에스엘엘중앙8	5.642	9,998.50 ▲	3.40	0.03	181,761	10,000.00	5.626	9,998.50	5.642	1,587,624
케이디비생명보험7(후)	5.680	10,027.50 ▼	12.50	-0.12	136,338	10,056.00	5.624	10,022.00	5.691	222,245
경남은행 조건부(상)21-09이(신	7.869	10,096.00 ▼	2.00	-0.02	2,102	10,102.90	5.579	10,096.00	7.869	7,791

단을 기본으로 투자 가능한 채권인지 하나씩 확인한다. 투자에 적당한 채권이 아니라면 바로 다음 채권으로 넘어가면 되고, 투자에 적당한 채권이라면 옵션 요소를 고려한 확정수익률을 산출해 보면 된다. '다음' 버튼을 2~3번 정도 눌러 표시되지 못한 채권까지 같이 표시하여 정렬하면 더 효율적이다.

위에서부터 높은 확정수익률의 채권들을 이미 여러 개 추려냈다면, 훨씬 더 아래에 있는 채권들은 확정수익률이 더 작을 것이기 때문에 일일이 계산해 볼 필요가 없다. 물론 옵션이 있는 채권은 HTS에 표시된 수익률과 실제 확정수익률과의 차이가 크기 때문에 위쪽에 정렬되어 있다고 해서 무조건 실질 수익률이 높은 것은 아니다. 따라서 투자 경험이 쌓이기 전까지는 아래쪽에 정렬된 채권들까지 실제 확정수익률을 분석하는 연습을 하는 것이 좋다.

이렇게 매도수익률이 높은 채권을 기준으로 하여 채권투자에 적정한 채권을 하나씩 선별하고 그 확정수익률을 계산해 보았다면, 그러한 확정수익률들의 평균이 장내채권 시장에서 얻을 수 있는 평균 수익률이자 현재 시점에서 채권을 매수했을 때 기대할 수 있는 적당한 수익률로 판단할 수 있다. 투자하기 전은 물론 투자하는 중에도 이런 분석과정을 주기적으로 진행한다면 수많은 채권을 선별하고 판단하는 과정에서 경험을 쌓고 안목을 기를 수 있을 것이다.

'채권전종목시세' 창에서 '매도수익률' 정렬을 통해 표시되는 채권은 정렬 당일 실제 매도호가가 있는 채권만이 표시된다. 즉, 그날 매도 호가가 없어 거래할 수 없는 채권이라면 정렬 시 포함되지 않는다.

그날 거래량이 아예 없거나 호가가 아예 제시되지 않은 등의 상황을 가진 채권은 '채권전종목시세' 창에서 종목명은 표시되지만, 나머지 표시 내용은 빈칸으로 표시된다.

채권의 액면가인 10,000원보다 훨씬 높은 가격을 가지고 있는 채권은 확정수익률이 낮을 확률이 상대적으로 높다. 또 채권의 민평가보다 현재 가격이 더 낮은 채권을 찾아보는 것도 도움이 된다.

[그림 7-3] 거래량 기준의 정렬

종목명	현재가	등락율	거래량	
롯데손해보험9(후)	10,082.00	0.22	1,413,194	▲
대한항공100-2	10,016.50	-0.01	1,101,961	▼
씨제이 씨지브이신·	9,955.00	-0.95	1,033,946	▼
한진칼3	10,380.30	-0.19	803,947	▼
한창66	9,161.00	-0.20	456,547	▼
흥국화재신종자본증	9,879.00	0.20	455,294	▲
하나금융조건부(상	9,838.00	0.01	431,078	▲
대한항공99-2	9,940.00	-0.69	413,898	▼
한국전력1260	9,999.90	0.49	337,599	▲
대한항공93-2	9,956.90	0.12	294,309	▲
현대두산인프라코0	10,055.00	0.04	257,143	▲
국고01125-3909(19	6,970.00	0.14	213,022	▲
기업은행 조건부(상	9,939.00	-0.40	201,280	▼
대유플러스12	9,619.00	-0.01	200,002	▼
서울도시철도22-08	8,160.00	-0.17	200,000	▼
에스엘엘중앙8	9,998.50	0.03	181,761	▲
삼척블루파워6	10,036.50	-0.01	157,538	▼

HTS의 '장내채권종합주문' 창에서 매일매일 거래량이 많은 채권을 하나씩 확인하다 보면 상장한 지 얼마 안 되었거나 일시적인 악재로 가격이 크게 떨어졌다거나 하는 등의 이유로 괜찮은 확정수익률 조건을 가진 채권을 찾게 될 수도 있다. 물론 단순히 거래량이 많다고 확정수익률이 높다거나 좋은 채권인 것은 절대 아니지만, 수많은 채권 중에서 괜찮은 채권을 찾을 확률을 조금이라도 높이는 방법 중 하나이다.

③ 적금처럼 채권 운용하기

채권은 1,000원이라는 작은 자금부터 몇억 원 대의 큰 자금까지 안정적으로 활용이 가능한 투자 수단이다. 주로 큰 자금에 활용하는 예금과 주로 작은 자금에 활용하는 적금의 장점을 채권투자에서는 모두 활용할 수 있다는 뜻이다. 지금까지 언급했던 채권투자 방법은 목돈을 운용하는 예금의 방식에 가까웠다. 목돈을 채권에 투자하여 이자를 받고 상환일에 원금을 돌려받는 식이니 말이다. 하지만 채권 또한 적금을 운용하듯 활용할 수 있다. 그 방법에 대해 알아보자.

은행 적금을 운용할 때는 매달 적금계좌로 자동으로 이체되게 하거나 우리가 직접 적금계좌에 이체한다. 채권투자 HTS에는 안타깝게도 매달 자동으로 얼마의 금액이 이체되고 자동으로 채권을 매수해주는 기능은 존재하지 않는다. 대신 채권투자자가 증권사의 채권 운용 계좌로 매달 또는 현금이 생길 때마다 이체하는 방식을 활용하면 채권을 통한 적금식의 투자를 진행할 수 있다.

이렇게 이체한 금액으로 장내채권 시장에서 그때그때 매력적인 확정수익률과 안전성을 가진 채권을 직접 매수해야 한다. 약간의 수고가 들지만 이렇게 하면 채권을 자유적금처럼 활용할 수 있다.

적금 운용 방식으로 채권을 활용할 때에는 매일 변동되는 가격으로 여러 채권을 소량 매수했을 것이기 때문에 각 채권마다 얻게 되는 확정수익률도 각기 달라진다. 따라서 여러 채권을 통해 받고 있는 평균수익률을 정확히 판단하는 데도 어려움이 있다.

하지만 매번 은행의 예·적금보다 높은 확정수익률을 가진 여러 채권들을 지속적으로 매수했을 것이기 때문에 이와 같이 적금의 운용 방식으로 진행한 채권투자의 평균수익률은 은행에서 받을 수 있는 그 어떤 금리보다 무조건 높을 수밖에 없다.

HTS의 '장내채권종합주문' 창의 '잔고' 창에서는 내가 매수한 채권을 모두 확인할 수 있다. 다만, 동일한 채권이라고 하더라도 매수한 일자가 다르다면 각기 다른 칸에 채권 정보가 표시된다. 대신 '계좌 잔고 종합(결제기준)' 창에서는 매수한 일자에 상관없이 같은 채권을 기준으로 평균 매수가격을 확인할 수 있다. 해당하는 정보를 채권 수익률 계산기에 입력하면 내가 적금 운용 방식으로 채권에 투자하여 받고 있는 수익률을 대략적으로 판단해 볼 수 있다.

일단 채권을 매수하면 이자지급일에 자동으로 이자가 지급되고, 만기상환일에 자동으로 상환금액이 상환되기 때문에 매번 여러 채권을 매수하고 보유한다고 하여도 투자가 복잡해지거나 어려워지지 않는다. 이처럼 채권을 적금처럼 운용하는 것은 굉장히 쉽고 간단하다.

④ 복리로 채권 운용하기

채권에 투자할 때에는 이자금액과 상환금액이라는 두 가지 현금 흐름이 지속적으로 발생한다. 이렇게 채권에서 현금 흐름이 발생할 때마다 그 돈을 사용하지 않고 다시 채권을 매수한다면 그것이 바로 복리 수익률을 가져갈 수 있는 투자 방법이다.

보다 자세히 설명하면 적금처럼 매달 채권을 매수하고, 매수한 채권에서 현금 흐름이 발생할 때마다 채권을 추가 매수하는 방식이다. 이 방식으로 채권을 운용하다 보면 어느 순간 복리의 효과를 누리고 있음을 자산을 통해 확인할 수 있을 것이다.

⑤ 레버리지로 채권 운용하기

저금리 대출을 통해 풍부한 레버리지를 활용할 수 있는 부동산 투자와 미수(신용)거래로 레버리지를 활용할 수 있는 주식투자와는 달리 채권은 현금거래가 원칙이다. 따라서 시장에서 신용거래가 불가능하며 그에 따라 자체적인 레버리지를 활용하기 어려운 자산이다.

다만, 채권에서도 간접적으로 레버리지를 활용할 수 있는 방법은 있다. 바로 개인 신용대출 등을 통해 채권에 투자할 자금을 마련하는 것이다. 대출을 받음으로써 내야 하는 금리보다 채권투자를 통해 얻을 수 있는 금리가 더 높을 경우에 대출을 실행하여 그 차액을 가져가는 방식이다.

높은 안전성을 가지고 있으면서 이자가 지급되는 주기가 짧을 뿐 아니라

지급되는 이자의 금액을 원 단위까지 정확히 알 수 있고 상환일이 정확히 정해져 있는 채권이라는 수단은 대출을 이용한 간접적인 레버리지를 활용하기에 손색이 없다.

　나 역시 회사에 다닐 때 회사의 저금리 대출 제도를 활용하여 일부러 대출을 받아 채권의 수익률과 대출금리의 차이만큼 무위험 차익을 얻어낼 수 있었다. 내 친구의 사례도 있다. 친구는 신혼집을 구하기 위해 대출을 받을 때 필요한 만큼만 대출을 받으려고 했다. 나는 이 친구에게 레버리지를 활용한 채권투자를 설명해 주었고, 친구는 받을 수 있는 최대한도의 금액으로 대출을 진행한 뒤 신혼집을 구하고 남은 자금을 채권에 투자하였다. 결론적으로 낮은 대출금리와 높은 채권수익률의 차액만큼 매달 발생하는 대출 이자 비용을 줄일 수 있었다.

　이와 같은 방법을 활용하려면 보통 3개월에 한 번 세금을 제한 채권 이자 금액과 매달 지출해야 되는 대출 이자 금액 사이에서 확실한 이익이 발생할 때에만 진행해야 한다. 특히 금리 상승기에 변동금리로 대출을 받을 경우, 대출 이자가 더 많아질 위험성도 있다. 해당 방법으로 활용하는 채권은 투자 등급일 뿐 아니라 업황도 밝은 안전한 채권이어야 할 것이다. 또한 대출에 만기 연장이 안 될 경우를 대비하여 대출의 상환일보다 더 빠른 상환일을 가진 채권만을 선택해야 된다.

　해당 방법은 채권투자에 대한 경험이 풍부하여 채권을 익숙하게 다룰 수 있는 투자자에 한해서만 실행하는 것이 좋다. 또한 금융시장 전체에 유동성이 풍부한 저금리 시대일 때 활용할 수 있는 방법일 것이다.

⑥ 채권의 거래량이 적거나 채권에 투자할 금액이 너무 크면?

장내채권 시장에서 채권을 매수할 때 그 매도 호가의 물량이 적은 경우가 많다. 이럴 경우 채권투자자는 원하는 가격을 가진 채권이 시장에 있다고 하여도 내가 투자하고자 하는 금액만큼 충분하게 매수할 수 없게 된다.

채권시장의 규모는 엄청나게 거대하지만 채권투자 자체는 기본적으로 만기까지 보유하는 전략이 사용되기 때문에 장내채권 시장에 채권을 내놓지 않는 경우가 흔하기 때문이다.

만약 투자하고자 하는 자금이 굉장히 클 경우, 이러한 부족한 매도 물량으로 인해서 채권 호가 가격을 끌어올리면서 매수하게 될 수도 있다. 이와 같은 방법은 채권 호가 간의 가격 차이가 크지 않다면 문제될 것이 없겠으나 호가의 가격 차이가 크다면 예상했던 확정수익률보다 더 적은 수익률을 얻게 될 것이기 때문에 실제로 실행하기에는 부담일 수밖에 없다.

이런 상황이라면 굳이 한 종류의 채권을 고집하기보다는 다른 매력적인 채권도 함께 활용하는 것이 좋다. 아니면 선택한 채권에서 원하는 호가 가격에 있는 물량만 먼저 매수하고, 남은 자금으로는 매수 대기를 걸어 놓아도 된다. 이렇게 매수 대기를 걸어 놓을 때는 총 금액이 클수록 상대적으로 거래가 성사될 확률이 크다. 만약 당일에 모두 거래가 안 되더라도 며칠에 걸쳐 계속 매수 대기를 걸어 놓을 수도 있다. 물론 매수 대기를 걸어 놓을 때에는 그만큼 합리적인 가격을 제시해야 할 것이다. 여유를 가지고 천천히 채권을 매집하다 보면 몇억 원 정도의 자금은 상대적으로 쉽게 시장에서 소화된다.

기관이나 자본가는 합리적인 가격에 채권을 매도함으로써 보유한 물량을 적당히 관리하는 것이 안정성 측면에서 좋을 것이다. 그러므로 채권투자자가 적당한 가격에 많은 채권을 사고자 매수 대기를 걸어놓았을 때 기관이나 자본가가 해당 가격에 매도해줄 가능성은 상대적으로 높다.

반면 기관이나 자본가가 내 채권을 매수해 주는 것은 그 가능성이 상대적으로 낮다. 그들은 이미 충분한 채권 물량을 가지고 있을 확률이 높기 때문이다. 결국 개인들이 그 물량을 매수하게 될 텐데, 개인들은 기관이나 자본가들의 엄청난 자본력에 비한다면 상대적으로 매수 물량이 적을 수밖에 없다.

따라서 큰 금액을 운용할 때, 장내채권 시장에서의 채권 매수는 충분히 진행할 수 있겠으나 중간 매도는 투자 금액이 커질수록 더 힘들어질 수 있다는 사실을 투자 전에 충분히 고려해야 할 것이다. 물론 만기 상환을 전제로 투자하는 것이 채권투자의 기본이기 때문에 이것은 큰 문제가 되지 않을 것이다. 뿐만 아니라 대부분의 경우 전체 투자 금액이 아닌 일부 금액만을 적당한 가격에 매도하는 방식으로 해당하는 문제에 대응할 수 있을 것이다.

만약 직접 관리하기 어려울 정도로 큰돈을 투자하려고 한다면 약간의 손실을 감수하더라도 증권사의 장외채권 서비스를 활용하거나 수수료가 적당하고 믿을 만한 채권 전문 자산운용사에게 일임하는 것도 한 방법이다.

⑦ 채권투자에 적당한 시기가 있을까?

특별히 채권투자를 진행하기 더 좋은 적당한 시기가 있을까? 이론적으로는 있을 수 있다. 하지만 현실적으로는 선반영과 후반영, 사람들의 심리가 반영된 금융시장 거래의 특성상 그러한 시기를 정확하게 판단하고, 또 그런 시기에 채권의 가격이 실제로 내가 예측한 대로 움직일 것인지는 절대 알 수 없다. 오히려 그런 시기에 집중한다면, 해당 채권에 조금만 가격적인 문제가 생겨도 심리적으로 큰 불안감을 느껴 감정적인 매도를 하여 투자 손실이 발생하게 될 수도 있다.

이와 같이 앞으로의 시장을 예측하는 것이 아니라 그냥 현재의 시장에 대응하는 방법도 있다. 양적 완화로 인한 유동성 장세로 시장의 채권 가격이 크게 상승해 있는 상태라면 기존 채권투자자는 가격이 오른 채권을 시장에 중도 매도하여 확정수익률보다 더 큰 이익을 확정지을 수 있겠으나, 새롭게 채권에 투자하려는 투자자 입장에서는 채권에 투자함으로써 얻을 수 있는 확정수익률이 줄어드는 결과가 될 것이다. 물론 이러한 경우에서의 확정수익률조차 은행의 예금 적금보다는 훨씬 더 매력적인 수익률을 갖고 있을 것이다.

그렇다고 해서 채권에 새롭게 투자하려는 투자자가 더 큰 수익률을 노리고 다시금 채권 가격이 떨어지는 것을 무작정 기다리는 것은 불확실성에 기반한 기약 없는 기다림일 것이다. 이런 상황에서는 상대적으로 잔여 상환일이 짧게 남은 채권을 매수하는 게 대안이 될 수 있다. 매수 후 채권의 가격이 떨어진다고 하더라도 상환일이 짧게 남았다면 심적인 동요가 없거나 적을 것이고, 상환일에 상환금액을 받은 뒤 떨어진 가격의 채권을 높은 확정수익률로 매수하면 될 것이기 때문이다. 이와 같이 채권투자는 손실 가능성이 굉장히 작으면서도 언제나 매력적인 수익률을 제공해준다.

시장의 미래를 예측하는 것이 완전히 불필요한 행동은 아니지만 예측에 따라 실제 소중한 돈을 베팅하는 것은 투자와는 또 다른 영역의 문제라고 생각한다. 통상적인 채권투자라면 예측이 틀린다고 하여도 크게 손실이 발생하지는 않는다. 그러나 확정 요소가 아닌 변수에 기반한 투자 습관은 그 자체가 훗날 큰 위험을 가져올 수도 있기 때문에 장기적 관점에서 피해야 하는 습관이라고 생각한다.

따라서 1장에서 채권투자의 금리 위험성을 알아보면서 배웠던 내용처럼 금리 변동기를 비롯한 특정 시기를 노리는 투자가 아닌, 매 투자 시점의 채권 가격으로 계산한 상환일까지의 확정수익률을 기준으로 투자를 결정해야 한다. 그 확정수익률이 마음에 들면 투자하고, 마음에 들지 않으면 투자를 보류하거나 현금을 보유하거나 다른 투자 수단을 찾아야 한다. 이것이 보다 안전하고 효율적으로 채권을 활용하는 방법이다.

⑧ 채권 가격이 오르면 중도 매도해야 할까?

채권은 중간에 가격이 오르면 중도 매도하여 확정수익률보다 더 높은 수익을 얻을 수 있다. 그렇다면 채권의 가격이 오르면 무조건 매도하는 것이 효율적일까?

이는 여러모로 신중하게 생각하고 결정해야 하는 요소이다. 채권의 가격이 내가 매수했던 가격보다 올랐을 때 즉각 매도한다면 이익이 발생할 수는 있겠지만 매도함으로써 기존에 받고 있던 이자를 더 이상 지급받지 못하기 때문이다.

만약 내가 투자하던 채권의 확정수익률 이상의 수익을 창출할 수 있는 별도의 투자 수단이 없다면 중도 매도한 금액을 현금으로 갖고 있을 것이기 때문에 시간이 지날수록 그 중도 매도에 대한 이익의 가치가 상대적으로 떨어지게 된다.

이처럼 당장 사용해야 할 돈이 아니라 또다시 투자에 활용할 돈이라면, 채권의 가격이 올랐다고 무조건 매도하는 것보다는 차라리 채권에서 발생하고 있는 이자를 계속해서 받아 나가는 것이 효율적일 수도 있다.

물론 중도 매도를 고려했던 채권의 높은 가격은 상환일에 가까워질수록 액면가인 10,000원에 근접할 수도 있고, 또는 상환일이 많이 남았다면 추후에 가격이 오히려 더 상승할 수도 있을 것이다. 이러한 변수까지 고려해야 되기 때문에 보유 채권의 중도 매도는 신중하게 생각해봐야 할 어려운 결정이다. 개인이 처한 상황 또는 추가로 진행할 투자 여부, 그 외에 개별적인 판단에 따라 매도를 결정해야 할 것이다.

채권의 장점 중 하나는 이러한 매도 결정 같은 개별적인 판단이 틀리더라도 엄청난 손실로 이어지지는 않는다는 점이다. 채권은 어쨌든 확정수익률을 가지고 있는 투자 수단이기 때문이다. 채권투자 중간에 적당한 가격으로 매도를 결정한다고 하여도 그것으로 대부분 매력적인 수익이 발생하며, 계속 보유를 결정한다고 하여도 상환일까지의 확정수익이 변함없이 발생한다. 채권투자에서의 결정은 언제나 기본적인 안전성이 확보되어 있어 마음이 편하다.

⑨ 내가 매수한 채권보다 매력적인 채권이 있다면?

장내채권 시장에 내가 매수한 채권보다 더 나은 채권이 있다면 어떻게 해야 될까? 단순한 계산으로는 내가 보유 중인 채권을 매도하고 더 나은 채권을 매수하면 되는 것이 아닐까 하겠지만, 이것을 이루기 위해서는 생각보다 많은 변수를 극복해야 한다.

기본적으로 내가 매도할 채권의 거래량이 충분해야 될 것이고, 내가 매수할 채권의 거래량도 그만큼 뒷받침되어야 할 것이다. 또한 내가 보유한 채권을 매도하는 가격이 그 채권을 매수한 가격보다 높아야 된다는 전제도 필요하다. 채권을 매도했을 때의 결제 개념(현금 증거금) 때문에 100% 금액만큼은 즉시 매수하지 못하는 것이야 어차피 큰 차이는 아니기 때문에 넘어간다고 쳐도, 교체 대상인 채권과의 잔여 상환일의 차이도 존재한다.

잔여 상환일의 차이란, 만약 ①내가 보유하고 있는 채권의 확정수익률이 작지만, 잔여 상환일이 얼마 남지 않았고, ②교체를 고려하고 있는 채권은 확정수익률이 더 높지만 잔여 상환일이 많이 남아 있는 경우를 말한다. 이러한 잔여 상환일 차이에 따른 채권의 안전성 차이까지도 채권 교체 시 고려 요소에 포함시켜야 한다. 따라서 단순히 채권의 확정수익률만으로 채권 교체를 판단하면 안 된다.

심지어 장내채권 시장의 채권 가격은 꾸준히 변하기 때문에 내가 매도한 채권의 가격이 추후 더 상승하게 될 수도 있고, 오히려 교체한 채권의 가격이 떨어지게 될 수도 있다. 채권 종목을 교체할 때에는 이렇게 고려해야 할 변수가 다양하기 때문에 채권의 종목 교체 결정은 생각보다 어렵다.

만약 이러한 변수가 없는 상황이라면, 단순히 ①내가 보유하고 있는 채권을 통해 상환일까지 얻을 수 있는 확정수익률과 ②교체 대상 채권을 매수하여 상환일까지 얻을 수 있는 확정수익률을 비교하여, 교체 대상 채권의 확정수익률이 더 높을 때 채권 종목 교체를 진행하면 될 것이다.

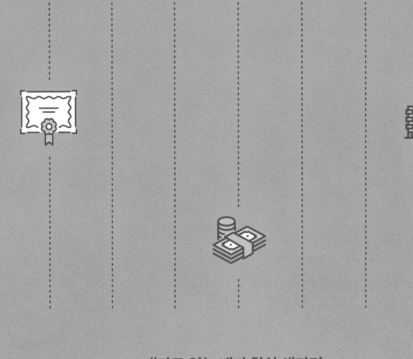

"타고 있는 배가 항상 샌다면
구멍을 막느니 차라리 배를 바꿔 타는 것이 생산적이다."

-워런 버핏(Warren Buffett)

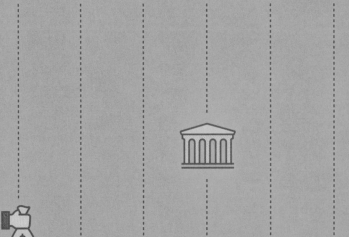

CHAPTER

8

채권 같은 채권 아닌 채권투자

증권사의 장외채권

BOND INVESTMENT

이 책에서 지금까지 설명한 채권 지식은 한국에서 발행된 채권 중 주기적인 이자지급 방식을 가진 회사채를 기준으로 하고 있다. 이번 장에서는 지금까지 배운 채권과는 완전히 다른 채권들에 대해서도 알아볼 것이다. 채권시장에는 우리가 배운 채권은 일부에 불과할 만큼 다양한 채권들이 존재한다. 그러나 내가 수많은 채권 중에서 지금의 방법을 고집하는 데는 이유가 있다. 이 장을 살펴보면 여러분도 그 이유를 알게 될 것이다.

채권에 투자하는 방법에는 우리가 배운 장내채권 시장을 활용한 채권 직접투자 방법뿐만 아니라 각 증권사에서 제공하는 '장외채권'을 이용하는 방법도 있다.

증권사에서 제공하는 장외채권 서비스는 증권사의 스마트폰 앱뿐 아니라 증권사 자체의 홈페이지에서도 이용할 수 있다. 이 역시 개인이 채권을 매수

[그림 8-1] 증권사의 장외채권 서비스

장외채권 조회결과 단위 : 연수익률(%)

채권구분	종목명	투자위험도	만기일자 / 잔존기간	잔존수량(원)	표면이율 / 매수수익률	매수단가(원) / 숙려고객 매수단가(원)	개인세전 / 개인세후	법인세전	신청하기	상품자료
회사채	대구도시철도공사45 신용등급 : AA+ [채권현금흐름표]	초저위험	2023.06.09 / 00년 253일	8,177,585,000	1.380% / 3.990%	9,829 / -	4.51 / 3.81	4.03	매수신청	투자설명서 / 신용평가서 / 상품설명서
회사채	현대세피코8-1 신용등급 : A+ [채권현금흐름표]	저위험	2023.06.09 / 00년 253일	815,125,000	2.311% / 4.230%	9,881 / -	4.62 / 3.91	4.27	뱅키스전용 / 매수신청	투자설명서 / 신용평가서 / 상품설명서
회사채	맥쿼리한국인프라투용자회사2-1 신용등급 : AA [채권현금흐름표]	저위험	2023.06.11 / 00년 255일	1,870,851,000	2.980% / 4.670%	9,898 / -	5.01 / 4.24	4.71	뱅키스전용 / 매수신청	투자설명서 / 신용평가서 / 상품설명서
회사채	현대제철129-1 신용등급 : AA [채권현금흐름표]	저위험	2023.07.14 / 00년 288일	3,180,042,000	1.616% / 4.370%	9,820 / -	4.91 / 4.15	4.41	매수신청	투자설명서 / 신용평가서 / 상품설명서
	한국남동발전50-1(녹)		2023.07.26		1.523%	9,832	4.40			투자설명서

할 수 있고, 그 채권을 매수할 수 있는 시간도 일반적인 장내채권 시장의 거래 시간(오전 9시~오후 3시 30분)보다 훨씬 길다(오전 8시~오후 4시).

뿐만 아니라 해당 채권을 매수하면 얻을 수 있는 수익률이나 해당 채권의 만기 일자, 잔존기간 등의 정보도 굉장히 보기 쉽게 표시되어 있기 때문에 마치 편의점에서 물건을 고르듯 원하는 채권을 매수하여 투자할 수 있다.

증권사의 장외채권 서비스를 통해 매수한 채권은 우리가 앞서 배운 채권 지식을 통해 활용할 수 있던 채권과 동일하다. 증권사의 장외채권 서비스를 통해 채권을 매수하면 역시 해당 채권이 내 채권 잔고로 들어오며 장내채권 시장에서 자유롭게 거래할 수 있다.

증권사의 장외채권 서비스가 장내채권 시장을 이용하는 것보다 편리하고 거래 시간도 길게 제공되는데, 어째서 나는 장내채권 위주로만 설명했을까? 증권사의 장외채권 서비스에는 어떤 맹점이 있는 것일까?

(1) 증권사 장외채권 서비스가 친절한 이유

앞서 채권은 채권을 중개하는 증권사 입장에서 개인들에게 채권을 홍보하거나 중개함으로써 얻을 수 있는 수수료 같은 이익이 적게 발생하기 때문에 채권이라는 투자 수단이 개인투자자들에게 널리 알려지지 못했으며, 자연스럽게 채권 직접투자에 대한 자료도 생산되지 못하였다고 언급했다.

그렇다면, 시스템이 부족하고 친절하지도 않은 채권이라는 시장에서 어째서 장외채권 서비스만큼은 친절하고 거래 시간도 길게 제공하는 것일까? 증권사에서 제공하는 장외채권 서비스는 금융사 자체에서 돈을 벌 수 있는 '상품'과 같은 구조이기 때문이다.

증권사는 채권 청약에 참여하거나 대규모 채권 거래를 통해 '도매가'로 채권을 사들여 이런 장외채권 서비스에서 '소매가'로 판매한다. 소매가라는 말은, 장외채권 서비스에서 판매 중인 채권들의 가격에 증권사에서 얻을 수 있는 이익을 이미 포함시켰다는 뜻이며, 이에 따라 장외채권 서비스에서 판매하는 채권은 상대적으로 더 높은 가격을 가지고 있다는 의미이다. 따라서 누군가 장외채권을 매수하면 증권사는 무조건 수익이 발생하는 구조이다. 해당 채권을 매수하는 입장에서는 증권사에 수익이 발생하는 만큼 더 비싸게 매수한 것이라고 보면 된다.

장외채권은 스마트폰 앱(MTS)을 통해 장내채권을 매수할 때 발생하는 문제점들과 같은 문제를 가지고 있다. 채권의 옵션 요소에 따른 실질적인 상환일을 파악하기 어렵다거나, 장외채권 서비스에 표시되어 있는 수익률이 정확하지 않을 뿐 아니라 옵션 요소도 반영하지 못한다는 등의 문제점을 가지고 있는 것이다. 물론 그렇다고 하여도 채권을 매수하는 투자자가 큰 위험에

[그림 8-2] 장내채권 시장에서 거래량이 없는 경우

채권구분	종목명	투자 위험도	만기일자 잔존 기간	잔존수량 (원)	표면 이율 매수 수익률	매수단가(원) 속려고객 매수단가(원)	개인 세전 개인 세후	법인 세전	신청하기	상품자료
회사채	대구도시철도공사45 신용등급 : AA+ 채권현금흐름표	초저위험	2023.06.09 00년 253일	7,723,827,000	1.380% 3.990%	9,829 -	4.51 3.81	4.03	매수신청	투자설명서 신용평가서 상품설명서

노출되는 것은 아니다. 일부 증권사에서는 옵션 요소를 실질적으로 적용한다고 하여도 실제 수익률 차이가 '심각하게 크지 않을' 정도의 가격으로 채권을 판매하고 있기 때문이다.

　물론 장외채권 서비스의 채권은 증권사마다 판매하는 채권의 종류나 가격이 각기 다르기 때문에 장외채권 서비스에 표시된 수익률과 실질적인 확정수익률과의 차이에 대한 위험성은 증권사마다 다르다. 따라서 장외채권 서비스를 활용할 때에는 해당 서비스에서 제공하고 있는 채권의 옵션 포함 여부를 반드시 확인하고, 그에 따른 확정수익률을 직접 산출해 보는 작업을 필수적으로 진행해야 한다.

　증권사의 장외채권 서비스를 통해 거래할 수 있는 채권은 대부분 증권사 측에서 물량을 확보해둔 채권이기 때문에 장내채권 시장에서 거래되는 해당 채권의 물량이 굉장히 적거나 아예 없는 경우가 대부분이다. 또한 장내채권

[그림 8-3] 장내채권 시장에서의 가격이 더 저렴한 경우

채권구분	종목명	투자위험도	만기일자 / 잔존기간	잔존수량 (원)	표면이율 / 매수수익률	매수단가(원) / 숙려고객 매수단가(원)	개인 세전 / 개인 세후	법인 세전	신청하기	상품자료
회사채	대한항공91-2 신용등급 : BBB+ 채권한글흐름표	중위험	2023.02.03 00년 205일	235,240,000	3.813% 3.800%	10,074 -	3.75 3.17	3.75	뱅키스전용 매수신청	투자설명서 신용평가서 상품설명서

KR6003492A28 대한항공91-2 장내

현재가	10,045.00	0.00 (0.00%)	0

매도수익률	매도잔량	11:52:13	매수잔량	매수수익률
2.613	10,200	10,100.00		상 13,058.50
3.937	122,411	10,054.60		시 0.00
3.954	10,000	10,054.50		고 0.00
3.964	23,000	10,053.00		저 0.00
3.966	52,918	10,052.90		하 7,031.50
민평수익률	4.295	10,020.00	80,000	4.952
시가수익률	0.000	10,010.00	14,600	5.246
고가수익률	0.000	9,990.00	5,000	5.836
저가수익률	0.000			
	218,529	-118,929	99,600	

이자지급	이표채(확정금리)	표면이자율(%)	3.8130
채권종류	일반사채	보장수익율(%)	0.0000
전환주식		이자지급주기	3 개월
발행일	2020/02/03	신용등급	BBB+
상장일	2020/02/03	주간사	
상환일	2023/02/03	대용가(원)	8,420
발행총액(천원)	106,000,000	이전이자지급일	2022/08/03

[그림 8-4] 장내채권 시장에서의 가격이 더 비싼 경우

채권구분	종목명	투자위험도	만기일자 / 잔존기간	잔존수량 (원)	표면이율 / 매수수익률	매수단가(원) / 숙려고객 매수단가(원)	개인 세전 / 개인 세후	법인 세전	신청하기	상품자료
회사채	한화건설103 신용등급 : A- 채권한글흐름표	저위험	2023.02.13 00년 215일	3,642,998,000	3.208% 3.910%	10,012 -	4.00 3.39	3.88	뱅키스전용 매수신청	투자설명서 신용평가서 상품설명서

KR6068921A22 한화건설103 장내

현재가	9,977.00	0.00 (0.00%)	0

매도수익률	매도잔량	11:53:12	매수잔량	매수수익률
				상 12,976.10
				시 0.00
				고 0.00
-2.365	1,028	10,250.00		저 0.00
1.612	1,184	10,100.00		하 6,988.30
민평수익률	4.738	9,975.00	2,500	4.999
시가수익률	0.000			
고가수익률	0.000			
저가수익률	0.000			
	2,212	288	2,500	

이자지급	이표채(확정금리)	표면이자율(%)	3.2080
채권종류	일반사채	보장수익율(%)	0.0000
전환주식		이자지급주기	3 개월
발행일	2020/02/13	신용등급	A-
상장일	2020/02/13	주간사	
상환일	2023/02/13	대용가(원)	8,380
발행총액(천원)	93,000,000	이전이자지급일	2022/08/13

시장에서 거래할 수 있는 채권의 가격은 증권사의 장외채권 서비스에서 제시된 가격보다 더 저렴한 경우가 많다.

물론 시장 거래의 특성상 장내채권 시장에서 실시간으로 거래되는 채권의 가격이 오히려 장외채권 서비스에서 판매하고 있는 채권의 가격보다 더 비싼 경우가 생기기도 한다([그림 8-4] 참고).

장외채권 서비스에서 판매하고 있는 채권의 가격이 장내채권 시장에서 매수할 수 있는 채권 가격보다 더 싸다고 하더라도, 채권 직접투자 지식을 알고 있는 사람들이라면 굳이 증권사의 장외채권에 올라와 있는 채권을 고집할 필요가 없다. 비슷한 안전성을 가졌으면서도 더 높은 수익률을 가진 채권들이 장내채권 시장에서도 충분히 많이 거래되고 있기 때문이다. 즉, 증권사의 장외채권 서비스를 고집할 필요가 전혀 없는 것이다.

(2) 증권사의 장외채권에 대한 나의 생각

증권사에서 제공하는 장외채권들은 채권투자자가 매수할 때부터 수익률을 손해 보고 시작하는 방식이다. 장내채권 시장에서 비슷하거나 더 나은 채권들을 도매가로 살 수 있는데 굳이 소매가로 살 필요가 있을까?

우리가 마트보다는 비싸지만 편리함을 위해 편의점을 이용하는 이유처럼, 조금 더 편리하게 해당 채권을 매수하기 위해 또는 개인적인 사정으로 증권사에서 제공하는 장외채권 서비스를 활용하는 것도 나쁘지는 않을 것이다. 다만, 증권사의 장외채권 서비스에서 채권을 매수할 경우 확정수익률의 상대적 손실이 발생할 뿐만 아니라 대체 가능한 채권들이 장내채권 시장에 충분히 넘치고 있다는 점을 충분히 인지하고 활용해야 할 것이다.

더해서, 우리의 돈이 어떤 방식으로 운영되는지도 모르는 채로 단순히 주변 사람들이 안전하다고 하니까 또는 증권사나 은행에서 안전하다고 하는 말만을 믿고 아무런 지식 없이 돈을 맡겨서 투자를 진행하는 것은 우리의 소중한 돈을 큰 위험에 빠트리게 만들 수도 있다. 건물이나 아파트 같은 부동산을 구매할 때, 해당 부동산에 직접 가보지 않고 주소만 보고 "오, 위치 좋네?" 하고 해당하는 부동산을 덜컥 구매하는 것과 다를 게 무엇이 있을까? 몇십만 원짜리, 몇백만 원짜리 물건을 살 때에도 수십 군데 가격을 비교하고 성능을 분석하면서도 정작 몇천만, 몇억 원 단위의 투자는 별 고민 없이 진행하는 것은 분명 멀리해야 할 위험한 습관이다.

따라서 장외채권 서비스를 이용하여 채권에 투자하더라도 채권투자가 무엇인지, 장외채권이 어떤 방식으로 운영되고 있는지에 대한 지식은 사전에 충분히 습득해야 된다. 이것은 비단 채권뿐 아니라 모든 투자 수단에서 공통적으로 적용되어야 하는 요소이며, 장기적으로 우리의 소중한 돈을 안전하게 지키고 효율적으로 불리기 위해 투자에 앞서 필수적으로 지켜야 되는 원칙이다.

2 채권 청약

BOND INVESTMENT

채권도 주식처럼 개인이 공모 청약에 참여할 수 있을까? 표면적으로는 참여할 수 있다고 알려져 있지만, 실질적으로는 어렵거나 불가능하다고 보면 된다. 회사채 등 일반 채권의 공모 청약은 대부분 총액인수 방식으로 진행되기 때문이다.

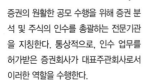

주관회사

증권의 원활한 공모 수행을 위해 증권 분석 및 주식의 인수를 총괄하는 전문기관을 지칭한다. 통상적으로, 인수 업무를 허가받은 증권회사가 대표주관회사로서 이러한 역할을 수행한다.

총액인수란 해당 청약을 총괄하는 *주관회사가 구성한 인수단(인수기관들의 집단)이 공모채권의 발행총액 전액을 자기의 책임과 계산하에 인수하고, 이에 따른 발행 위험과 발행 및 모집사무 전체를 담당하는 방법이다.

이렇게 총액인수로 진행되는 청약은 우리 같은 개인에게까지 배당되는 물량이 없다. 주관회사와 인수단들이 채권 공모발행 물량을 전부 가져가기 때문에 공개 방식의 공모채권임에도 불구하고 개인은 채권 청약에 참여하기가 힘든 것이다.

[그림 8-5] 장내채권 시장에서 거래되는 신규 발행채권

틱	일별	상세		발행			KR6000401C97		롯데손해보험9(후)		장내	

일자	체결가	대비	거래량
2022/09/05	10,085.00 ▼	14.00	4,493,426
2022/09/02	10,099.00	0.00	6,505,285

현재가	10,085.00 ▼	14.00 (0.14%)	4,493,426

매도수익률	매도잔량	20:26:57	매수잔량	매수수익률	
6.778	30,000	10,093.50		상	13,128.50
6.779	10,000	10,093.00		시	10,055.00
6.783	50,000	10,090.00		고	10,094.00
6.785	90,532	10,089.00		저	10,055.00
6.790	74,529	10,085.00		히	7,069.50
민평수익률 6.899		10,084.50	23,074		6.791
시가수익률 6.831		10,084.00	6,581		6.791
고가수익률 6.790		10,083.50	21,472		6.792
저가수익률 6.790		10,082.00	10,000		6.794
		10,080.50	10,200		6.796
	1,227,847	-612,106	615,741		

이자지급	이표채(변동금리)	표면이자율(%)	6.9000
채권종류	일반사채	보장수익률(%)	0.0000
전환주식		이자지급주기	1 개월
발행일	2022/09/02	신용등급	A-
상장일	2022/09/02	주간사	
상환일	2032/09/02	대용가(원)	8,170
발행총액(천원)	140,000,000	이전이자지급일	
전환주식시세		(	0.00%)
거래량(전일)		(	)

가격 ←10,099.00(0.14% 2022/09/02) 10,090.00
—10,085.00(0.00% 2022/0
거래량 5,000K OK
2022/09/02 2022/09/08

이렇게 총액인수로 인수된 공모 물량은 장내채권 시장에 상장되면서 즉각적으로 대량 매매되기도 한다. 개인투자자는 이런 물량을 매수함으로써 채권 청약 참여에 준하는 방식으로 투자할 수 있다. 물론 이때 거래되는 채권의 가격에는 그만큼의 비용이 추가로 녹아들어 있을 확률이 크다.

개인투자자들이 증권사나 자산운용사 등을 통해 '채권 청약'에 간접적으로 참여할 수도 있다. 다만 이 또한 증권사나 자산운용사를 활용하는 것이기에 수수료가 붙는다.

다만, 메자닌 채권은 개인도 상대적으로 손쉽게 청약에 직접 참여할 수 있는 일반 공모 방식이 진행되기도 한다. 하지만 이 역시 큰 자금을 가진 기관투자자와 수많은 개인투자자들의 참여로 인해 경쟁률이 높게 형성되므로, 실제로 개인투자자가 채권 청약에 참여하여 배정받는 물량은 매우 적은 것이 현실이다. 더해서 채권 청약 참여를 위해 들여야 하는 시간이나 노력에 대한 기회비용까지 고려한다면 그 효율성은 상대적으로 더 줄어든다.

전문기관들은 채권 청약 일정 등의 사전 정보를 서로 주고받으나 개인투자자들에게까지는 그 정보가 활발히 전달되지 못하고 있다. 이러한 정보의 비대칭성, 배정받게 되는 물량의 비대칭성, 청약 참여에 사용하는 시간, 묶이는 자금에 대한 기회비용 등의 낮은 효율성 때문에 개인투자자가 공모채권 청약을 자유롭고 온전하게 활용하기에는 명확한 한계가 존재한다.

3 채권 펀드와 ETF

BOND INVESTMENT

채권 역시 주식처럼 펀드나 ETF를 통한 간접투자 방식이 존재한다. 펀드나 ETF 같은 간접투자 방식은 여러 채권들로 구성된 하나의 꾸러미에 투자하는 방식이다. 사실 대부분의 개인투자자들이 이런 방식으로 주식은 물론 채권에도 투자하고 있을 것이다.

기본적으로 채권형 펀드는 전문가가 직접 채권을 선별하여 운용하기 때문에 그에 따른 각종 운용 수수료가 발생한다. 애초에 안전하기 때문에 주식 같은 위험자산보다는 기대수익률이 낮은 것이 채권인데, 거기에 더해 운용 수수료까지 발생한다면 채권에 투자하는 효율성은 굉장히 줄어든다. 게다가 채권의 직접투자 방법을 알고 있는 우리가 군이 펀드를 활용할 필요가 있을까?

ETF는 펀드보다 수수료가 저렴하다는 장점이 있다. 채권 ETF는 보통 국채나 높은 신용등급의 채권 위주로 꾸러미가 구성되어 있어 특히 안전하며, 특정 채권의 전체지수를 추종하기 때문에 상대적으로 운용 수수료가 저렴하다. 과거 거액으로만 채권을 매수할 수 있었을 때에는 채권 ETF를 통해 소액으로도 채권을 보유할 수 있다는 장점이 있었다. 하지만 오늘날에는 장내채권 시장을 통해 단돈 1,000원이면 손쉽게 채권을 매수할 수 있기 때문에 채권 ETF의 매력이 감소하게 되었다. 더해서 ETF에는 자동으로 분산투자가 진행된다는 장점이 있지만 주식과 달리 안전성이 높은 채권은 분산투자의 필요성이 낮다.

채권 ETF의 가장 매력적인 점은 바로 개인이 투자하기 힘든 채권에 투자할 수 있다는 것에 있다. 국채나 높은 등급의 회사채의 경우, 무위험 수준의 안전성 때문에 기관이나 기업 등에서 대부분의 물량을 선점하고 상환일까지 보유한다. 이로 인하여 개인투자자가 해당 채권을 보유하는 것 자체가 힘든 것이 현실이다. 뿐만 아니라 장내채권 시장에서 거래되는 물량이 있다고 하여도 대부분 높은 가격으로 거래된다. 따라서 기관이나 기업 등이 보유하고 있는 채권이 포함된 ETF를 통해 접근성이 어려운 채권들도 합리적인 가격으로 간접투자할 수 있다.

채권 ETF의 치명적인 문제점

채권 ETF는 주식시장에 상장되어 주식 종목처럼 가격이 변동되며 거래할 수 있다. 채권 ETF 내부에서는 각기 다른 다양한 채권들이 끊임없이 상환되고 편입되지만, ETF 자체는 상환일 없이 주식시장에서 등록된 명칭 그대로 가격이 변동되면서 계속 유지된다. 채권 ETF에 포함된 여러 채권들이 상환되고 이자도 발생하면서 수익을 만들어내기 때문에 그 ETF의 가격은 이론적으로는 우상향한다. 또한 이자의 기능을 하는 배당을 지급함으로써 채권 ETF 투자자들에게 수익을 안겨주는 구조로 이루어져 있다.

[그림 8-6] 주식시장에서 거래되고 있는 채권 ETF

출처: 네이버금융

채권투자의 강력한 장점은 이자 형태로 정해진 금액이 주기적으로 지급된다는 점과 상환일에 받을 금액을 정확하게 예측할 수 있다는 데 있다. 이것이 채권투자를 경제적 자유의 도구로써 활용할 수 있는 이유다. 주식과 달리 중도에 가격이 떨어져도 손해를 입지 않는 것 역시 채권투자만의 장점이다. 하지만 채권 ETF는 정확히 이자가 얼마 지급되는지, 언제 얼마를 현금화할 수 있는지, 총발생수익률이 어느 정도인지를 예측할 수 없다.

일반적인 채권은 상환일이 존재하기 때문에 상환일에 가까워질수록 그채권의 가격이 액면가인 10,000원에 가까워지게 된다. 만약 10,000원에 가까워지지 않는다고 하여도 상환일에는 무조건 10,000원을 상환받는다. 그 때문에 해당 채권의 가격이 일시적으로 하락했다고 하더라도 언제까지 기다리면 그 가격을 회복할 수 있는지, 내 투자금을 상환받게 되는지 정확하게 판단할 수 있다. 반면 채권 ETF는 상환일이 없기 때문에 적당한 매수 가격을 파악하기 힘들 뿐 아니라 만약 특정한 시장 상황으로 인하여 ETF 자체의 가격이 크게 떨어졌을 때 언제 ETF의 가격이 회복될지 알 수 없다. 채권 ETF의 이러한 예측 불가능성은 채권보다는 주식의 성격에 가깝다고 할 수 있으며, 채권 ETF에 투자하는 투자자의 안전성을 위협하는 치명적인 문제점이다.

최근에는 이러한 문제점을 보완하기 위해 '만기매칭형 채권 ETF'라는 명칭으로 만기가 정해진 채권 ETF가 출시되고 있다. 이러한 만기매칭형 채권 ETF는 기본적으로 수수료가 적고 만기일이 정해져서 상환되기 때문에 만기일을 기준으로 한 확정수익률을 파악할 수 있다. 하지만 너무나도 안전한 채권만을 기준으로 ETF 꾸러미가 구성되어 있기 때문에 수익률 자체가 낮다는 단점이 있다. 뿐만 아니라 증권사의 장외채권 서비스에서의 문제점과 마찬가지로 장내채권 시장에서의 채권 직접투자를 활용한다면 이런 만기매칭형 ETF보다 훨씬 효율적인 채권들을 손쉽게 찾아볼 수 있기 때문에 효율성이 떨어진다는 한계를 가지고 있다.

4 국채 투자

BOND INVESTMENT

　우리는 왜 지금까지 국채가 아닌 회사채 위주의 투자 방법을 배운 것일까? 국채는 완전한 무위험의 채권이라서 따로 신용등급을 판단할 필요가 없을 뿐 아니라 채권투자에 대한 여러 가지 변수와 특성에 대해 고민할 요소도 훨씬 적을 텐데 말이다.

　이는 효율성의 차이 때문이다. 국채는 너무나도 절대적으로 안전하기 때문에 수익률이 낮다. 반면 회사채와 같은 채권은 안전성이 절대적으로 높지는 않지만 다른 투자 수단에 비교해서 상대적으로 충분히 안전하면서도 높은 수익률을 얻을 수 있다.

　국채는 기본적으로 발행 규모가 엄청나게 크기 때문에 장내채권 시장에서의 거래량 자체는 많을 수 있으나, 무위험의 투자 수단이기 때문에 대부분의 물량을 기관이나 자본가들이 선점하고 있다. 따라서 개인투자자들이 장내채권 시장에서 만족스러운 가격으로 국채를 거래하는 것은 상대적으로 더 어렵다. 국채는 일반적인 회사채보다 유동성이라는 효율성을 온전히 활용하기가 어려운 것이다.

스포츠카는 레이싱 경기에서는 엄청난 힘과 속도라는 강력한 기능과 효율성을 발휘하지만, 일반 도로에서는 신호등과 교통 정체 때문에 가다 서다를 반복해야 하므로 그 효율성이 일반적인 자동차만 못하다. 즉, 일반적인 상황에서는 엄청난 기능을 가진 스포츠카가 아닌 일반적인 자동차로도 그 효율성을 충분히 누릴 수 있다는 뜻이다. 채권도 마찬가지다. 여러 법적인 요소, 또는 너무나도 큰 금액을 운용하기 때문에 반강제적으로 절대적인 안전성을 가진 채권에만 투자할 수 있는 기관이나 대기업과는 달리, 우리 같은 개인은 절대적이지는 않더라도 상대적으로 충분히 안전한 일반 채권투자를 통해 훨씬 매력적인 수익률을 마음껏 누릴 수 있는 것이다.

세상에는 절대적으로 안전한 채권을 통한 심리적 안정을 중요하게 여기는 개인투자자도 분명 존재할 것이다. 따라서 얼마나 큰 안전성을 선택할지는 온전히 개인의 몫이며 명확한 답이 정해져 있는 것은 아니다. 다만 개인투자자 입장에서 투자금액과 수익의 효율성을 고려한다면 무조건 국채 투자만을 고집할 필요는 없다는 것이 나의 생각이다.

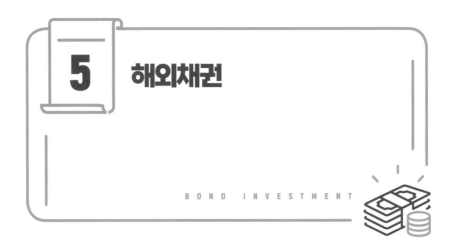

5 해외채권

BOND INVESTMENT

① 신흥국 해외채권

한때 브릭스 등 신흥국 국채 투자가 성행한 적이 있었다. 특히 브라질 채권은 10%가 넘는 이자 수익률과 비과세 혜택이라는 엄청난 이익요소를 가지고 있었기에 많은 투자자들의 사랑을 받았다. 하지만 브라질 국채에 투자한 투자자들은 높은 이율과 혜택에도 불구하고 브라질 헤알화(화폐) 환율이 급락하면서 예상보다 훨씬 낮은 이자를 손에 쥐거나 오히려 큰 손실을 입었다.

이처럼 수익률이 비정상적으로 높은 채권은 그만큼 큰 위험성이 뒤따른다. 특히 국내가 아닌 해외 채권은 그러한 위험성이 감당할 수 있는 수준인지 판단하기가 훨씬 어렵다. 국가 간의 환율 변동 요소 또한 예측하기 굉장히 어려운 부분 중 하나이다. 우리가 생활하고 경제 생활을 하는 한국 내에서의 경제 흐름을 예측하여 진행하는 투자도 성공하기 어려운데 변수가 어마어마하게 많고 이를 다 파악하기 힘든 신흥국에 대한 투자는 훨씬 더 어려운 것이 사실이다. 따라서 개인투자자가 신흥국 채권에 투자하는 것은 해당 채권을 판매하면 수수료로 인해 무조건 수익이 발생하는 은행이나 증권사의 배만 불려주게 될 확률이 높다.

② 미국 채권

한국에서 미국 채권에 투자할 때에는 구조적으로 직접투자하기 힘들기 때문에 대부분 미국 채권 ETF로 투자를 진행하게 된다. 하지만 앞서 배운 바와 같이 채권 ETF는 상환일이 없기 때문에 채권보다는 주식의 성격과 가까워 예측 불가능성이 크다는 위험성을 내포하고 있다.

환율이라는 측면에서도 미국의 달러는 개발도상국이나 신흥국 화폐보다는 안전성이 훨씬 더 높지만 어찌 되었든 가격이 변동하는 자산이기 때문에 환차익 또는 환차손의 변수까지 더해지면, 미국 채권투자에서 얻을 수 있는 수익을 예측하는 데 어려움이 커진다.

특정 증권사에서는 미국 채권 ETF가 아닌 미국 국채를 직접 매수할 수 있게 해주는 서비스를 제공하고 있으나, 이는 증권사의 장외채권 서비스와 가까운 개념이기 때문에 채권을 매수하는 가격에 증권사의 수수료가 포함되어 있다. 심지어 원화가 아닌 달러로 결제되기 때문에 투자 시 달러 환전, 수익 실현 시 원화 환전을 진행해야 하므로 환전수수료가 이중으로 발생하게 된다는 문제점을 가지고 있다.

정리하자면, 국내 채권 직접투자와 비교했을 때 간접적으로 진행해야 하는 미국 채권투자는 개인투자자 입장에서 명확한 투자 효율성을 찾기 힘들다고 판단된다.

6 CP와 전자단기사채

BOND INVESTMENT

채권을 공부하다 보면 CP(Commercial Paper, 기업어음) 또는 전자단기사채(Short-Term Bond, 전단채)라는 용어를 종종 보게 된다. CP와 전자단기사채는 채권이지만, 우리가 통상적으로 거래하는 채권과는 분명 다르다. 무엇이 다른지 간략하게 알아보자.

CP는 회사가 자금 조달을 목적으로 발행하는 기업어음이다. 주로 1년 미만의 단기자금 조달용이며 어음법의 구속을 받기 때문에 발행 절차가 굉장히 간소하다. 그런 간소한 발행 절차로 인해 CP는 안전성 문제가 발생하기 쉬워 회사채보다 상대적으로 높은 금리가 산정되어 지급된다.

전자단기사채, 줄여서 전단채는 CP의 단점(위험성)을 보완하기 위해 마련된 금융상품이다. CP는 종이 같은 실물로 발행되어 거래되는 형태이기 때문에 발행 통계가 정확하지 않고 소유주가 누구인지 모를 수 있다. 반면 전자단기사채는 실물 발행이 되지 않지만 인터넷 공시를 통해 매매 사실을 보고

[그림 8-7] 전단채의 단기 신용등급

등급	정의
A1	적기상환가능성이 최상급이다.
A2	적기상환가능성이 우수하지만, 상위등급(A1)에 비해 다소 열위한 면이 있다.
A3	적기상환가능성은 일정수준 인정되지만, 단기적인 환경변화에 따라 영향을 받을 가능성이 있다.
B	적기상환가능성에 불확실성이 내포되어 있어 투기적인 요소가 크다.
C	적기상환가능성이 의문시되고 채무불이행의 위험이 매우 높다.
D	상환불능상태이다.

기업어음 및 단기사채 신용등급별 정의

주1) 상기 등급 중 A2부터 B등급까지는 +, - 부호를 부가하여 동일등급 내에서의 우열을 나타내고 있음. 주2) 자산유동화평가의 경우 상기 신용등급 뒤에 "(sf)"를 추가하여 표시함. 주3) 제3자 신용평가의 경우 "Tp"를 상기 신용등급 앞에 추가하여 표시함.

출처: 한국신용평가

하도록 규정돼 있다. 따라서 전단채는 소유권 이전과 발행 내역이 투명하게 드러난다.

CP나 전단채는 채권과 마찬가지로 신용등급을 가지고 발행되지만 신용등급의 체계가 일반 채권과는 다르다. CP나 전단채는 [그림 8-7]에서 볼 수 있듯이 '단기 신용등급'을 사용한다. 신용평가회사의 홈페이지에서 CP나 전단채를 발행한 회사를 검색하면 해당하는 단기 신용등급 자료를 확인할 수 있다.

CP나 전단채는 장내채권 시장에서는 매수할 수 없고, 증권사의 장외채권 서비스와 같은 방식으로 증권사의 오프라인 창구나 홈페이지에서 매수할 수 있다. 각 증권사마다 판매하는 CP나 전단채 종류와 조건이 각기 다르다.

CP나 전단채는 발행회사에서 발행한 후 증권사 등으로 판매되고, 증권사에서는 개인투자자를 모집(판매)하는 방식으로 최종 거래되는데 이때 최소

[그림 8-8] 증권사에서 판매되고 있는 전단채

단기사채 조회결과 [단위: 연수익률(%)]

채권구분	종목명	투자위험도	만기일자 / 잔존기간	잔존수량(원)	표면이율 / 매수수익률	매수단가(원)	개인세전 / 개인세후	법인세전	신청하기	상품자료
단기사채	이터널종동캐슐제일차 2022092 8-30-2(E) 신용등급 : A2+ [채권현금흐름표]	저위험	2022.10.28 / 0년 29일	16,415,709,924	0.000% / 4.290%	9,965	4.30 / 3.64	4.30	매수신청	신용평가서 / 상품설명서
단기사채	파라다이스영통제오차 2022091 9-59-1(E) 신용등급 : A2- [채권현금흐름표]	저위험	2022.11.17 / 0년 49일	11,654,887,129	0.000% / 4.180%	9,943	4.20 / 3.56	4.20	매수신청	신용평가서 / 상품설명서
단기사채	해피니스레드 20220926-60-1 (E) 신용등급 : A2+ [채권현금흐름표]	저위험	2022.11.25 / 0년 57일	63,499,831	0.000% / 3.980%	9,937	4.00 / 3.39	4.00	매수신청	신용평가서 / 상품설명서
	비케이에이스제십사차 2022091		2022.12.08		0.000%		4.20			

1억 원 이상의 투자 금액을 요구한다. 우리 같은 개인투자자가 CP나 전단채에 투자하려면 최소 1억 원이 필요하다는 뜻이다.

CP는 법적인 만기 제한이 없지만 전단채는 최장 1년의 만기를 가지고 있다. 물론 법적인 부분의 속성일 뿐 CP나 전단채 모두 통상적으로 3개월 이하의 만기를 가지고 발행된다.

CP, 전단채의 한계

CP나 전단채 모두 일반 공모채권보다 훨씬 간소한 발행 절차를 가지고 있기 때문에 발행하는 기업에게는 활용도가 높지만, 투자자 입장에서는 위험 요소로 작용할 수 있다.

물론 CP나 전단채는 공신력 있는 신용등급 제도를 활용할 뿐 아니라 주로 짧은 상환일을 가지고 있기 때문에 단기 자금을 활용하기에는 좋을 수도 있다. 하지만 투자에 필요한 최소 금액이 굉장히 큰 데다가 해당하는 투자 수단에 대해 알려진 구체적인 지식과 정보가 일반적인 채권보다 많지 않다는 문제점도 가지고 있다.

이런 미흡한 정보만 가지고는 개인투자자가 활용하기에 적당한 투자 수단인지 명확하게 판단 내리기 어렵다. 따라서 구체적인 정보를 확보한 상태가 아니라면 아무리 매력적인 수단이라도 소중한 돈을 투자하면 안 된다는 관점에서 나는 CP나 전단채에 대한 투자를 진행하지 않고 있다.

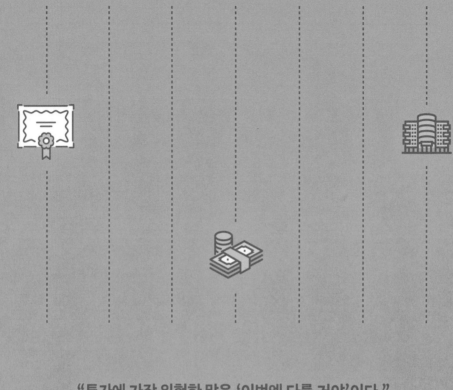

"투자에 가장 위험한 말은 '이번엔 다를 거야'이다."

-존 템플턴(John Templeton)

CHAPTER

9

채권투자의 진실

1 주식과 채권은 상호보완 반비례 자산?

BOND INVESTMENT

채권은 일반적으로 주식과 상호보완적인 자산으로 알려져 있다. 주가가 내려가면 채권의 가격이 올라 내가 보유한 채권의 수익률이 오르고, 반대로 주가가 올라가면 채권의 가격이 내려 내가 보유한 채권의 수익률이 떨어지는 상호보완적인 반비례 형태를 보이기 때문이다.

이런 채권의 성격 때문에 수많은 투자 대가들은 주식과 채권의 비중을 50 대 50으로 맞춰 자산을 운용하라고 하거나 보유 자산 중 일부는 채권으로 편입하라는 조언을 남겼고, 실제로 그렇게 운영하고 있다.

채권과 주식의 가격이 반비례하여 움직이는 이유는 금융시장에서의 기본적인 수요와 공급 또는 사람들의 투자 심리 때문이다. 주식과 같은 위험자산의 가격이 떨어지면 시장에 공포가 만연하여 투자자들의 수요가 안전자산으로 몰리고, 주식의 가격이 오르면 더 큰 이익을 기대하고 투자자들의 수요가 안전자산에서 위험자산으로 몰려가곤 한다. 하지만 유의해야 할 점이 있다. 일상적인 금융시장에서는 반비례 상황이 만들어지지만, 특정 이슈나 시장의 발작으로 인하여 시장 전반에 폭락과 공포가 발생할 때에는 채권 역시 같이 하락할 수 있다는 것이다.

주식시장에 큰 폭락이 발생하면 빚을 내서 주식을 매수한 사람들은 증거금을 더 넣어야 보유 주식의 강제매도를 막을 수 있기 때문에 현금성 자산인 채권을 매도하여 부족한 금액을 채워 넣는다. 이는 많은 금융자산을 보유한 펀드나 증권사도 다르지 않다. 그에 따라 채권을 상환일 전에 급하게 매도하는 투자자가 많아진다면 채권의 중간 가격 역시 주식처럼 급락할 수 있다. 또는 폭락한 주식 가격을 기회라고 여겨 보유하던 채권을 팔고 주식을 사고자 하는 수요가 대량으로 발생하여 채권의 가격이 떨어지게 될 수도 있다.

그러나 채권은 주식과 달리 상환일이 정해져 있기 때문에 채권 가격이 아무리 떨어진다 하더라도 가격의 회복을 구체적으로 예측할 수 있다. 덕분에 채권 투자자는 시장이 폭락한다 해도 동일한 현금 흐름에 따른 심적 안정을 누릴 수 있다.

이런 이유 때문에 채권은 금융시장에서 금과 같은 안전자산으로 분류되고 있다. 하지만 만약 폭락 장세에서 급하게 돈이 필요하여 보유한 채권을 매도해야 한다고 가정해보자. 아무리 안전한 자산이라 하더라도 일정 부분 손실을 볼 수밖에 없을 것이다. 채권은 기본적으로 현금화가 쉬운 현금성 자산으로 알려져 있지만 이와 같은 이유 때문에 채권을 완전한 현금성 자산이라고 판단하기에는 어려움이 있다.

따라서 채권투자자는 이자지급일에 따라 발생하는 이자, 상환일을 기준으로 발생하는 상환금액 이외에도 예측하지 못한 상황이 발생했을 때 바로 활용할 수 있는 현금을 일정 부분은 보유하고 있어야 한다. 여유 현금분이 있어야 시장에 공포가 만연했을 때 더 잘 버틸 수 있고 채권투자 과정에서 더 큰 안정을 누릴 수 있다.

2 주식을 앞서는 채권의 장기수익률

BOND INVESTMENT

우리는 기본적으로 주식은 위험한 대신 높은 수익률을 가져갈 수 있고, 채권은 안전한 대신 상대적으로 낮은 수익률을 얻을 수 있다는 상식을 가지고 있다. 하지만 이와 같은 상식은 잘못된 통계 자료를 활용하여 도출된 내용이라는 것이 새롭게 밝혀졌다. 어떻게 된 일인지 함께 살펴보자.

(1) 채권과 주식 장기수익률의 진실

제러미 시겔은 자신이 저술한 《주식에 장기투자하라》에서 주식은 등락폭이 크지만 장기적으로 보면 결국 높은 수익률로 이어진다고 이야기한 바 있다. 1800년부터 2000년까지의 주식(Stocks), 채권(Bonds), 금(Gold), 달러(Dollar)의 수익률을 추적하여 비교하였더니 주식투자의 수익률이 가장 높았다는 결과가 도출되었다는 것이 제러미 시겔의 결론이다.

이 책은 주식투자 분야의 독보적인 베스트셀러가 되었기 때문에 주식의 장기수익률이 채권의 장기수익률보다 높다는 이 책의 내용은 사회 전반에 통용되었고, 누구도 의심하지 않는 진실이 되었다.

하지만 미국 산타클라라대학 경영대학원 교수인 에드워드 맥쿼리(Edward F. McQuarrie)가 200년간의 데이터를 전부 다시 분석한 결과, 제러미 시겔이 분석에 참고하고 활용했던 데이터 중 1857~1926년의 데이터가 잘못되었다는 것을 밝혀냈다. 그리고 제대로 된 데이터를 다시 대입하였더니 실제 장기수익률에서는 주식과 채권의 수익률이 거의 동등하게 산출된다는 새로운 결과가 나왔다.

어떻게 된 일이냐 하면, '맥컬레이 듀레이션'이라는 개념을 만든 프레더릭 맥컬레이(Frederick Macaulay)의 데이터를 《금리의 역사(A History of Interest Rates)》의 공동 저자인 시드니 호머가 잘못 분석하였고, 그 잘못된 데이터를 제러미 시겔이 그대로 사용하면서 산출한 결과가 그의 책 《주식에 장기투자하라》를 통해 사회 전반에 통용되게 된 것이다.

[표 9-1] 다시 분석한 장기수익률 통계

	주식수익률	채권수익률	결과
1793~ 1942년 (150년 기간 통계)	6%	6%	동일함
1942~1982년 (40년 기간 통계)	6.5%	-1.9%	주식 우세
1982~ 2012년 (30년 기간 통계)	8.7%	7.4%	거의 동일함

저작권 문제와 관련하여 상세한 통계 자료는 첨부하지 못했지만, 제대로 된 데이터를 대입한 결과에 따르면 1942년에서 1982년 사이 40년 동안의 데

이터만 주식이 채권의 수익률을 뚜렷하게 앞섰을 뿐, 총 220년의 장기적인 통계 데이터로는 주식과 채권의 수익률은 거의 비슷했다는 것을 확인할 수 있다.

따라서 장기적으로 주식투자의 수익률이 채권투자의 수익률을 무조건 앞선다는 상식은, 마치 과거에 지구를 중심으로 우주가 회전한다는 천동설처럼 잘못 통용되고 있는 지식이다.

(2) 한국 시장에서의 장기적 통계

아래의 [그림 9-1]을 보면 알 수 있듯이 한국 금융시장에서는 주식과 채권의 장기수익률의 차이가 더 극명하게 나타난다. 한국 시장에서는 장기적인 채권투자 수익률이 장기적인 주식투자 수익률을 완전히 압도한 것이다.

정리하자면, 주식시장은 빠르게 오르는 만큼 하락도 크기 때문에 장기간의 수익률을 통계 내면 채권투자의 수익률이 주식투자의 수익률과 비슷하게

[그림 9-1] 한국 금융시장에서의 장기적 통계

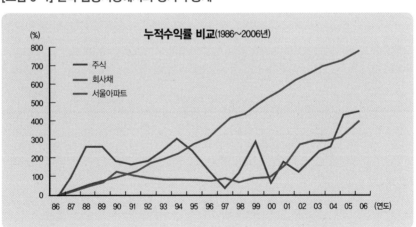

형성되어 왔다. 이것이 미국 혹은 세계 금융시장을 대상으로 한 결과이다. 거기에 더해 한국 시장에서는 채권투자의 수익률이 주식투자의 수익률을 뚜렷하게 앞서 왔다는 사실을 통계자료를 통해 확인할 수 있다.

이러한 데이터는 우리에게 놀라움과 흥미로움을 제공함과 동시에 큰 시사점을 보여준다. 상식적으로 주식은 위험을 동반하지만 높은 수익을 가져갈 수 있는 수단이고, 채권은 안전하지만 수익이 낮은 투자자산으로 알려져 왔다. 이 때문에 많은 사람들이 위험을 감수하고서라도 더 높은 수익률을 바라고 주식에 투자한다. 그런데 실제로는 안전한 채권의 장기적 수익률이 위험성이 큰 주식의 장기적 수익률과 같거나 더 높다는 것은 단순히 그 단어가 의미하는 것 이상의 큰 가치를 내포하고 있다.

채권투자의 절대적인 효율성이 증명된 것이며 한국 시장에서의 채권투자는 선택이 아닌 필수라는 의미로 해석할 수 있다. 그리고 우리가 채권 직접투자를 통해 높은 안전성과 높은 수익이라는 두 마리 토끼를 모두 풍족하게 챙길 수 있다는 사실이 증명된 것이다.

3

내가 주식 대신
채권에 투자하는 이유

BOND INVESTMENT

　많은 개인투자자가 그러하듯 나 역시 과거에는 주식투자를 주로 하던 투자자였다. 하지만 어느 날 핵심적인 큰 깨달음을 얻어 지금은 주식시장을 완전히 떠나 채권에만 투자하고 있다. 큰 깨달음이란 바로 카지노(도박장) 법칙에 따른 주식투자의 위험성이다.

　카지노 법칙이란 부자는 1%의 승률과 99%의 패배율을 가지고 있어도 잃은 돈의 2배를 베팅하여 많은 돈을 따내는 반면, 일반인은 99%의 승률과 1%의 패배율을 가지고 있어도 매번 따낸 돈의 전부를 베팅하여 결국 가진 돈을 탕진한다는 법칙이다.

　사람들은 보통 주식투자를 통해 수익이 발생하면 그 수익을 모두 원금에 합하는 방식으로 투자한다. 주가가 오르면 오르는 대로 내 판단이 맞았다고 확신하며 추가로 돈을 집어넣고, 주가가 내리면 저가 매수 기회라고 확신하며 추가로 돈을 집어넣는다. 이렇게 하면 결국 보유자산의 대부분이 주식에 투자한 상태가 된다.

이런 식의 투자는 주식시장에서 단 한 번의 큰 출렁임으로도 장기간 얻었던 모든 수익을 토해내는 결과를 가져온다. 주식투자의 장점 중 하나로 *복리의 마법이 많이 언급된다. 대부분의 투자자는 복리가 시간과 결합하여 나의 자산을 기하급수적으로 불려줄 것이라고 생각하지만 카지노의 법칙 때문에 복리의 마법이 오히려 '복리의 저주'로 바뀔 수도 있다.

복리의 마법
투자한 원금에 이자가 발생하고 그 원금과 이자에 또 이자가 발생하면서 훗날 투자금액과 그 이익이 기하급수적으로 불어나게 되는 현상을 말한다. 이러한 복리 효과로 인하여 기간이 지날수록 자산축적 효과가 기하급수적으로 증가하기 때문에 마치 마법처럼 느껴진다는 의미로 복리의 마법이라는 말이 만들어졌다.

이러한 상황을 막기 위해 주식투자자는 업종(산업군)이나 종목 등을 나눠서 분산투자하고 안전자산을 포트폴리오에 분배하는 등의 전략을 사용한다. 하지만 인간의 욕심 때문에 이런 분산과 분배를 오랜 기간 유지하는 사람은 거의 없다. 1년, 2년, 3년이 지나는 동안 주식으로 큰 수익을 한두 번 맛보면 이러한 경고와 전략은 모두 소용없는 잔소리로 들리고 오히려 더 일찍 더 많은 자금을 주식에 투자하지 못한 것을 후회하게 된다. 그 결과, 내가 가진 모든 자금은 물론이고 그동안 발생한 모든 수익까지 전부 몰아서 주식에 투자하게 된다. 그리고 오히려 그렇게 하지 않는 사람들을 바보처럼 여긴다.

그러나 역사가 증명하듯 5년이고 10년이고 열심히 쌓아왔던 수익을 고스란히 반납하는 투자자가 생기기 마련이다. 그들은 씁쓸하게 이런 말을 내뱉을 것이다. "내 주식투자 역사상 이런 폭락장은 없었다."

이것이 본능적 욕망에 충실한 투자자가 가진 심리적 한계이자 작은 액수를 굴리기 때문에 여러 자산군에 충분히 분산투자하기 힘든 개인투자자의 필연적 한계이다. 그리고 이런 폭락과 폭등은 역사상 처음 있는 일이 아니라 끊임없이 반복되고 있는 금융시장의 역사 속 한 부분이다.

큰 수익이 발생하고 있는 위험한 투자 수단에 내가 가진 모든 자금을 몰아서 투자하고 싶은 유혹을 견딘다는 것은 배고픔을 참는 것, 쏟아지는 잠을 참는 것만큼 힘든 일이다. 따라서 언젠가는 나에게도 이러한 카지노 법칙이 필연적으로 적용될 것이라 확신하였고 그렇게 나는 주식투자를 중단하고 채권투자의 길로 돌아서게 되었다. 인간의 본능에 따른 필연적 한계이기 때문에 자신만큼은 다를 것이라고 자만하지 말아야 될 것이며, 자신의 욕망이 어떠한 결정을 명령하게 될지 스스로에게 깊은 질문을 던져봐야 할 것이다.

물론 이것이 누군가에게는 적용되지 않을 수도 있다. 오랜 기간 주식을 활용하여 큰돈을 벌었거나 벌고 있는 사람들도 분명 존재한다. 그럼에도 불구하고 분명 주식투자에는 이런 문제점과 한계가 존재한다는 것을 충분히 인지하고 투자했으면 좋겠다. 잠깐의 성공이 아닌 오랫동안 끝까지 살아남는 성공적인 투자를 하기 위해서는 항상 최악의 경우를 상정하고 대비하는 습관을 가져야 할 것이다.

"투자에 있어서 손실과 수익은 분리할 수 없는
동전의 양면과 같고, 내내 투자자를 쫓아다닌다.
실패에 대한 진지한 분석만이
성공적인 투자자가 되는 유일한 방법이다."
-앙드레 코스톨라니(Andre Kostolany)

CHAPTER

10

채권투자 Q&A

지금까지 설명한 채권 지식들은, 오랜 기간 채권투자를 공부하고 활용하면서 쌓인 경험을 바탕으로 한 나의 노하우가 담겨 있다. 또한, 채권투자에 처음 입문한 사람들로부터 자주 질문받았던 내용 위주로 핵심만 추려서 구성한 내용이다.

이번 장에서는 미처 다루지 못했던 초보 채권투자자들의 궁금증과 그에 대한 답변을 다루고자 한다. 해당 질의응답(Q&A) 내용을 통해 지금까지 배운 채권 지식들을 다시 한 번 정리하고, 나아가 미처 언급하지 못했던 채권투자 지식까지 추가로 습득해 보자.

Q1 채권이 정말 안전하다면 왜 채권 가격에 변동이 생기는 것인가요? 아예 거래가 안 되거나 무조건 액면가인 10,000원으로만 거래되어야 하는 게 아닌가요?

A 채권 지식의 기본 개념에서 좀 더 깊이 들어가야 하는 좋은 질문입니다. 채권은 발행일 또는 매수일로부터 만기 상환일까지의 기간이 정해져 있습니다. 그 만기 상환일 전 채권 발행회사에 부도가 발생할 확률에 따라 안전한 채권의 경우 높은 등급과 낮은 이자를, 덜 안전한 채권의 경우 낮은 등급과 위험 프리미엄이 포함된 높은 이자를 받게 되는 것이 채권시장의 기본 원리 중 하나입니다.

AAA 등급이나 AA 등급의 채권의 경우 이론적으로 무위험으로 이익을 얻을 수 있기 때문에 발행 시에 기관이나 대형 회사들이 모두 선점하여 시중에 아예 유통되지 않는 경우가 많습니다. 따라서 조금이라도 위험성을 가진 채권이 장내채권 시장에 풀려 거래되고 있다는 것도 맞는 말일 것입니다.

하지만 그 위험성이란 것이 1장에서 설명했듯 평균 누적부도율(61페이지 참고) 정도의 낮은 수치입니다. 채권에 따라 다르겠지만 투자등급 채권들의 안전성을 따져보면 은행의 예·적금만큼이거나 적어도 개인이 투자하는 데 있어 충분히 높은 수준이기 때문에 올바르게 투자했다는 전제 아래 안전하게 매력적인 수익률을 누릴 수 있습니다.

앞서 위험하지 않은 채권은 기관과 대형 회사들이 선점한다고 했는데요. 그렇다고 거래가 없는 것은 아닙니다.

1. 안전한 채권을 보유하고 있는 기관이나 증권사, 또는 개인의 투자전략에 따라 개별 채권에 대한 보유 비중이 달라지면 중도 매도함으로써 시장에서 해당 채권의 거래가 형성될 수 있고, 상환일까지 일정 기간이 걸리기 때문에 투자 중간에 자금이 필요하여 해당 채권이 포함된 펀드를 해약하는 등의 이유로 인해 충분한 안전성을 가진 채권일지라도 거래가 형성될 수 있습니다.

2. 증권사의 경우 즉각적인 무위험 차익을 위해 안전한 채권을 도매가격으로 사들이거나 채권 청약에 참여하여 얻어낸 채권 물량을 소매가격으로 시장에 풀기도 하기 때문에 그에 따라 안전한 채권의 거래가 형성될 수 있습니다.

3. 투자할 수 있는 자금은 한정되어 있고, 이자율과 상환일이 각기 다른 채권이 시장에 많이 나오므로 더 나은 채권 또는 조건에 맞는 채권으로의 종목 교체도 자주 일어나고 있습니다. 시장 원리상 사람들이 훗날 더 많이 원하게 될 채권을 예상하여 더 높은 가격을 제시하여 괜찮은 채권을 미리 확보해 두는 경우도 있습니다.

이런 일련의 과정이 시장 원리에 따라 거래가 형성되고, 가격이 유지되고, 가격이 변동하는 요인이 되고 있습니다. 아무리 안전한 채권이라도 이런 요인들 때문에 시장에서 가격이 변동하고 거래가 형성될 수 있습니다.

더해서 채권시장에서 채권의 가격이 액면가인 10,000원보다 높게 거래되는 것은 정상입니다. 10,000원이라는 액면가에 더불어 표면이자율이라는 이자를 더해서 주는 채권이기 때문에 액면가인 10,000원보다 더 높은 가격으로 채권이 거래되는 것이니까요. 물론 다른 투자 수단 대비 상대적인 수익률의 차이 또는 예측할 수 없는 시장 상황 등에 따라 10,000원이라는 액면가 이하로 거래되는 경우도 모두 정상이라고 할 수 있습니다.

그뿐만 아니라 채권은 이자 지급 주기에 따라 상환일까지 지급되는 총 이자횟수가 정해지는데, 상환일이 가까워짐에 따라 추후 지급될 이자횟수는 줄어들 것이고, 또 상환일이 가까워짐에 따라 변수가 발생할 가능성이 줄어들어 채권의 안전성은 상승할 것이기 때문에 채권의 실질적인 잔여 가치는 계속해서 변하게 됩니다. 따라서 시장에서의 채권 거래 가격도 고정되지 않고 계속해서 변하는 것입니다.

Q2 채권의 대용가격이 무엇인가요?

A 증권 거래 시 현금 대신 증권(채권) 자체를 사용하기도 합니다. 그때 사용될 수 있는 증권의 가격을 채권의 대용가격이라고 합니다. 신용거래 시 보증금으로 활용할 수 있는 가격이라고 생각하면 이해하기 쉽습니다.

채권의 전일 종가 기준으로 70~80%의 금액으로 환산해 놓은 금액이라고 생각해도 됩니다. 일반적인 채권투자 시에는 사용되지 않는 수치이기 때문에 개인투자자가 채권투자를 진행할 때 크게 신경 쓸 필요가 없습니다.

[그림 10-1] 채권의 대용가격

이자지급	이표채(확정금리)	표면이자율(%)	6.5000
채권종류	일반사채	보장수익률(%)	0.0000
전환주식		이자지급주기	3개월
발행일	2022/09/29	신용등급	BBB0
상장일	2022/09/29	주간사	
상환일	2024/09/27	대용가(원)	7,790
발행총액(천원)	80,000,000	이전이자지급일	

Q3 채권투자를 진행하면서 개인적으로 위험했던 적이 있었나요?

A 기본적으로 채권의 신용등급 판단을 기준으로 하고, 해당 채권을 발행한 회사와 업계의 미래 업황에 대한 전망까지 고려하여 투자를 진행하고 있기 때문에 제가 투자한 채권 중에 부도 또는 그에 상응하는 회사 차원의 위기가 발생한 적은 단 한 번도 없었습니다.

다만, COVID-19로 주가가 큰 폭으로 빠졌을 때 보유하고 있던 채권 중 일부 채권 가격이 큰 폭으로 하락했던 경우는 있었습니다. 만약 이때 현금이 급하게 필요하여 그 하락한 가격으로 채권을 매도했다면 원금손실이 발생했을 것입니다. 하지만 애초에 상환일까지 투자하는 게 목적이었기 때문에 계속 보유한 채로 기다릴 수 있었습니다. 따라서 채권 가격이 일시적으로 폭락했어도 아무런 문제가 발생하지 않았습니다.

신용평가회사 홈페이지에 업데이트되는 신용평가 자료를 살펴보면서 이것이 사회·경제 전반의 이슈로 인한 채권 가격 변동일 뿐 채권 발행회사 자체의 부도 위험성은 굉장히 적다는 것을 확인하였습니다. 따라서 보유하고 있는 채권의 발행회사에 부도가 발생하지 않는다면 보유 채권의 가격이 아무리 내려가도 결국 아무런 손실이 발생하지 않기 때문에 마음 편히 채권 가격의 회복 또는 채권의 상환일을 기다릴 수 있었습니다. 심지어 그때 운 좋게 현금 보유분이 있어서 폭락한 가격의 채권을 추가 매수하는 기회로도 활용할 수 있었습니다.

크게 떨어졌던 채권 가격은 한 달이 채 안 되어 다시 액면가보다 높은 가격으로 회복하였고, 그에 따라 채권 매수 시의 확정수익률보다 훨씬 더 높은 수익률을 얻어낼 수 있었습니다.

Q4 이런 지식공유를 통해 채권에 개인들의 수요가 많아지면, 채권투자 수익률이 떨어지지 않을까요?

A 이미 오랫동안 국가나 기관, 자본가들의 엄청난 자금이 채권시장에 유입되어 흐르고 있었으므로 개인의 자금이 추가로 들어온다고 하더라도 채권시장에 큰 영향이 발생하지는 않을 것입니다.

물론 시장 원리상 갑작스럽게 특정 채권에 대한 수요가 많아지면 해당 채권의 가격이 상승하고, 그런 채권 가격의 상승은 새롭게 채권에 투자하려는 투자자들에게는 확정수익률의 감소라는 결과로 이어질 수도 있습니다.

하지만 채권은 그렇게 작은 단위로 운용되지 않습니다. 채권시장은 주식시장보다 훨씬 더 어마어마한 규모의 자금이 거래되는 곳이기 때문에 개인 투자자의 자금 유입은 단기적인 등락에만 영향을 미칠 수 있을 뿐, 채권시장 전체에 수익률이나 가격 하락 같은 부정적인 영향력을 가져오기는 굉장히 힘들 것입니다.

오히려 전 국민 단위로 채권에 관한 관심이 커져서 발행된 채권들의 품귀 행렬이 이어진다면, 그만큼 채권을 활용하려고 하는 국가나 기관, 회사들에서 채권을 더 많이 발행하려 할 것이므로 채권에 대한 수요와 공급은 지금과 같이 적정하게 유지될 것입니다. 이것이 자연스러운 시장 원리이기도 합니다.

따라서 이렇게 채권 지식을 알려드린다고 하여도 또는 개인투자자들이 채권투자에 관심을 가진다고 하여도 채권시장에 큰 변화는 없을 것이고 오히려 긍정적인 영향을 가져오게 될 것입니다.

Q5 코코본드 투자는 안전한가요?

A 코코본드(183페이지 참고)는 대부분 높은 신용등급을 가진 은행이나 금융회사에서 발행합니다. 따라서 코코본드도 그만큼의 높은 신용등급을 가지고 있으며, 해당하는 신용등급만큼 굉장히 안전한 채권이라고 할 수 있습니다.

하지만 안전한 만큼 가격이 굉장히 높게 거래되고 있다는 단점을 가지고 있습니다. 이에 따라 콜옵션을 기준으로 한 실질 확정수익률을 계산해보면 생각보다 코코본드의 금리가 높지 않음을 확인할 수 있습니다.

코코본드가 특별히 다른 채권보다 좋다거나 나쁘다거나 하는 개념으로 접근하기보다는, 일반적인 채권을 판단하듯이 채권 수익률 계산기를 활용하여 옵션 요소를 반영한 실질 수익률을 산출해 본 뒤 확정수익률과 실제 채권이 상환되는 상환일이 본인의 투자 상황에 적합하다면 투자하는 방식으로 접근하길 권합니다.

Q6 포프리라이프 님은 채권투자 시 이자뿐만 아니라 중도 매매에 따른 수익도 생각하고 투자하는지 궁금합니다.

A 저는 기본적으로 확정수익률을 기준으로 한 상환일까지의 투자를 상정하고 채권투자를 진행하고 있습니다.

상환일까지 해당 채권을 무조건 보유한다는 생각으로 몇 개의 후보를 선택하여 그중에서 확정수익률이 마음에 들면 투자하고, 확정수익률이 마음에 들지 않는다면 투자자금을 그냥 현금으로 가지고 있거나 아예 다른 투자 수단으로 눈을 돌리고 있다는 뜻입니다. 이와 같은 방법이 가장 기본적이고 가장 안전한 채권투자 방법입니다.

물론 예외도 있습니다. 상환일까지 보유할 생각으로 투자하지만, 투자했던 채권 대부분이 중도에 가격이 더 많이 올라갔습니다. 이에 따라서 확정수익률보다 더 높은 수익률로 중도 매도하고, 새로운 채권 종목을 매수하는 식으로 진행한 경우도 많습니다.

이론적으로 채권의 상환일이 가까워질수록 발행회사의 예측할 수 없는 위험 발생에 대한 확률이 줄어들기 때문에 채권의 가격이 점차 오릅니다. 하지만 이러한 이론적 요소는 역시 운의 영역으로 남겨두고, 무조건 상환일까지의 투자를 가정한 확정수익률만으로 해당 채권에 대한 투자 여부를 판단해야 할 것입니다.

Q7 만기일이 9999인 채권은 무엇인가요?

A 해당 채권의 만기일을 무기한으로 표시할 수가 없어 무기한의 의미로 9999년으로 표시한 것입니다. 만기 상환일을 늘림으로써 부채가 아닌 자본으로 평가받기 위해 발행된 채권이 만기일을 이렇게 표시합니다. 은행에서 발행한 코코본드에서 이러한 형태를 많이 확인할 수 있습니다. 물론 실제로 9999년이라는 만기일에 상환되는 것이 아닌, 채권에 포함된 첫 번째 콜옵션일에 콜옵션이 행사되어 상환된다고 판단하면 됩니다.

물론 그런 경우는 없다고 할 수 있겠으나, 정말로 만에 하나 코코본드에서 콜옵션을 행사하지 않을 경우, 평생 원금 상환 없이 이자만 받아 나가는 채권이라는 의미가 9999라는 숫자에 내포되어 있습니다.

[그림 10-2] 9999년의 만기일을 가진 채권

이자지급	이표채(변동금리)	표면이자율(%)	5.5000
채권종류	일반사채	보장수익률(%)	0.0000
전환주식		이자지급주기	3개월
발행일	2018/07/06	신용등급	A+
상장일	2018/07/06	주간사	
상환일	9999/12/31	대용가(원)	7,880
발행총액(천원)	80,000,000	이전이자지급일	2022/07/06

Q8 채권 수익률 계산기를 활용한 채권 수익률 계산 시, 증권사의 거래수수료가 자동으로 적용되나요?

A 채권 매수 시 제해지는 증권사의 거래수수료는 채권 수익률 계산기에 반영되지 않습니다.

제가 거래하는 증권사는 채권 거래수수료가 굉장히 적어 확정수익률에 거의 영향을 끼치지 않기 때문에 딱히 신경을 안 쓰고 있습니다. 하지만 수수료가 높은 증권사라면 수익률 계산기로 산출한 확정수익률에 수수료 요소를 고려하는 것이 좋겠습니다.

Q9 이미 과거에 매도한 채권인데, 제가 해당 채권을 매수했던 가격이 얼마인지 확인하고 싶을 때는 어떻게 알 수 있을까요?

A 한국투자증권의 HTS에서는 '계좌별 거래내역 조회'라는 기능을 통해 과거에 거래했던 채권의 가격을 확인할 수 있으며, 지금까지 받았던 채권 이자 입금 내역도 확인하실 수 있습니다. HTS에 '계좌별 거래내역 조회'를 띄어쓰기까지 포함하여 입력한 뒤 검색하면 됩니다.

한국투자증권 홈페이지에서도 '계좌별 거래내역'이라는 메뉴에서 확인할 수 있습니다. 홈페이지에서 해당 메뉴를 검색하여 찾으면 됩니다.

Q10 현재 매수할 수 있는 채권들의 확정수익률이 너무 낮아요. 이럴 때는 매수하지 말고 기다려야 할까요?

A 글로벌 저금리 기조 속 COVID-19가 발생하면서 경기 부양 정책에 따라 자산시장에 현금 유동성이 엄청나게 풀렸습니다. 이에 따라 자산시장 속 자산들은 너 나 할 것 없이 가격이 많이 상승했습니다. 당연히 채권

도 예외는 아닙니다.

채권의 전반적인 가격 상승은 기존 채권 보유자에게는 채권을 중도 매도하여 더 높은 수익률을 발생시킬 수 있어 좋은 현상이지만, 새로 채권을 매수하려는 투자자에게는 확정수익률이 낮아져 아쉬운 상황일 수밖에 없습니다. 하지만 현재 한국의 기준금리와 비교해 본다면 그렇게 가격이 오른 채권마저도 매력적인 수익률임을 부정할 수 없습니다. 채권은 기본적으로 한국은행의 기준금리를 기본으로 하여 기간 스프레드나 신용 스프레드라는 추가금리가 붙기 때문에 어떤 시장 상황에서든 양호한 수익률을 얻을 수 있습니다. 새롭게 발행된 채권은 처음부터 표면이자율이 높거나 낮게 발행됨으로써 기준금리 변동을 반영하고 있고, 기존에 발행된 채권은 시장에서 거래되는 가격이 자연스럽게 조정됨으로써 기준금리 변동이 반영됩니다.

여러 가지 시장 이슈로 채권 가격이 상승했다고 하여도 채권의 가격이 또다시 내려가기를 마냥 기다리기에는 미래가 너무 불확실합니다. 합리적인 채권투자자라면 그저 현재의 채권 가격을 기준으로 산출한 채권의 확정수익률과 상환일이 마음에 든다면 투자하는 것이고, 대체할 수단이 더 매력적이라면 그 수단에 투자하거나 아니면 아예 현금 보유를 선택하는 방식으로 대응할 수밖에 없습니다.

저는 채권의 가격이 올라서 매수 시의 확정수익률이 많이 내려가더라도 자금이 생길 때마다 채권을 매수하는 편입니다. 만약 채권 가격이 추세에 따라 추가로 오른다면 더 높은 수익률을 얻게 될 것이고, 채권 가격이 내려간다고 하더라도 상환일까지 가져가면 상환금액을 돌려받고 그렇게 받은 상환금액으로 가격이 내려간 채권을 또다시 매수하여 매력적인 수익률을 얻을 수 있기 때문입니다. 이와 같이 채권투자는 손실 가능성이 거의 없는 투자치고는 언제나 굉장히 매력적인 수익률을 제공하고 있습니다.

물론 이와 같은 투자 전략은 저의 개인적인 방법일 뿐 누구에게나 적용되는 방법은 아닐 것입니다. 그뿐만 아니라 급변하는 경제 상황 속에서는 전략을 상황에 맞게 조정해야 할 수도 있을 것입니다. 채권이 기본적으로 제공해주는 확정수익률이라는 안전성을 기반으로 나만의 투자 전략을 만들어 나가는 것도 좋습니다.

Q11 채권은 주식 등 다른 투자 수단에 비해 수익률이 너무 낮은 것이 아닌가요?

A 주식이나 여타 투자 수단에서의 단기적인 수익률과 비교하면 채권의 단기 수익률이 초라해 보일 수도 있습니다. 하지만 채권은 높은 안전성, 양호한 수익률, 정확히 산정 가능한 이자 금액(현금 흐름)에 따른 효율성을 큰 장점으로 활용할 수 있는 수단입니다.

주식시장이 활황일 때에는 주식의 단기 수익률이 굉장히 높을 수 있습니다. 그러나 몇십 년 이상 장기간의 누적 수익률을 합산한다면 채권과 그 수익률이 비슷하거나 오히려 채권에서 발생하는 수익률보다 더 낮은 수익률만이 창출되어왔다는 사실을 통계 데이터를 통해 확인할 수 있습니다(9장 참고).

채권을 모으기 시작할 때에는 이자가 너무 적게 느껴질 수도 있지만, 채권은 확정수익률을 바탕으로 돈을 모아 나갈 때 굉장히 구체적인 목표를 세울 수 있게 도와줄 뿐만 아니라 은행의 그 어떤 예·적금 상품보다 더 높은 수익률을 얻을 수 있다는 효율성을 가지고 있습니다.

Q12 콜옵션, 풋옵션 채권은 채권 발행회사나 채권투자자가 요구하면 무조건 행사되어야 하는 건가요?

A 네, 법적으로 무조건 행사되어야 합니다. 옵션은 계약입니다. 계약을 위반하면 법적인 절차가 진행될 것입니다.

채권 발행회사로부터 콜옵션이 행사되면, 내가 보유한 채권이 콜옵션에 따라 자동으로 상환되며 채권 보유자는 해당하는 상환을 거부할 수 없습니다.

증권사를 통해 채권 발행회사에 풋옵션 행사를 요청하면, 해당 회사는 무조건 풋옵션 계약에 따라 해당하는 채권을 상환해 주어야 합니다. 상환을 진행하지 않으면 해당 회사는 부도가 발생한 것과 동일한 상태가 됩니다.

Q13 신용평가회사는 국가기관인가요, 사기업인가요?

A 신용평가회사는 독립적이어야 한다는 특수성 때문에 국가기관으로서의 운영이 아닌 독립적인 사기업, 즉 민간기업의 형태를 취하고 있습니다. 신용평가 회사에서 평가하고 발표하는 결과는 채권을 비롯한 다양한 투자자산에 대한 투자 결정을 하는 데 중요한 역할을 하기 때문에 금융시장에서 큰 영향력을 가지고 있습니다.

이에 따라 국가에서는 신용평가회사가 원활한 업무를 수행할 수 있도록 다양한 지원을 제공하고 있을 뿐 아니라 신용평가에 대한 평가 기준과 절차, 보안 등에 대한 표준을 제정하고 적용시킴으로써 회사의 투명성과 신뢰성을 높이고 있습니다. 따라서 신용평가회사는 국가의 엄격한 감독과 지원을 받고 있는 민간기업입니다.

Q14 회사에서 발행한 채권은 부채인데, 회사에서 발행한 주식은 왜 자본으로 편입되는 건가요?

A 간단하게 말하면 회사에서 발행한 주식은 이자를 줄 필요도 갚을 필요도 없기 때문입니다.

누군가 해당 회사의 주식을 100억 원어치 갖고 있다고 하여도 해당 회사 주식을 가진 사람에게 돈을 줘야 한다거나, 무조건 배당을 해줘야 한다는 법적인 조항이 없습니다. 주식 보유자는 단순히 지분만 행사할 수 있을 뿐이며, 이렇게 회사 차원에서 실질적인 자금 유출이 발생하지 않는다는 속성 때문에 주식은 자본으로 편입되는 것입니다. 반면 채권은 필수적으로 이자를 지급해야 할 뿐만 아니라 상환일이 되면 채권 자체의 금액을 전액 상환해 주어야 하므로, 갚아야 하는 돈으로써 부채로 편입되는 것입니다.

Q15 같은 날 같은 회사에서 발행된 채권임에도 불구하고 채권의 세부적인 조건이 서로 다르던데, 그 이유가 무엇인가요?

A 채권은 발행회사가 동일하고 발행일자가 같다고 하여도 그 채권의 상
환일이나 발행금액, 표면이자율, 또는 해당하는 채권에 포함된 옵션
이 서로 다르게 발행될 수 있습니다. 세부 조건이 다르기 때문에 같은 회사
에서 발행된 채권일지라도 신용등급 역시 달라질 수 있습니다.

다양한 조건을 제시하여 각각의 조건을 원하는 투자자들의 투자를 늘리
기 위한 채권 발행회사의 전략이라고 할 수 있습니다.

같은 회사에서 발행되는 여러 채권은 대부분 제일 앞에 발행회사의 이름
을 가지고 있으며 이름 뒤에 숫자만 순서대로 변경되면서 발행됩니다.

Q16 향후 인플레이션이나 스태그플레이션 발생이 예상될 경우, 그에 대비한 채권 투자 시나리오가 있을까요?

A 인플레이션은 물가가 오르는 현상입니다. 물가가 오르면 일반 국민들
의 소비 여력이 감소하고 경제적 어려움을 겪는 국민이 늘어나기 때
문에 정부는 물가를 정상적으로 돌리기 위해 금리를 인상합니다.

인플레이션 발생에 따른 금리인상 가능성이 점쳐진다면 이론적으로 확정
수익률이 지속되는 채권의 가치가 상대적으로 떨어지게 될 수도 있습니다.
이는 단기 채권보다는 장기 채권에서 더 두드러지는 현상입니다.

따라서 인플레이션 발생이 예상된다면 잔존기간이 적게 남은 단기 채권
위주로 채권에 투자하거나, 이미 장기 채권을 보유 중이고 시장 가격이 적당
하다면 해당 채권을 중도 매도한다는 시나리오를 세울 수 있습니다.

스태그플레이션은 경제적으로 불황인 상황 속에서 인플레이션까지 지속적으로 발생하는 현상입니다. 인플레이션이 발생하면 금리인상을 진행해야 하는데, 불황인 경제 상황 때문에 섣불리 금리인상을 진행하기 어렵습니다. 이러한 상황으로 인하여 단순히 불황을 넘어 *경기침체라는 어려움이 다가올 수 있습니다.

만약 스태그플레이션 발생에 따른 경제침체가 과거 IMF 사태 같은 강력한 침체 수준으로 예상된다면, 시장의 금융자산은 채권을 포함하여 너 나 할 것 없이 큰 조정을 받게 될 것입니다. 이런 상황에서는 현금을 보유하고 있는 것이 상대적으로 더 유리합니다. 큰 침체기를 지나면서 가격이 폭락한 채권 중 여전히 안전성을 갖춘 매력적인 채권을 현금으로 매수하면 되기 때문입니다.

하지만 이러한 인플레이션에 따른 문제가 낮은 수준의 금리인상으로 나타난다면 채권시장에는 아무런 영향이 발생하지 않을 수도 있고, 스태그플레이션에 따른 실질적인 경기침체가 예상보다 약하게 발생한다면 오히려 안전자산인 채권에 대한 수요가 더 높아지게 될 수도 있습니다.

이처럼 금융투자는 실제 발생하는 시장 상황에 따라 변수가 크기 때문에 명확한 투자 시나리오를 세우기는 어렵습니다. 시장 경험이 풍부한 유명한 펀드매니저들이 주식 활황기에는 큰 수익을 바탕으로 증권사를 퇴사하여 자신의 회사를 차리고 운영하다가 불황기에 모든 돈을 잃어버리고 다시 펀드매니저로 활동한다는 우스갯소리가 있을 정도로, 경제 변수에 대한 예측과 대응은 개인투자자에게는 매우 어렵고 힘든 요소입니다.

> **처공용어 뽀개기**
>
> **경기침체**
> 경기상황이 어려워짐에 따라 각종 경제 활동이 활발히 이루어지지 못하는 상태이다. 이러한 침체 상황에서는 소비자들의 구매수요가 줄어들고, 그에 따른 기업의 수익악화와 실업률의 증가가 연이어 발생한다. 그 결과 다시 소비자들의 구매수요가 줄어드는 등 악순환의 고리에 빠질 수 있다.

채권투자는 확정금리에 따른 안정성 덕분에 예상하기 힘든 경제 상황 속에서도 큰 손실을 보지 않게 해준다는 장점이 있습니다. 미래를 예측하기보다는 현재의 확정수익률을 기준으로 투자하길 권합니다. 이 투자법이 개인 투자자들의 곁을 든든하게 지켜줄 것입니다.

Q17 채권의 쿠폰이자율이라는 것이 무엇인가요?

A 채권의 쿠폰이자율이란 채권의 '표면이자율'을 나타내는 말로 채권의 실제 확정수익률과는 다른, 채권 표면에 적혀 있는 금리를 말합니다.

채권의 확정수익률은 기본적으로 채권의 '표면이자율'을 바탕으로 주기적으로 발생하는 이자 수익뿐 아니라 채권의 잔존기간에 따라 남아 있는 잔여 이자 발생 요소 그리고 채권 상환 시의 자본차익이나 자본차손까지 포함한 것을 말합니다. 따라서 실제 채권을 통해 얻을 수 있는 확정수익률은 표시된 '표면이자율'과는 달라지게 됩니다.

[그림 10-3] 채권의 쿠폰이자율

이자지급	이표채(확정금리)	표면이자율(%)	5.3640
채권종류	일반사채	보장수익률(%)	0.0000
전환주식		이자지급주기	3 개월
발행일	2022/09/06	신용등급	BBB+
상장일	2022/09/06	주간사	
상환일	2025/09/05	대용가(원)	8,230
발행총액(천원)	128,000,000	이전이자지급일	2022/12/06

Q18 듀레이션과 채권 만기는 어떻게 다른가요?

A 듀레이션이라는 용어와 개념을 알지 못해도 제가 알려드리는 채권투자 방법을 따라 하기에는 아무런 문제가 없습니다. 그래서 굳이 설명하지 않았는데요. 그래도 채권투자를 하다 보면 원론적인 지식으로서 듀레이션이라는 단어를 많이 접하게 됩니다. 간단히 설명하자면 채권투자에서 듀레이션이란 '내 투자자금이 회수되는 데 걸리는 평균기간'을 의미합니다.

[그림 10-4] 채권의 듀레이션

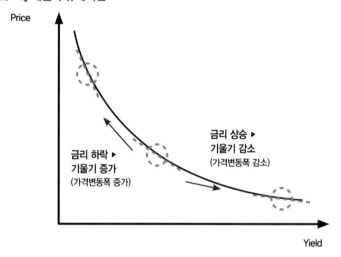

좀 더 전문적으로 듀레이션을 설명해볼까요. 듀레이션은 '채권에서 발생하는 현금 흐름의 가중평균만기'로서 채권 가격의 변화에 대한 민감도를 측정하기 위한 척도로 사용됩니다. 전문가들은 듀레이션의 이런 기능을 활용하여 금리 변화에 따른 채권 가격의 변동성을 계산하는 도구로 활용하고 있습니다.

듀레이션을 실전에 활용하기 위해서는 다소 복잡한 공식을 거쳐야 하는데요. 개념을 이해하기 위해 잠깐 설명하겠습니다.

$$(\Sigma PV*t)/(\Sigma PV)$$

$\Sigma PV*t$: 각각의 채권 가격(원리금의 현재가치)에 잔존기간(t)을 곱한 후 더함

ΣPV: 채권 가격 합계(이표채의 경우 이자와 원금의 채권가격을 더함, 복리채와 할인채는 1개의 채권가격)

또는

$$\text{Duration} = (V- - V+)/2V*(dY)$$

V-: 금리하락 시 가격, V+: 금리상승 시 가격, V: 현재가격,

dY: 금리 변동분(0.5%일 경우, 0.005, 소수점을 사용)

아주 복잡해 보이죠? 듀레이션을 활용하려면 위의 식을 기본으로 활용하여 계산해야 합니다. 해당하는 계산 공식은 굉장히 어렵고 전문적이기 때문에 저 또한 채권투자에 활용하지 않고 있으며 이와 관련하여 가르쳐 드리고 있지도 않습니다. 해당 부분은 채권투자를 다루는 자격증을 가진 전문가들이 공부하고 활용하는 영역입니다. 이처럼 채권투자의 원론적인 지식 영역은 굉장히 어렵습니다.

돌아와서 다시 답변드리자면, 채권의 만기는 단순히 해당하는 채권의 상환일자 그 자체를 의미하는 말이고, 채권의 듀레이션은 채권에서 상환일까지 발생하는 모든 이자 금액을 포함하여 내가 투자한 금액이 회수되는 기간을 이론적으로 평균하여 나타내는 방법입니다.

채권투자 전문가들은 이러한 듀레이션을 이용하여 금리 변화에 따른 채권의 이론적인 가치를 평가하고, 채권투자에서의 합리성 판단과 잠재적 위험을 관리하는 데 활용하고 있습니다.

Q19 HTS의 채권 수익률 계산기가 없어도 채권의 수익률을 계산할 수 있나요?

A 네, HTS의 채권 수익률 계산기가 없어도 채권 수익률을 수학적 공식을 활용하여 직접 계산할 수 있습니다. 하지만 그것을 온전히 활용하려면 채권에 대한 훨씬 더 깊은 원론적 지식을 배워야 할 것입니다. CFA (Chartered Financial Analyst) 자격을 획득하기 위한 지식을 공부하다 보면 해당하는 지식을 접할 수 있습니다.

계산을 도와주는 엑셀 파일이 시중에 존재하고 있지만 이조차도 활용 방법이 상대적으로 까다롭기 때문에 잘못된 위치에 잘못된 정보를 입력한다면 산출되는 결괏값이 크게 달라질 수 있습니다. 돈을 다루는 영역에서의 불확실성은 투자자에게 치명적인 위험으로 작용할 수 있습니다.

원론적인 지식을 공부하는 것은 분명 좋은 일이지만, 단순히 채권투자를 활용하는 것에서의 효율성 측면에서는 굳이 그 정도의 지식까지 필수적으로 배워야 할 필요는 없다고 생각합니다. 그러니 HTS의 채권 수익률 계산기를 활용하는 것을 권합니다.

Q20 최근 들어 특별한 옵션이 없는데 이자 지급 주기가 1개월인 채권이 발행되고 있습니다. 이러한 채권은 어떻게 판단해야 하나요?

A 이자 지급 주기가 3개월이 아닌 채권은 대부분 옵션이 포함되어 있거나 아니면 이표채가 아닌 채권인 경우가 많기 때문에 3개월을 언급했던 것입니다. 즉, 초보 채권투자자들이 채권의 복잡한 옵션 요소를 간단한 방법으로 피해갈 수 있도록 해당 조건을 제시한 것일 뿐, 3개월이라는 조건이 채권의 실질적인 안전성이나 효율성 또는 옵션 그 자체를 대변하지는 않습니다. 따라서 채권의 이자 지급 주기가 1개월이라고 해서 특별히 위험요소가 내포된 채권은 아닙니다.

해당 채권의 옵션 요소와 안전성을 확실히 확인하였고 확정수익률과 상환일이 괜찮다면, 오히려 1개월이라는 이자 지급 주기는 투자자 입장에서 현금흐름이 더 자주 발생하기 때문에 더 긍정적인 요소라고 판단할 수 있습니다.

Q21 얼마 전 이슈가 된 레고랜드 PF대출 때문에 채권시장에도 안 좋은 영향이 많다고 하던데요. 안전한 채권 위주로 담는다면 괜찮을까요?

A 레고랜드 이슈는 기본적으로 저희가 활용하는 공모채권이 아닌 CP라는 시장에서의 사건입니다. CP에 대해서는 8장에서 자세히 설명했지만, 다시 한 번 간략하게 소개하겠습니다. CP란 commercial paper의 약자인데 기업의 단기자금을 조달하기 위해 발행하는 기업어음을 뜻하며 CP 안에 이번 사건의 주역인 ABCP라는 PF대출이 포함되어 있습니다(243페이지 참고).

CP라고 하더라도 기본적으로 채권의 영역이기 때문에 법의 보호를 받습니다. 해당 CP에는 신용보강(담보)이 되어 있기 때문에 높은 단기 신용등급으로 발행되었습니다. 따라서 레고랜드 PF대출 이슈에 대해서 강원도가 갚지 않는다고 말하고 실제로 해당 CP를 발행한 회사를 파산시킨다고 하더라도 지자체로서의 강원도가 파산하지 않는 이상, 더 나아가 대한민국이라는 국가 자체가 파산하지 않는 이상 해당 CP 투자자는 원금손실에 대한 위험성이 없을 것입니다.

다만 해당 이슈가 시장 전반에 큰 파장을 미치면서 공모채권 시장에도 자금이 원활하게 돌지 못하는 문제가 생겼습니다. 하지만 이번 문제는 시장의 *자금경색 문제를 수면 위로 드러나게 했을 뿐, 이미 미국 긴축에 따른 시장의 자금경색이 조금씩 진행되고 있었습니다.

더해서 한국전력의 적자 누적을 보완하고자 대규모로 발행된 한전 회사채에 시장의 많은 자금이 흘러간 적도 있습니다. 금리 인상 기조에 따른 경제 침체에 대비하고자 기업들은 채권 발행을 통해 선제적으로 사업자금을 확보하고 있으며, 시중 은행들 역시 긴축에 대비하여 활용할 자금을 미리 확보하려는 움직임을 보이고 있습니다.

자금경색

> 처공용어
> 뽀개기

금융경색이라고도 한다. 시장에 자금이 원활하게 유통되지 못해 여러 가지 문제점이 나타나는 현상이다. 시장에서 돈의 수요가 공급보다 많은 상태로서, 시장 원리에 따라 돈을 확보하기 위한 비용이 증가하게 되고 이는 특히 일상적으로 많은 돈을 활용해야 하는 기업들의 어려움으로 이어진다. 나아가 경제 전반의 어려움으로 이어질 수도 있다.

CP는 기본적으로 A1~D까지의 단기 신용등급이 사용됩니다. 우리가 공모채권에서 신용평가회사가 평가한 신용등급제도를 활용할 수 있는 것처럼 CP와 같은 단기 채권에서도 신용평가회사가 평가한 단기 신용등급제도를 활용할 수 있습니다.

단기 신용등급은 신용평가회사가 평가했기 때문에 등급의 신뢰성은 높다고 할 수 있겠으나 일반적인 채권의 신용등급에 비해서 평가가 덜 까다롭습니다. 즉, 일반 채권에 비하여 발행하기가 훨씬 더 쉽습니다. 그동안 건설사는 CP의 일종인 부동산 PF대출을 통해 덜 까다로운 단기 신용등급을 받아서 부동산 사업 자금을 빌려 왔습니다.

건설회사들은 보통 1년 미만으로 발행하는 PF대출을 통해 만기 때마다 다음 회차로 대출을 *차환발행하면서 원금을 갚을 필요 없이 이자만 내면서 큰 자금을 활용해 왔습니다. 하지만 이것은 유동성이 풍부했던 시기에 가능했던 전략이었을 뿐 이렇게 시중 유동성이 마르는 시기에 여러 가지 경제적 이슈가 겹치자 PF대출의 차환발행이 안 되는 사태가 벌어진 것입니다. 건설사들은 갑작스럽게 빌렸던 원금을 갚아야 하는 상황에 놓이게 되었고, 원금을 갚지 못하면 당연히 회사에 부도가 발생하게 될 것입니다. 또한 금리 인상에 따른 대출 이자 부담도 증가하여 건설회사들의 사업성이 떨어지고 있습니다.

채공용어 뽀개기

차환발행

채권의 상환일에 맞추어 채권을 또다시 발행하는 것을 말한다. 만기가 도래한 빚을 갚기 위해 새로운 빚을 발생시키는 개념과 비슷하다. 채권시장에서의 차환발행은 기발행한 채권의 만기를 연장하는 개념과 비슷하게 활용된다. 근본적으로는 새롭게 채권을 발행하는 것이기 때문에 시장 상황에 따라 표면이자율 같은 세부 조건이 기존에 발행된 채권과 달라지는 경우가 많다.

PF대출 시장은 너무나도 큰 시장이기 때문에 해당 시장이 무너지지 않도록 나라에서도 어느 정도 지원할 것이며 신용등급이 높은 CP는 여러 가지 담보나 보증을 걸고 발행하는 것이 대부분이기 때문에 치명적인 큰 문제로까지는 이어지지 않을 수도 있습니다.

하지만 앞으로 PF대출에 보증을 들어준 증권사들이 보증된 자산을 갚아 줘야 하는 상황이 많이 발생할 수 있고, 현금을 마련하기 위해 증권사가 보유한 자산들을 급하게 매도하느라 또는 그러한 심리가 시장에 작용하면서 금융경제의 침체가 심화되는 원인으로 작동될 여지가 있습니다. 또한 건설사들의 자금난이나 파산 가능성도 커질 수 있습니다.

추후의 시장 상황을 예측하는 것은 무의미합니다. 해당 이슈가 채권시장에 선반영되었을 수도 있고, 혹은 곧 반영되면서 채권시장 가격에 큰 변동을 야기할 수도 있습니다. 해당 이슈가 잘 해결될 수도 있고 굉장히 심화될 수도 있습니다. 단순히 데이터만으로 움직이는 시장이 아니기 때문에 그렇습니다. 사람들의 불확실한 심리가 즉각 반영되는 곳이 금융시장이다 보니 예측 불가능성은 더욱 커집니다. 이런 상황에서 믿을 수 있는 것은 역시 신용등급에 따른 안정성과 확정수익률뿐입니다.

CP 시장은 나름 신용등급제도가 적용되는 공신력 있는 시장이지만 최소 투자금액이 1억 원으로 정해져 있기 때문인지 장기간의 통계 데이터 같은 자료가 일반 채권보다 많이 부족합니다. 제 경우 잘 알지 못하면 투자하지 않는다는 투자 가치관에 따라 투자하지 않고 있습니다.

CP가 아닌 일반적인 공모채권의 신용등급은 상환일까지 이자뿐 아니라 상환금액을 정상적으로 상환할 수 있는지에 대해 훨씬 더 까다롭게 평가하기 때문에 이러한 이슈가 발생하더라도 견뎌낼 능력을 겸비하고 있습니다. 공모채권의 신용등급에는 채권을 발행한 회사의 현금 유보율과 해당 회사가 변동하는 시장 상황에서 버텨낼 수 있는지에 대한 데이터도 더 까다롭게 녹아 있습니다. 따라서 신용등급이 높은 채권이라면 어떤 시장 상황에서도 확정수익률이라는 안정성을 제공해 줄 것입니다.

다만, 제가 책에서 꾸준히 언급했듯이 채권투자 시 해당 업종에 대한 잠재적인 위험성도 충분히 고려해야 합니다. 건설 업종에서 만에 하나 심리적인 패닉이 발생하여 채권 가격이 폭락하더라도 패닉하지 않고 보유 채권을 내

던지지 않을 자신이 없다면 그런 업종에 속한 종목은 심리적으로나 실질적으로나 피해야 할 것입니다.

시장 상황이 어렵다고 느껴진다면 투자가 아닌 현금 보유를 하는 것도 하나의 선택입니다. 또는 이슈가 있는 업종이 아니라면 신용등급 등을 활용한 안전성 판단을 기본으로 하여 상환일까지의 확정수익률이 마음에 드냐 안 드냐에 따라 투자를 진행하는 것도 하나의 선택입니다. 어떤 선택이 더 큰 이익을 가져다줄지는 주가를 예측하는 영역과 같을 것입니다.

채권투자의 장점은 개인적인 예측이 틀린다고 하여도 확정수익률을 기반으로 하여 직접적인 큰 손실이 발생되지 않으면서 언제나 만족스러운 이익을 준다는 것입니다. 채권투자를 진행함에 있어서 보유한 채권의 가격이 떨어진다고 해도 상관없이 채권을 상환일까지 들고 가면 기존의 확정수익률을 얻을 수 있고, 만약 채권 가격이 올라간다면 중도에 매도하여 더 높은 수익률을 가져갈 수 있기 때문입니다.

Q22 오늘 신문에서 '영구채 조기 상환 불발 흥국생명발 외화채 위기'라는 기사를 읽었습니다. 영구채는 만기가 없는 채권으로 이자만 내는 채권이라고 알고 있는데요. 왜 조기 상환을 시도하고, 조기 상환이 안 될 때 왜 외화채 위기가 오는 건가요? 이것이 레고랜드 사태와 비슷하다고도 하는데 이 모든 것이 주식에도 악영향을 미칠 수 있을까요?

A 채권은 기본적으로 해당 채권을 발행한 회사의 부채로 편입됩니다. 하지만 채권의 만기를 대폭 늘리고 여러 가지 조건을 추가하면 회사

의 자본으로 편입시킬 수 있습니다. 그렇게 만기를 대폭 늘린다면 아무도 투자하지 않을 것이기 때문에, 영구채에 콜옵션을 추가해서 채권의 실제 만기보다 빠르게 상환해 줄 수 있는 조건을 넣습니다. 그렇게 해도 자본 인정요건은 충족되니까요.

단순히 옵션만 추가하는 게 아니라 콜옵션 첫 번째 행사일에 실제로 콜옵션을 행사해 줌으로써 투자자들의 투자효율을 높여주는 것이 모든 나라 채권시장에서 정해진 약속으로서 지켜지고 있습니다. 이것은 일반적인 채권에는 적용되지 않고, 금융회사에서 발행하는 콜옵션 채권에만 적용되는 관행입니다.

법적으로 정해진 규칙은 아니지만 시장의 약속이기 때문에 채권을 발행한 금융회사가 콜옵션을 행사하여 조기 상환한다는 약속을 지키지 않는다면 그만큼 회사가 부실하거나 신뢰가 없다고 보고 시장에서는 그 채권을 매도하려 하겠지요. 나아가 국제적인 약속을 지키지 못한 채권이 발행된 그 나라 자체에도 신뢰도 하락이 반영되어 외국인들이 보유하고 있던 한국 채권을 매도하고, 추가적인 매수 또한 하지 않는 상황이 벌어질 것입니다.

이렇게 신용시장에서의 관행이자 약속이 무너진다는 것은 생각보다 큰일입니다. 레고랜드 사태 또한 마찬가지입니다. 채권의 보증을 선 지방정부가 돈이 있음에도 불구하고, 그 돈 갚는 것을 거부한다는 것은 단순히 해당 채권에 대한 신뢰성 하락에 그치지 않고 한국에서 발행한 모든 국채, 지방채에 대한 신뢰성을 떨어뜨리는 일이 됩니다. 따라서 흥국생명에서 영구채를 조기 상환하는 약속을 지키지 않는다면 채권은 물론이고 주식을 포함한 외국인들의 투자자금이 한국에서 빠져나가는 사태로 이어질 수 있습니다.

다행히 흥국생명은 채권시장의 규칙에 맞게 해당하는 채권의 콜옵션을 행사하기로 최종 결정하였습니다(2022년 11월).

Q23 2년 만기 보유를 목표로 한국전력과 대한항공 채권을 매수하였습니다. 현재 시장금리 급상승으로 투자 평가금액에 손실이 발생하고 있다 보니 멘탈 관리가 생각보다 쉽지 않습니다. 기회비용(좀 더 기다렸다가 싼 가격에 살 걸)에 대한 아쉬움과 공포(미국채 붕괴 시나리오, 지금이라도 손절할까) 등등이 계속 머리에 맴도는 상황입니다. 2년 안에 한전이나 대한항공이 부도가 나리라고는 생각하지 않습니다만, 향후 채권시장에 대한 전망, 그리고 이럴 때 가져야 할 마인드에 대한 조언 부탁드립니다.

A 기본적으로 채권투자를 결정하는 행위는 기회비용에 대한 주사위를 던지는 것과 같습니다. 대부분의 채권투자는 유동성에 따라서 중도에 매도하기 쉽고, 채권 가격도 상승해 왔으나 요즘 예상치 못하게 유동성도 줄어들고, 시장에서의 채권 가격도 매수했던 가격보다 하락하는 경우도 보입니다.

당연히 이러한 상황을 과거의 우리가 예측하지 못했기 때문에 이와 같은 아쉬운 투자가 진행된 것이겠죠. 주식이나 다른 투자에서는 이렇게 예상치 못한 악재에 노출되면 돌이킬 수 없는 큰 손실이 발생합니다. 하지만 채권투자는 예상이 틀렸다고 하여도, 또는 예상치 못한 상황이 발생하였더라도 만기일까지의 확정수익률이라는 안전망이 계속 저희를 지켜줍니다.

채권은 상환일 전까지 시장가격이 계속 변동되지만, 그런 시장가격과 상관없이 만기까지 가져가면 처음 매수했을 때 확정된 수익률을 고스란히 얻을 수 있습니다. 이러한 시장가격을 활용하여 상환일 전이라도 더 높은 가격으로 보유 채권을 매도하여 확정수익률보다 높은 수익을 얻을 수도 있고, 반대로 보유한 채권의 시장가격이 내려가면 그냥 상환일까지 보유하여 처음 확정된 수익률만큼의 수익률을 가져가면 됩니다.

미래 채권시장에 대한 전망 또한 주식과 마찬가지로 실제 시장은 더 크게, 더 예상외로 변동되기 때문에 예측에는 의미가 없다고 봅니다. 만약 지금까지 했던 전망이 다 들어맞았으면 저는 이미 주식투자로 세계적인 갑부의 반열에 올랐겠지요.

개인적으로 마인드라고 할 만한 것은 없습니다. 저는 채권이라는 수단의 안전성을 확신하기 때문에 중도 수익률이 내려가도 별 두려움 없이 보유하고 있습니다. 또한 애초에 확정수익률이 마음에 들었기 때문에 투자한 채권이고, 어떤 시장 상황 속에서도 내가 투자한 채권에서 발생하는 이자와 원금은 변동이 없을 것이기 때문에 심리적인 공포도 크지 않습니다. '내가 만약 이런 판단력과 예측력으로 주식투자를 진행했으면 큰일 났겠구나. 채권에 투자해서 다행이다.'라는 정도로 생각합니다.

한국전력 채권은 공기업의 회사채이지만 기본적으로 국채라고 할 수 있는 등급의 채권입니다. 여러 가지 나쁜 뉴스가 들려오니 한국전력 주식투자자라면 공포에 질릴 수 있겠으나 채권투자자는 원금손실에 대한 걱정이 없습니다. 나라에서 돈을 찍어 내서라도 해당하는 채권을 갚으면 그만이기 때문입니다. 실제로도 그럴 것이고요.

항공사도 대한항공 정도의 규모라면 부도가 나고 자본잠식이 발생한다고 하더라도 결국은 살아남을 것이라는 것을 예상할 수 있습니다. 망하게 하는 것보다 살리는 것이 국가 차원에서의 비용도 더 적게 들기 때문입니다.

실제로 신용평가회사에서도 해당 채권의 신용등급 전망을 안정적이라고 평가하여 발표하였습니다. 따라서 현재 상황에서는 채권 보유에 대해서 겁먹을 필요는 없다고 판단됩니다. 저희가 공포에 떨어야 할 때는 신문에 나쁜 기사가 실렸을 때나 채권가격이 하락했을 때가 아닌, 신용등급 평가가 부정적이 되고, 실제로 신용등급이 내려가기 시작할 때입니다.

제가 보기엔 당연히 보유한 채권을 만기까지 가져가는 것이 정석적인 채권투자 방법일 뿐만 아니라 장기적인 채권투자 습관을 위해서도 필요합니다. 하지만 중도 매도에 대한 손실 여부를 정확히 따져보고 그 손실이 감내할 만한 수준이라면 손절하는 것도 초보 투자자의 정신건강에는 좋을 수 있습니다. 반면 손실을 보고 싶지 않거나 감내가 불가능할 정도로 이미 평가금액이 떨어졌다면 이자라도 받자는 마음으로 채권을 보유하세요. 걱정한다고 달라지는 건 없습니다. 그렇다면 채권투자자답게 그냥 마음 편히 기다리는 방법으로 대응하는 것이 좋겠지요.

'가격이 떨어진 지금 채권에 투자했으면 더 수익률이 좋았을 텐데!'라는 상대적인 상실감이 들 수도 있겠지만 가격 변동과 시기를 모두 맞히는 투자자라면 채권보다는 주식투자가 더 어울릴 겁니다. 미래의 금융시장을 예측하지 못하는 평범한 사람들이기 때문에 채권투자를 하는 것이죠. 따라서 과정에서 다소 아쉬운 결과도 받아들여야 할 것입니다.

반복해서 말씀드리지만 채권투자 과정에서 최선은 만기까지 확정수익률을 받아가는 것입니다. 저는 많은 경험에 따른 채권에 대한 확신이 있습니다. 두려움은 전혀 없습니다. 물론 저 역시 아쉬움이 때때로 찾아듭니다만 돌이킬 수 없는 손실을 가져오지는 않는다는 점에서 충분한 만족감을 느끼고 있습니다. 여러분도 저처럼 채권투자의 장점에 집중하고 수익을 누리기를 바랍니다.

부록

포프리라이프
채권투자 이자 노트

저는 특정한 채권투자 종목을 추천해주는 방식이 아닌 효율적으로 채권투자하는 방법 그 자체를 알려드리고 있습니다. 여러분은 이 책을 통해 제가 전달한 지식을 바탕으로 매력적인 채권 종목을 선별하여 안전하게 투자하는 방법을 배웠을 것입니다.

다만 여전히 채권투자 활용에 대해 감을 못 잡는 분이 있을 거라 생각하기에, 그분들을 위해 채권에 투자해서 받은 이자 내역의 일부와 그 코멘트를 부록으로 만들어 보았습니다. 과거 사례이기 때문에 어떤 종목은 교체되었거나 상환이 완료되었음을 미리 밝힙니다. 그에 따라 제가 투자한 종목을 찾아보는 수고도 하지 않길 바랍니다. 그저 이 부록을 통해 채권투자로 안전하게 자산을 증식할 수 있으며, 심적인 여유로움과 경제적 자유의 도구로 활용할 수 있다는 사실을 인지하고 느껴보면 좋겠습니다.

| 선택 | 거래일 | 거래종류 | 거래금액 | 세금 | 과세구분 |
			정산금액	유가잔고	매수일자
○	2021.02.09	사채이자입금	14,043	2150	종합과세
			11,893	0	
○	2021.02.09	사채이자입금	118,629	18260	종합과세
			100,369	0	
○	2021.02.09	사채이자입금	727,290	112000	종합과세
			615,290	0	
○	2021.02.09	사채이자입금	207	20	종합과세
			187	0	
○	2021.02.09	사채이자입금	294,507	45350	종합과세
			249,157	0	
○	2021.02.09	사채이자입금	95,881	14760	종합과세
			81,121	0	

이자지급	이표채(확정금리)	표면이자율(%)	5.6170
채권종류	일반사채	보장수익률(%)	0.0000
전환주식		이자지급주기	3 개월
발행일	2018/11/09	신용등급	BBB0
상장일	2018/11/09	주간사	
상환일	2021/08/09	대용가(원)	8,160
발행총액(천원)	10,000,000	이전이자지급일	2021/02/09

이자지급	이표채(확정금리)	표면이자율(%)	6.7060
채권종류	일반사채	보장수익률(%)	0.0000
전환주식		이자지급주기	3 개월
발행일	2018/11/09	신용등급	BBB0
상장일	2018/11/09	주간사	
상환일	2022/08/09	대용가(원)	8,100
발행총액(천원)	10,000,000	이전이자지급일	2021/02/09

이자지급	이표채(확정금리)	표면이자율(%)	6.9190
채권종류	일반사채	보장수익률(%)	0.0000
전환주식		이자지급주기	3 개월
발행일	2018/11/09	신용등급	BBB0
상장일	2018/11/09	주간사	
상환일	2022/11/09	대용가(원)	8,180
발행총액(천원)	10,000,000	이전이자지급일	2021/02/09

거래일은 채권의 이자 지급일입니다. 이자가 들어오는 날을 잊어버리고 살다가 이자가 들어왔다는 사실을 확인했을 때는 그 즐거움이 배가 되는 것 같습니다.

가장 위의 거래는 BBB 등급을 가진 회사채로 약 100만 원 투자했습니다. 연 수익률은 표면이자율인 5.617%가 아닌 은행 수익률 환산 금액(연 5.8%의 예금금리, 확정수익률)으로 받고 있습니다. 3개월마다 이자가 지급되며 세후 금액은 11,893원, 한 달로 환산하면 약 3,964원입니다.

두 번째 거래 역시 BBB 등급을 가진 회사채로 약 708만 원 투자했습니다.

역시 연 수익률은 표면이자율인 6.706%가 아닌 은행 수익률 환산 금액(연 6.88%의 예금금리, 확정수익률)으로 받고 있습니다. 3개월마다 이자가 지급되며 세후 금액은 100,369원, 한 달로 환산하면 약 33,456원입니다.

세 번째 거래 역시 BBB 등급을 가진 회사채로 약 4,218만 원 투자했습니다. 역시 연 수익률은 표면이자율인 6.919%가 아닌 은행 수익률 환산 금액(연 6.73%의 예금금리, 확정수익률)으로 받고 있습니다. 3개월마다 이자가 지급되며 세후 금액은 615,290원, 한 달로 환산하면 약 205,096원입니다.

다섯 번째 거래 역시 BBB 등급을 가진 회사채로 약 1,702만 원 투자했습니다. 역시 연 수익률은 표면이자율인 6.919%가 아닌 은행 수익률 환산 금액(연 7.16%의 예금금리, 확정수익률)으로 받고 있습니다. 3개월마다 이자가 지급되며 세후 금액은 249,157원, 한 달로 환산하면 약 83,052원입니다.

여섯 번째 거래 역시 BBB 등급을 가진 회사채로 약 550만 원 투자했습니다. 역시 연 수익률은 표면이자율인 6.919%가 아닌 은행 수익률 환산 금액(연 7.71%의 예금금리, 확정수익률)으로 받고 있습니다. 3개월마다 이자가 지급되며 세후 금액은 81,121원, 한 달로 환산하면 약 27,040원입니다.

큰 틀에서는 앞의 사례와 동일합니다. BBB 등급을 가진 회사채이며, 은행 수익률 환산 기준으로 이자를 받고 있습니다. 또한 3개월마다 이자가 지급됩니다.

선택	거래일	거래종류	거래금액	세금	과세구분
			정산금액	유가잔고	매수일자
○	2021.03.19	사채이자입금	570,690	87870	종합과세
			482,820	0	
○	2021.03.19	사채이자입금	11,604	1780	종합과세
			9,824	0	

이자지급	이표채(확정금리)	표면이자율(%)	6.7340
채권종류	일반사채	보장수익률(%)	0.0000
전환주식		이자지급주기	3 개월
발행일	2018/06/19	신용등급	BBB0
상장일	2018/06/20	주간사	
상환일	2021/12/19	대용가(원)	8,270
발행총액(천원)	10,000,000	이전이자지급일	2021/03/19

이자지급	이표채(확정금리)	표면이자율(%)	7.1740
채권종류	일반사채	보장수익률(%)	0.0000
전환주식		이자지급주기	3 개월
발행일	2018/06/19	신용등급	BBB0
상장일	2018/06/20	주간사	
상환일	2022/06/19	대용가(원)	8,170
발행총액(천원)	10,000,000	이전이자지급일	2021/03/19

첫 번째 거래는 약 3,456만 원을 투자했고 연 7.33%의 예금금리를 확정 수익률로 받고 있습니다. 세후 금액은 482,820원이며, 한 달로 환산하면 160,940원입니다. 두 번째 거래는 66만 원을 투자했고 연 6.8%의 예금금리 를 확정수익률로 받고 있습니다. 세후 9,824원이며, 한 달로 환산하면 3,274 원입니다.

선택	거래일	거래종류	거래금액		세금	과세구분
			정산금액		유가잔고	매수일자
○	2021.03.26	사채이자입금	12		0	종합과세
			12		0	
○	2021.03.26	사채이자입금	207,613		2480	종합과세
			205,133		0	

이자지급	이표채(변동금리)	표면이자율(%)	5.0000
채권종류	일반사채	보장수익률(%)	0.0000
전환주식		이자지급주기	3 개월
발행일	2019/12/26	신용등급	A-
상장일	2019/12/26	주간사	
상환일	2029/12/26	대용가(원)	8,300
발행총액(천원)	80,000,000	이전이자지급일	2021/03/26

해당 채권은 새롭게 매수한 것으로 매수일 이후의 보유기간이 이자지급 주기인 3개월보다 적습니다. 채권은 보유 일수에 따라 과세되는 특성을 가지고 있으며, 그에 따라 해당하는 채권에서는 3개월간 발생하는 세금보다 더 적은 금액이 과세되었습니다. 따라서 통상적으로 입금되는 3개월치의 확정 수익률 이자보다 더 많은 금액이 들어왔습니다.

해당 채권의 등급은 A-로 약 1,700만 원을 투자했습니다. 연 수익률은 표면이자율인 5%가 아닌 은행 수익률 환산 금액(연 4.52%의 예금금리, 확정수익률)으로 받고 있습니다. 3개월마다 이자가 지급되며 이번에 입금된 금액은 앞서 말했듯이 과세가 적게 반영되어 세후 205,133원이 들어왔습니다. 한 달로 환산하면 약 68,377원입니다.

선택	거래일	거래종류	거래금액	세금	과세구분
			정산금액	유가잔고	매수일자
○	2021.03.30	사채이자입금	12	0	종합과세
			12	0	
○	2021.03.30	사채이자입금	78	10	종합과세
			68	0	
○	2021.03.30	사채이자입금	784	110	종합과세
			674	0	
○	2021.03.30	사채이자입금	230,599	35500	종합과세
			195,099	0	
○	2021.03.30	사채이자입금	34,615	5320	종합과세
			29,295	0	

이자지급	이표채(확정금리)	표면이자율(%)	4.6120
채권종류	일반사채	보장수익률(%)	0.0000
전환주식		이자지급주기	3 개월
발행일	2020/03/30	신용등급	A0
상장일	2020/03/30	주간사	
상환일	2025/03/30	대용가(원)	8,520
발행총액(천원)	40,000,000	이전이자지급일	2021/03/30

이번 그림은 같은 채권에서 발생한 이자이지만 각기 다른 시점에 다른 단가로 매수했다는 점에서 차별성을 지닙니다.

네 번째 거래는 A 등급을 가진 회사채로 약 2,005만 원 투자했습니다. 연수익률은 표면이자율인 4.612%가 아닌 은행 수익률 환산 금액(연 4.73%의 예금금리, 확정수익률)으로 받고 있습니다. 3개월마다 이자가 지급되며 세후 195,099원입니다. 한 달로 환산하면 약 65,033원입니다.

다섯 번째 거래 역시 네 번째 거래와 동일한 채권입니다. 약 300만 원 투자했습니다. 연 수익률은 표면이자율인 4.612%가 아닌 은행 수익률 환산 금액(연 4.91%의 예금금리, 확정수익률)으로 받고 있습니다. 3개월마다 이자가 지급되며 세후 29,295원입니다. 한 달로 환산하면 약 9,765원입니다.

선택	거래일	거래종류	거래금액	세금	과세구분
			정산금액	유가잔고	매수일자
○	2021.04.26	사채이자입금	8	0	종합과세
			8	0	
○	2021.04.26	사채이자입금	707,375	108930	종합과세
			598,445	0	

이자지급	이표채(확정금리)	표면이자율(%)	6.2730
채권종류	일반사채	보장수익률(%)	0.0000
전환주식		이자지급주기	3 개월
발행일	2018/10/24	신용등급	BBB0
상장일	2018/10/25	주간사	
상환일	2022/01/24	대용가(원)	8,220
발행총액(천원)	10,000,000	이전이자지급일	2021/01/24

해당 거래의 특징은 이자 지급일이 주말인 관계로 월요일에 이자가 입금되었다는 점입니다.

BBB 등급을 가진 회사채로 약 4,465만 원 투자했습니다. 마찬가지로 연수익률은 표면이자율인 6.273%가 아닌, 은행 수익률 환산 금액(연 7.33%의 예금금리, 확정수익률)으로 받고 있습니다. 3개월마다 이자가 지급되며, 세후 598,445원, 한 달로 환산하면 약 199,481원입니다.

이자지급	이표채(확정금리)	표면이자율(%)	4.7170
채권종류	일반사채	보장수익률(%)	0.0000
전환주식		이자지급주기	3 개월
발행일	2019/03/15	신용등급	BBB0
상장일	2019/03/15	주간사	
상환일	2021/03/15	대용가(원)	8,140
발행총액(천원)	95,000,000	이전이자지급일	2020/09/15

투자수익			
만기상환금액	0	의제 세금	0
총과표	628,039	원천징수금액	92,610
보유기간과표	601,605	세후운용수익율	+26.16%
세후실수령액	26,809,966	세전운용수익율	+30.92%
		총 투자수익율	+13.04%

해당 그림은 보유 중인 채권을 중도 매도한 상황입니다. BBB 등급을 가진 채권으로 약 2,370만 원 투자했습니다. 주식시장 폭락과 더불어 채권 가격 또한 떨어진 적이 있는데 그때 사들인 채권입니다. 3개월마다 세후 257,198원의 이자가 지급되었으며, 총 182일 보유했습니다. 중도 매도한 이유는 채권의 시장가격이 회복을 넘어 과도하게 올랐기 때문입니다. 중도 매도를 통해 그동안 발생한 이자를 제외하고도 약 259만 원의 차익을 추가로 얻었습니다.

채권은 단가가 아무리 하락해도 상환일에는 액면가인 10,000원으로 상환되기 때문에 만기일이 가까워질수록 액면가에 수렴한다는 특성을 가지고 있습니다. 또한 이처럼 예측할 수 없는 시장 상황에 따라 비정상적인 가격 변동이 일어날 수도 있습니다. 중도 매도한 상황을 소개했습니다만 저는 상환일까지 채권을 보유한다는 생각으로 채권을 매수합니다. 이러한 채권 가격의 큰 상승은 운의 요소일 뿐만 아니라 오히려 매수 후 채권 가격이 떨어지는 경우도 있기 때문에 무조건 채권의 상환일까지 투자를 이어 간다는 가정 아래 투자해야 더 안전하게 채권을 활용할 수 있습니다.

*부록에 설명된 채권의 확정수익률은 단순히 채권을 해당 가격으로 매수했을 때 받을 수 있는 이자수익뿐만 아니라 상환일에 받는 액면금액에 대한 차익 또는 차손도 계산되어 있습니다. 따라서 부록에 설명된 채권의 확정수익률과 실제 입금된 이자수익금 간에 차이가 발생할 수 있습니다.